全国高等院校物流专业“十三五”精品规划系列教材

物流运筹学

（第2版）

白世贞　张鹤冰　张玉斌　主　编

中国财富出版社

图书在版编目（CIP）数据

物流运筹学/白世贞，张鹤冰，张玉斌主编．—2版．—北京：中国财富出版社，2016.12（2019.12重印）

（全国高等院校物流专业“十三五”精品规划系列教材）

ISBN 978-7-5047-6371-6

Ⅰ.①物… Ⅱ.①白…②张…③张… Ⅲ.①物流—运筹学—高等学校—教材 Ⅳ.①F252

中国版本图书馆CIP数据核字（2017）第003026号

策划编辑	张　茜	责任编辑	张　茜		
责任印制	尚立业	责任校对	梁　凡	责任发行	敬　东

出版发行	中国财富出版社		
社　　址	北京市丰台区南四环西路188号5区20楼	邮政编码	100070
电　　话	010-52227588转2098（发行部）		010-52227588转321（总编室）
	010-52227588转100（读者服务部）		010-52227588转305（质检部）
网　　址	http://www.cfpress.com.cn		
经　　销	新华书店		
印　　刷	中农印务有限公司		
书　　号	ISBN 978-7-5047-6371-6/F·2709		
开　　本	787mm×1092mm　1/16	版　　次	2017年3月第2版
印　　张	16	印　　次	2019年12月第3次印刷
字　　数	359千字	定　　价	46.00元

再版说明

物流运筹学是一门定量决策科学，它利用了定量分析的方法，尤其是教学方法来研究物流系统中的问题。其独特之处在于为现实的物流问题或未来的物流系统建立数学模型，从而求得物流系统的最优运行方案或最优设计方案，进行科学决策以实现最有效的管理来获得满意的经济效益。物流运筹学是现代物流管理的重要理论基础学科。

本书根据物流管理、物流工程等相关专业的特点，选择了一些与物流管理、经济计划、交通运输、库存管理密切相关的内容。在上一版的基础上，增加了第一章导论部分，使读者更深入地理解运筹学在物流领域中的应用；增加第九章的实用排队论，并将原第八章存储论改为第十章存储管理与库存控制，这两章简化基本理论，更侧重于运筹学在物流领域的实际运用；在每一章加上一节案例分析；部分章节结合相关仿真软件进行仿真实验。再版之后，本书可作为高等院校物流管理、物流工程等相关专业本科生、研究生教材，也可供经济管理、系统工程、工业工程等专业的学生参考。

本书在编写过程中，力求做到以下三点。

1. 以各种实际问题为背景，引出物流运筹学各分支的基本概念、基本模型和基本方法，并且侧重各种方法及其应用，而对其理论一般不作证明。

2. 尽量避免较深的数学论证，对于复杂的运筹学算法，尽可能运用比较直观的手段和通俗的语言来说明其基本思想，并辅以较丰富的实例来说明求解步骤。

3. 加强基本概念、基本方法的训练。本书每一章都配有适当的习题供读者练习，以加强其建立物流运筹学模型能力的训练，培养他们运用物流运筹学解决实际问题的能力。

本书由哈尔滨商业大学白世贞教授、张鹤冰、张玉斌担任主编。白世贞教授负责统筹规划内容、拟定提纲，张玉斌负责撰写第一章到第三章，张鹤冰负责撰写第四章到第十章。研究生卜宇超、朱智鹏、丁小洲、杨永会负责前期资料查阅、文献整理，以及后期校稿工作。在本书的写作过程中，编者参考了大量的国内外学者的研究成果，在此谨向这些文献的作者表示衷心的感谢。

由于编者水平有限，书中不妥之处在所难免，恳请广大读者批评指正。

编　者

2016 年 12 月

再版说明

编 者

2016年12月

目 录

第一章 导 论 …… 1

第一节 物流概述 …… 1
第二节 运筹学概述 …… 6
第三节 运筹学在物流中的应用 …… 9

第二章 线性规划 …… 13

第一节 线性规划问题及其数学模型 …… 13
第二节 两个变量的图解法 …… 19
第三节 线性规划的标准形式与各种解 …… 22
第四节 单纯形法原理 …… 27
第五节 单纯形法 …… 28
第六节 单纯形法的进一步讨论 …… 32
第七节 案例分析 …… 41

第三章 线性规划的对偶问题 …… 45

第一节 对偶问题的提出 …… 45
第二节 原问题与对偶问题的关系 …… 47
第三节 对偶问题的基本性质 …… 50
第四节 对偶单纯形法 …… 54
第五节 影子价格 …… 56
第六节 灵敏度分析 …… 57
第七节 参数线性规划 …… 63
第八节 案例分析（影子利润在物流公司报价中的应用） …… 67

第四章 运输问题 …… 73

第一节 运输问题的数学模型及其特点 …… 73
第二节 表上作业法 …… 76

第三节 产销不平衡的运输问题 …… 87
第四节 运输问题的灵敏度分析 …… 95
第五节 案例分析（集装箱运输问题） …… 96

第五章 整数规划 …… 102

第一节 整数规划问题及其数学模型 …… 103
第二节 分支定界法 …… 105
第三节 割平面法 …… 108
第四节 0-1规划与隐枚举法 …… 111
第五节 指派问题与匈牙利法 …… 116
第六节 案例分析（用LINGO求解整数规划的例子） …… 121

第六章 目标规划 …… 130

第一节 目标规划问题及其数学模型 …… 132
第二节 目标规划的解法 …… 135
第三节 目标规划的灵敏度分析 …… 140
第四节 案例分析（冷链物流配送中心选址的多目标优化模型） …… 143

第七章 动态规划 …… 150

第一节 多阶段决策问题 …… 150
第二节 动态规划的基本概念及最优化原理 …… 152
第三节 常见的动态规划应用模型 …… 155
第四节 案例分析（动态规划模型解决物流配送中的最短路径问题） …… 167

第八章 图论与网络分析 …… 173

第一节 图的基本概念 …… 174
第二节 树 …… 176
第三节 最短路问题 …… 180
第四节 最大流问题 …… 184
第五节 案例分析（中邮物流利用网络优势破解农村物流难） …… 195

第九章 实用排队论 …… 201

第一节 排队论的概念 …… 201
第二节 排队论中四种重要的模型 …… 203

第三节 案例分析（泊车位数量计算）…… 212

第十章 存储管理与库存控制 …… 216

第一节 基本概念 …… 216
第二节 确定性存储模型 …… 219
第三节 随机性存储模型 …… 233
第四节 案例分析（库存管理的重要性）…… 242

参考文献 …… 248

第一章 导论

第一节 物流概述

一、物流的基本概念

1. 物流的定义

关于物流的概念，目前尚无统一的定义。国家《物流术语》标准关于物流的定义是："物流（logistics）是指物品从供应地向接收地的实体流动过程。根据实际需要，将运输、储存、装卸、搬运、包装、流通加工、配送、信息处理等基本功能实施有机结合。"美国物流管理协会2002年1月发布的"物流"定义是：物流是在供应链运作中，以满足客户要求为目的，对货物、服务和相关信息在产出地和销售地之间的实现高效率和低成本的正向和逆向的流动和存储所进行的计划、执行和控制的过程。

概念1：物流是物资实体物理流动过程及其有关活动的总称，它不仅包括物的搬运和运输，还包括与此相联系的包装、装卸、储存保管、配送和流通加工等。

概念2：物流活动包括但不局限于：为用户服务，需求预测，销售情报发布，库存控制，物料搬运，订货销售，零配件供应，工厂及仓库选址，物资采购，包装，退换货，废物利用及处置，运输及仓储等。

概念3：物流是指包装、运输、输送、保管、装卸工作，主要以有形物资为中心，所以称之为物资流通。在物资流通过程中加入情报流通，于是称之为物流。

总的来说，物流是包括运输、搬运、储存、包装、装卸、流通加工和物流信息处理等基本功能的活动，它是由供应地流向接收地以满足社会需求的活动，是一种经济活动。

2. 流的概念

流：物流学中之"流"，指的是物理性运动。

流通：物流的"流"，经常被人误解为"流通"。"流"的要领与流通的概念既有联系又有区别。其联系在于：在流通过程中，物的物理性位移常伴随交换而发生，这种物的物理性位移是最终实现流通不可缺少的物的转移过程。物流中"流"的一个重点领域是流通领域，不少人甚至只研究流通领域，因而干脆将"流"与"流通"混淆起来。"流"和"流通"的区别主要有两点：一是涵盖的领域不同。"流"不但涵盖流通领域，也涵盖生产、生活等领域，凡是有物发生物理性位移的领域，都是“流”的领域。流通中的“流”从范畴来看只是全部“流”的一个局部。二是“流通”并不以其整体作为“流”的一部分，而是以其实物物理性运动的局部构成“流”的一部分。商业活动中的交易、谈判、契约、分配、结算等所谓“商流”活动和贯穿其间的信息流等都不能纳入到物理性运动之中。

流程：物流中之“流”可以理解为生产的“流程”。生产领域中物料是按工艺流程要求进行运动的，这个流程水平高低、合理与否对生产的成本和效益以及生产规模影响颇大，因而生产领域“流”的问题是非常重要的。

物流：指物质资料从供给者到需求者的物理性运动，主要是创造时间价值和场所价值，有时也创造一定的加工价值。

3. 物的概念

物：物流中的“物”是指一切可以进行物理性位移的物质资料。物流中所指“物”的一个重要特点，是其必须可以发生物理性位移，而这一位移的参照系是地球。因此，固定了的设施等，不是物流要研究的对象。

物资：我国专指生产资料，有时也泛指全部物质资料，较多指工业品生产资料。其与物流中的“物”的区别在于：“物资”包含相当一部分不能发生物理性位移的生产资料，这一部分不属于物流学研究的范畴，例如建筑设施、土地等。另外，属于物流对象的各种生活资料，也不能包含在作为生产资料理解的“物资”概念之中。

物料：是我国生产领域中的一个专门概念。生产企业习惯将最终产品之外的，在生产领域流转的一切材料（不论其来自生产资料还是生活资料）、燃料、零部件、半成品、外协件以及生产过程中必然产生的边、角、余料，废料及各种废物统称为“物料”。

货物：是我国交通运输领域中的一个专门概念。交通运输领域将其经营的对象分为两大类：一类是人，另一类是物。除人之外，“物”的这一类统称为货物。

商品：商品和物流学的“物”的概念是互相包含的。商品中的一切可发生物理性位移的物质实体，即商品中凡具有可运动要素及物质实体要素的，都是物流研究的“物”，有一部分商品则不属于此。因此物流学的“物”有可能是商品，也有可能是非商品。商品实体仅是物流中“物”的一部分。

物品：是生产、办公、生活领域常用的一个概念，在生产领域中，一般指不参加生产过程，不进入产品实体，而仅在管理、行政、后勤、教育等领域使用的与生产相关的或有时完全无关的物质实体；在办公生产领域则泛指与办公、生活消费有关的所有物件。在这些领域中，物流学中所言之“物”，就是通常所称的物品。

4. 企业物流的概念

关于企业物流的内涵及范畴，可理解为企业物流是以企业经营为核心的物流活动，是具体的、微观的物流活动的典型领域。

企业系统活动的基本结构是投入—转换—产出，对于生产型企业来讲，是原材料、燃料、人力、资本等的投入，经过制造或加工使之转换为产品或服务；对于服务型企业来讲，则是设备、人力、管理和运营，转换为对用户的服务。物流活动便是伴随着企业的投入—转换—产出而发生的。相对于投入的是企业外供应或企业外输入物流，相对于转换的是企业内生产物流或企业内转换物流，相对于产出的是企业外销售物流或企业外服务物流。

由此可见，在企业经营活动中，物流是渗透到各项经营活动之中的活动。

二、物流分析

1. 库存分析（inentory analysis）

库存分析是物流特定分析中的一个项目。它集中于分析库存绩效和生产率。分析时应考虑有关的货物销售量和库存周转量，并在 ABC 分类法（Actirity Based Classification，基于活动分类）的基础上完成。如使用递减次序列出十项销售和库存的商品种类，物流经理即可迅速地确定对运输和库存水平最有影响的产品种类。

物流系统设计（logistics system design）是指经过系统分析，完成物流系统硬件结构和软件结构体系的构想，形成物流系统组织设计和技术方案的过程。物流系统组织设计是技术设计的前提，它确定了技术设计的纲领和基本要求。

2. 共同配送（cemmon delivery）

共同配送是指为提高物流效率对某一地区的用户进行配送时，由许多个配送企业联合在一起进行的配送。它是在配送中心的统一计划、统一调度下展开的，有两种运作形式：①由一个配送企业对多家用户进行配送，即由一个配送企业综合某一地区内多个用户的要求，统筹安排配送时间、次数、路线和货物数量，全面进行配送；②仅在送货环节上将多家用户待运送的货物混载于同一辆车上，然后按照用户的要求分别将货物运送到各个接货点，或者运到多家用户联合设立的配送货物接收点上。这种配送有利于节省运力和提高运输车辆的货物满载率。

3. 物流准确位置（logistics accurate location）

物流准确位置是指进入物流中的货物的流动路线、停留时间、场所地点等各种信息，通过电子地图让生产商或货主、运输企业和货物接收人等消费者及时准确地得以掌握和了解。目前在海运物流领域内，由于卫星定位系统（GPS）的广泛应用，确定掌握货物位置和流动路线的问题已基本解决。现在需要解决陆路物流过程中货物的流动路线和位置。采用这种能明显提高效率的电子技术是物流业的发展方向，具有巨大的市场前景和潜力。

4. 联动战略（coupled strategy）

联动战略是虚拟经营物流产业的战略之一，它指物流企业以共同利益为基础，制定行规行约，定期召开协调会议，实行行业自律，促进行业的良性发展。随着物流产业化进程的加快以及行为主体数量和服务能力的增强，物流市场的竞争十分激烈，实施联动战略，是避免在物流市场中恶性竞争的一种有效手段。

5. 个案完成率（case fill rate）

个案完成率是物流服务层次中的指标之一，指按需装运的订货个案数或单位数的百分比。如个案完成率是95%，表示100个订货个案中，平均有95个个案订货可以利用储备完成。剩余的5个订货个案，将有可能延期交货或被取消。

6. 配送资源计划（distribution resources planning）

配送资源计划是指在流通领域中配置物流资源的技术，它能够实现流通领域内物流资源按照时间、数量的需求计划和需求到位，但不适用于生产领域。如果一个企业既搞生产，又搞流通，则就要运用物流资源计划（LRP）。

7. 发送中心（despatching centre）

发送中心是指从供应者那里接收种类多、数量大的物品，通过转运、分票、保管、流通加工和信息处理，按照顾客的要求整理货物，并能迅速、准确和廉价地进行发送的设施。多数制造商、批发商、百货商店等都在消费地附近设置发送中心，使发送活动更有效地进行。发送中心具有以下优点：①节省运输费用；②提高运输服务的效率；③商物分离的实施；④废除了交叉运输。

8. 配送中心配送（delivery of distribution centers）

配送中心配送是指配送活动的组织者是配送中心。配送中心是专门从事货物配送活动的流通企业，经营规模较大。其设施和工艺结构是根据配送活动的特点和要求专门设计和设置的，故专业化、现代化程度高，设施和设备比较齐全，货物配送能力强。不仅可以远距离配送，还可以进行多品种货物配送；不仅可以配送工业企业的原材料，还可以承担向批发商进行补充性货物配送。这种配送是工业发达国家货物配送的主要形式，是未来配送的发展方向。由于必须配置很多的先进设备和设施，故投资很大，在实施配送初期，难以推广这种配送形式。

9. 配送多样化（diversification of distribution and delivery）

配送多样化是为了提高货物配送数量、取得较大经济效益的一种物流合理化措施。近年来，配送的发展趋势是在配送的各自领域内，实现优化配送，以扩大配送数量。如日本把30千克以下的货物，以宅急便（即快件）方式配送，还有小批量快递系统、托盘配送系统和复往配送系统等多样化配送。

10. 耗尽时间法（depletion time method）

耗尽时间法是成批生产方式的物流计划方法之一，指生产作业计划中已安排的产品生产时间，加上库存中已有产品足以满足用户对一组产品在时间和数量方面的要求。本法可用来安排使用同种设备的一组不同产品的生产，用耗尽时间法安排生产作业计划的主要目标是能力平衡。

11. 配套配送（corollary delivery）

配套配送是按照生产企业或建设单位的要求，将其所需要的多种物资配备齐全后，直接运送到生产厂或建设工地的一种配送形式。它有利于生产企业专心致力于生产和建设单位加快施工进度。

12. 联体战略（conjoined strategy）

联体战略是虚拟经营物流产业的战略之一，又称前后一体化战略。货代企业对物流产业的虚拟化经营就是一种联体战略，但这种物流共同体在利益共享、风险共担上还缺乏固有的机制。这里的前后一体化实质是货代企业变物流产业的虚拟化经营为实体化经营，逐步实现自己作为独立物流产业所具有的合理的基础设施货源配置，取得更强劲的市场主导地位。

三、物流在社会经济中的地位

物流是进行生产的物质前提，是实现商品价值和使用价值的重要保障，是形成统一国内市场的基础，是参与国际市场竞争的必要条件。物流业已经逐渐成为现代经济增长的新型利润源，对国民经济正在发挥支撑和带动作用。具体来说，它在社会经济中的作用和地位可以从以下几个方面进行分析。

1. 物流保障生产

无论在传统的贸易方式下，还是在电子商务方式下，生产都是商品流通之本，而生产的顺利进行需要各种物流活动的支持。生产的全过程从原材料的采购开始，便要求有相应的供应物流活动，使采购的材料达到指定位置，否则生产很难进行；在生产的各工艺流程之间，也需要原材料、半成品的物流过程；废弃物的处理则需要废弃物流。可见，整个生产过程实际上就是一系列的物流活动。现代化的物流，通过降低费用从而降低成本，优化库存结构，减少资金占用，缩短产品生命周期，保障现代化生产的高效进行。反之，缺少了现代化的物流，生产将难以顺利进行。

2. 物流服务于商流

在商流活动中，商品所有权在购销合同签订的那一刻起，便由供方转移到需方，而商品实体并没有因此移动。在传统的交易过程中，除了非实体交割的期货交易，一般的商流都必须伴随相应的物流活动，即按照需方的要求将商品实体由供方以合适的方式、途径向需方转移。而在电子商务方式下，消费者通过上网点击购物，完成了商品所有权的交割，即商流过程。但电子商务的活动并没有结束，只有商品和服务转移到消费者手中，商务活动才告终结。在整个电子商务的交易过程中，物流实际上是以商流的后续者和服务者的姿态出现的。没有现代化的物流，如此轻松的商流活动都将成为一纸空文。

3. 物流是企业新的利润源

物流在企业生产、供应和产品销售领域发挥了重大作用，展现了物流降低企业生产成本、增加企业利润、推动企业经营的价值。尤其是在 20 世纪 70 年代爆发的石油危机中，在原材料、燃料、人力费用普遍上涨的情况下，“物流”发挥了重大作用，许多国家把物流称为“第三利润源”。以日本为例，东京、神户和京都三大经济圈的物流总量在日本全国的比重长期保持在 44%以上；而 1995 年，美国、加拿大两国的物流业产值就高达 7110 亿美元，也证明了物流作为新的利润源的巨大潜能。

总的来说，物流能从以下几个方面增强企业的赢利能力：①缩短响应时间；②减少需求预测偏差；③改善送货可靠性和客户服务；④降低成本；⑤缩短提前期；⑥增加库存周转率。

4. 物流是优化资源配置、企业结构的有效手段

物流强调系统化、集成化、最优化、规模化，必将整合社会资源，剔除不良资产，理顺不良结构。近年来，物流系统化、集约化的作用，又展现了它降低环境污染、促进可持续发展的重要价值，受到了社会的广泛关注。

第二节　运筹学概述

一、运筹学简介

在中国战国时期，曾经有过一次流传后世的赛马比赛，相信大家都知道，这就是田忌赛马。田忌赛马的故事说明在已有的条件下，经过筹划、安排，选择一个最好的方案，就会取得最好的效果。可见，筹划安排是十分重要的。

人们普遍认为，运筹学是近代应用数学的一个分支，主要是将生产、管理等事件中出现的一些带有普遍性的运筹问题加以提炼，然后利用数学方法进行解决。前者提供模型，后者提供理论和方法。运筹学的思想在古代就已经产生了。敌我双方交战，要克敌制胜，就要在了解双方情况的基础上，做出最优的对付敌人的方案，这就是“运筹帷幄之中，决胜千里之外”的说法。但是作为一门数学学科，用纯数学的方法来解决最优方法的选择安排，却是晚多了。也可以说，运筹学是在 20 世纪 40 年代才开始兴起的一门分支。

二、运筹学的起源

人们一般认为，运筹学起源于第二次世界大战初期。当时，英国（随即是美国）军事部门迫切需要研究如何将非常有限的物资以及人力和物力，分配与使用到各种军事活动的运行中，以达到最好的作战效果。在第二次世界大战期间，德国已拥有一支强大的空军，飞机从德国起飞 17 分钟即到达英国本土。在如此短的时间内，如何预警和拦截成为一大难题。1935 年，为了对付德国空中力量的严重威胁，英国在东海岸的鲍德西成立了关于作战控制技术的研究机构。1938 年，鲍德西科学小组负责人把他们从事的工作称为运筹

学（operational research［英］，operations research［美］，直译为“作战研究”）。因此，人们把鲍德西作为运筹学的诞生地，将 1935—1938 年这一时间段作为运筹学产生的酝酿时期。但是，关于运筹学的思想和方法的产生，还可以追溯到更早。例如，丹麦电气工程师埃尔朗（Erlang A. K.）关于用概率论来研究电话服务的论文（运筹学中排队论的早期论文）发表于 1909 年；美国数学家冯·诺伊曼（Von Neumann J.）和摩根施特恩（Morgensten O.）所著《对策论与经济行为》一书（运筹学中对策论的创始作）成书前的一系列论文，在 1928 年就开始刊出；苏联数学家康托洛维奇（Канторович Д. В.）的《生产组织与计划中的数学方法》一书出版于 1939 年。

第二次世界大战结束时，世界各国的运筹学工作者已超过 700 人，这些人主要来自英国、美国和加拿大，其中一部分人力图将他们在战争中进行运筹研究取得的经验和知识应用到民用生产中去。在英国，首先出现了一个“运筹学俱乐部”，1950 年出版了第一份运筹学杂志，并于 1953 年成立了英国运筹学学会。在美国，则于 1952 年成立了美国运筹学学会，此后，于 1959 年成立了国际运筹学会联合会（International Federation of Operational Research Societies，IFORS），该联合会现有会员国 45 个。

三、运筹学的研究对象、定义和特点

1. 运筹学的研究对象

运筹学主要研究经济活动和军事活动中能用数量来表达的有关策划、管理方面的问题。当然，随着客观实际的发展，运筹学的许多内容不但研究经济和军事活动，有些已经深入日常生活当中。运筹学可以根据问题的要求，通过数学上的分析、运算，得出各种各样的结果，最后提出综合性的合理安排，以达到最好的效果。

运筹学有广阔的应用领域，它已渗透到诸如服务、经济、库存、搜索、人口、对抗、控制、时间表、资源分配、厂址定位、能源、设计、生产、可靠性等方面。从不同角度可以给出不同的定义，下面是一些有代表性的定义。

钱学森等人给出的定义是：由一支综合性的队伍，采用科学的方法，为一些涉及有机系统（人-机）的控制系统问题提供答案，为该系统的总目标服务的学科。

Morse（运筹学界的元老）给出的定义是：为决策机构在对其控制下的业务活动进行决策时，提供数量化依据的科学方法。

近代一些运筹学工作者认为：运筹学是应用系统的、科学的、数学分析的方法，通过建模、检验和求解数学模型而获得最优决策的学科。

2. 运筹学的特点

从运筹学的定义不难看出，运筹学具有下面几个明显的特点：

（1）它是研究事物内在规律，探究把事情办得更好的一门事理学科；

（2）它是在有限的资源条件下，研究人-机系统各种资源利用最优化的一种科学方法；

(3) 它是通过建立所研究系统的数学模型，进行定量分析的一种分析方法；

(4) 它是多学科交叉的解决系统总体优化的系统方法；

(5) 它是解决复杂系统活动与组织管理中出现的实际问题的一种应用理论与方法；

(6) 它是评价比较决策方案优势的一种数量化决策方法。

总之，科学性、综合性、系统性和实践性是运筹学这门学科的四大特点。

四、运筹学的分支和研究方法

1. 运筹学的主要分支

运筹学的具体内容包括：规划论（包括线性规划、非线性规划、整数规划和动态规划）、图论与网络分析、决策论、排队论、对策论、存储论、可靠性理论等。

(1) 规划论：是运筹学的一个重要分支，包括线性规划、非线性规划、整体规划、目标规划、动态规划等。它是在满足给定的约束条件下，按一个或多个目标来寻找最优方案的数学方法。它的适用领域十分广泛，在工业、农业、商业、交通运输业、军事、经济规划和管理决策中都可以发挥作用。

(2) 图论与网络分析：图是研究离散事物之间关系的一种分析模型，具有形象化的特点。因此，比单用数学模型更容易为人们理解。由于求解网络模型已有成熟的特殊解法，它在解决交通网、管道网、通信网等的优化问题上具有明显的优势，因此，其应用领域也在不断扩大。最小生成树问题、最短路问题、最大流、最小费用问题、中国邮递员问题、旅行推销员问题、网络计划都是网络分析中的重要组成部分，而且应用也很广泛。

(3) 决策论：是为了科学地解决带有不确定性和风险性决策问题所发展的一套系统分析方法，其目的是为了提高科学决策的水平，减少决策失误的风险，广泛应用于经营管理工作的高中层决策中。

(4) 排队论：是一种研究公共服务系统的运行与优化的数学理论与方法，它通过对随机服务现象的统计研究，找出反映这些随机现象的平均特性，从而研究提高服务系统水平和工作效率的方法。

(5) 对策论，又称博弈论：是一种研究在竞争环境下决策者行为的数学方法。在政治、经济、军事活动中，以及日常生活中都有很多竞争或斗争性质的场合与现象。在这种形势下，竞争双方为了取得和达到自己的利益和目的，都必须考虑对方可能采取的各种行动方案，然后选择一种对自己最有利的行动方案。对策论就是研究双方是否都有最合乎理性的行动方案，以及如何确定合理行动方案的理论与方法。

(6) 存储论，又称库存论：是研究经营生产中各种物资应当在什么时间，以多少数量来补充库存，才能使库存和采购的总费用最小的一门学科，它在提高系统工作效率、降低产品成本上有重要的作用。

2. 运筹学的研究方法

(1) 常从现实生活中抽出本质的要素来构造数学模型，因而可寻求一个跟决策者的目标有关的解；

(2) 探索求解的结构并得出系统的求解过程；

(3) 从可行方案中寻求系统的最优解法。

第三节 运筹学在物流中的应用

与物流学联系最为紧密的理论有：系统论、运筹学、经济管理学，运筹学作为物流学科体系的理论基础之一，其作用是提供实现物流系统优化的技术与工具，是系统理论在物流中应用的具体方法。第二次世界大战后，各国都转向快速恢复工业和发展经济的轨道，而此时运筹学正转向经济活动的研究，因此极大地引起了人们的注意，并由此进入了各行业和部门，获得了长足发展和广泛应用，形成了一套比较完整的理论，如规划论、存储论、决策论和排队论等。而战后的物流并没有像运筹学那样引起人们及时的关注，直到20世纪60年代，随着科学技术的发展、管理科学的进步、生产方式和组织方式等的改变，物流才为管理界和企业界所重视。因此，相比运筹学，物流的发展滞后了一些。不过，运筹学在物流领域中的应用却随着物流学科的不断成熟而日益广泛。

运筹学作为一门实践应用的科学，已被广泛应用于工业、农业、商业、交通运输业、民政事业、军事决策等组织，解决由多种因素影响的复杂大型问题。目前，在物流领域中的应用也相当普遍，并且解决了许多实际问题，取得了很好的效果。本书通过对运筹学的介绍，总结了运筹学在物流领域中不同方面的应用，现归纳如下。

一、数学规划论

数学规划论主要包括线性规划、非线性规划、整数规划、目标规划和动态规划。研究内容与生产活动中有限资源的分配有关，在组织生产的经营管理活动中，具有极为重要的地位和作用。它们解决的问题都有一个共同特点，即在给定的条件下，按照某一衡量指标来寻找最优方案，求解约束条件下目标函数的极值（极大值或极小值）问题。具体来讲，线性规划可解决物资调运、配送和人员分派等问题；整数规划可以求解完成工作所需的人数、生产计划的安排和厂库的选址等；动态规划可用来解决诸如最优路径、生产调度、库存控制、设备更新、车辆配装优化、采购价格等问题。

二、存储论

存储论又称库存论，主要是研究物资库存策略的理论，即确定物资库存量、补货频率和一次补货量。合理的库存是生产和生活顺利进行的必要保障，可以减少资金的占用，减少费用支出和不必要的周转环节，缩短物资流通周期，加速再生产的过程等。在物流领域中的各节点：工厂、港口、配送中心、物流中心、仓库、零售店等都或多或少地保有库存，为了实现物流活动总成本最小或利益最大化，大多数人都运用了存储理论的相关知识，以辅助决策，并且在各种情况下都能灵活套用相应的模型求解。常见的库存控制模型分为确定型存储模型和随机型存储模型，其中确定型存储模型可分为四种情况：不答应缺货，一次性补货；不答应缺货，连续补货；允许缺货，一次性补货；允许缺货，连续补货。随机型存储模型可分为两种情况：一次性订货的离散型随机型存储模型和一次性订货的连续型随机存储模型。研究储存论的目的是针对库存物资的特性，选用相应的库存控制模型和补货策略，制定一个包含合理存储量、合理存储时间、合理存储结构和合理存储网络的存储系统。

三、图论与网络分析

自 20 世纪 50 年代以后，图论广泛应用于解决工程系统和管理问题，将复杂的问题用图与网络进行描述简化后再求解。图与网络理论有很强的构模能力，描述问题直观，模型易于计算实现，能很方便地将一些复杂的问题分解或转化为可能求解的子问题。图与网络在物流中的应用也很广泛，其中最明显的应用是运输问题、物流网点间的物资调运和车辆调度时运输路线的选择、配送中心的送货、逆向物流中产品的回收等，运用了图论中的最小生成树、最短路、最大流、最小费用等知识，求得运输所需时间最少/路程最短/费用最省的路线。另外，工厂、仓库、配送中心等物流设施的选址问题，物流网点内部工种、任务、人员的指派问题，设备更新问题，也可运用图论的知识辅助决策者进行最优的安排。

四、排队论

排队论也称随机服务理论，主要研究各种系统的排队队长、等待时间和服务等参数，解决系统服务设施和服务水平之间的平衡问题，以较低的投入求得更好的服务。排队现象在现实生活中普遍存在，在物流领域中也很常见，如工厂生产线上的产品等待加工，在制品、产成品排队等待出入库作业，运输场站车辆排队进出站，客服中心顾客电话排队等待服务，商店顾客排队付款，等等。根据系统排队的服务设施数量、系统容量、顾客到达时间间隔的分布、服务时间的分布等特征，系统排队可分为（$M/M/1/\infty$）、（$M/M/1/k$）、（$M/M/1/m$）、（$M/M/s/\infty$）、（$M/M/s/k$）、（$M/M/s/m$）几种不同的情况。不同的情形，应套用相应的模型来求解。

五、对策论

对策论也称博弈论，对策即是在竞争环境中做出的决策；决策论即研究决策的问题，对策论可归属为决策论，它们最终都是要做出决策。决策普遍存在于人类的各种活动之中，物流中的决策就是在占有充分资料的基础上，根据物流系统的客观环境，借助于科学的数学分析、实验仿真或经验判定，在已提出的若干物流系统方案中，选择一个合理方案的决断行为。如制订投资计划、生产计划、物资调运计划、选择自建仓库或租赁公共仓库、自购车辆或租赁车辆，等等。物流决策形式多种多样，有复杂的，有简单的，按照不同的标准可化分为很多种类型，其中按决策问题目标的多少可分为单目标决策和多目标决策。单目标决策目标单一，相对简单，求解方法也很多。相对而言，多目标决策则要复杂得多，如在车辆配载、供应商选择和系统评价等方面都是多目标决策。解决这类复杂的多目标决策问题，现行用的较多的、行之有效的方法之一是层次分析法——一种将定性和定量相结合的方法。

六、预测技术

预测是指对尚未发生或者目前还不明确的实物进行预先的估计和预测，是近几十年发展兴起的一门边缘科学，它是现代数学、经济学、系统学、社会学等学科发展的产物。预测可以是应用数学方法对历史数据进行的客观分析，也可以是对非正式信息的主观判断。近年来，预测越来越广泛地运用于社会的各个领域。例如，社会预测、经济预测、科学预测、技术预测、军事预测等。物流预测是根据过去和现在的实际资料和数据，运用适当的科学预测方法，对物流管理活动中的一些事物的历史与现状进行研究，从而判断出这些事物未来可能出现的情况和发展趋势，形成科学的假设和判断的一种科学理论。如物流公司货运发展、物流园区的规划、仓库的规划等问题都需要事先进行相应的预测。预测技术有很多，包括因果关系预测、时间序列预测、结构关系预测等。人们用的最多的是指数平滑预测技术和回归分析预测技术。

七、运筹学在物流领域中的进一步应用与发展

前面介绍了目前运筹学理论在物流领域中应用较多的几个方面，下面对其在物流领域中的进一步运用和发展做一些思考。

1. 运筹学理论结合物流实践

虽然运筹学的理论知识很成熟，并在物流领域中的很多方面都有实用性，可现行许多物流企业，特别是中、小型物流企业，并没有重视运筹学理论的实际应用。理论归理论，碰到实际问题时许多企业还是凭几个管理者的主观臆断，并没有运用相关的数学、运筹学知识加以科学的计算、论证、辅助决策。因此，对于当前许多企业、部门，应该加强对管理者、决策者的理论实践教育，使之意识到运筹学是一个有用的决策工具。

2. 扩大运筹学在物流领域中的应用范围

现行的运筹学知识在物流领域中的应用范围有限，运筹学作为一门已经比较成熟的理论，应该让其在物流领域中发挥更大的作用。因此，要进一步探索，尽量把物流领域中数

字模糊化、量化不清的方面数字化、科学化，运用运筹学的知识正确化、优化。

3. 把运筹学知识融合在其他物流管理软件中

把运筹学在物流领域中应用的知识程序化，编制成相应的软件包，使得不懂运筹学知识的人也能运用运筹学的软件辅助决策。目前运筹学的软件比较多，但是具体到物流领域中应用的还寥寥无几，因此应大力开发针对物流领域中常用的运筹学软件。另外，把运筹学的部分功能融合在其他物流管理软件中，也是一个很好的发展方向，能引起管理者和主管部门的重视，提高企业的管理水平，取得比较好的经济效益。

4. 改进运筹学理论应用的不足

运筹学的理论虽然在物流领域得到了一些应用，并在某些领域演绎出了许多经典的模型和公式，但其中有些模型是基于一些假设条件基础之上的，和实际生活中的情形相差很大。如存储论中的一些模型，Q、R、S、T 都是一个精确的值，而现实生活中由于需求的变化独立于人们的主观控制能力之外，因此在数量和时间上一般无法精确，其随机性和不确定性使得库存控制变得复杂。随着理论的日益成熟和对实际情况的了解，对其不足之处应加以改进和完善。

物流学主要研究物流过程中各种技术和经济管理的理论和方法，研究物流过程中的有限资源，如物资、人力、时间、信息等的计划、组织、分配、协调和控制，以期达到最佳效率和效益。而现代物流管理所呈现的复杂性也不是简单算术能解决的，以计算机为手段的运筹学理论是支撑现代物流管理的有效工具。物流业的发展离不开运筹学的技术支持，运筹学的应用将会使物流管理更加高效。

思考题

1. 物流管理中涉及的数学问题有哪些？
2. 运筹学可以解决物流管理中的哪些问题？

第二章 线性规划

第一节 线性规划问题及其数学模型

一、问题的提出

线性规划是运筹学的一个重要分支，也是解决物流问题的一个重要方法。自从 1947 年丹捷格（G. B. Dantzing）提出了线性规划问题求解的方法——单纯形法之后，线性规划在理论上趋向成熟，其实用范围日益广泛。在实践中，根据实际问题的要求，通常可以建立线性规划问题的数学模型。线性规划是研究在线性不等式以及等式的约束条件下，使得某一线性目标函数取得最大（最小）的极值问题。下面我们通过具体例子来介绍线性规划的数学模型。

例 2－1：生产计划问题。

假设某工厂要根据拥有的资源和设备，计划生产甲、乙两种产品，其主要资源有钢材 4 吨，铜材 3 吨，专用设备能力 8 千台时。资源与设备能力的消耗定额及单位产品所获利润，见表 2－1。问如何安排生产，才能使该厂获得的利润最大？

表 2－1　资源与设备能力的消耗定额及单位产品的利润

	甲（件）	乙（件）	现有资源的限制
钢材	1	0	4（吨）
铜材	0	1	3（吨）
设备能力	1	2	8（千台时）
单位产品的利润（万元）	2	2	

解：假设甲、乙两种产品的计划生产量分别为 x_1 件和 x_2 件，总利润为 f（万元），那么 x_1 与 x_2 为多少时，才能使总利润 $f=2x_1+2x_2$ 最大？根据题意，我们知道两种产品的生产受到下列条件的限制。

生产甲、乙两种产品所用钢材的总数不能超过现有的钢材数，于是我们可以得到不等式：$x_1+0x_2\leqslant 4$（吨）；生产甲、乙两种产品所用铜材的总数不能超过现有的铜材数，于是我们可以得到不等式：$0x_1+x_2\leqslant 3$（吨）；生产甲、乙两种产品所用的设备能力总数不能超过现有设备能力台时数，于是我们可以得到不等式：$x_1+2x_2\leqslant 8$（千台时）。综合上述讨论，在加工时间和利润与产品产量呈线性关系的假设下，考虑到甲、乙两种产品的生产量不能为负数，即：x_1，$x_2\geqslant 0$，于是最优方案写成线性规划的数学模型为：

$$\max f=2x_1+2x_2 \quad \cdots\cdots \text{目标函数}$$

$$\text{s. t.}\begin{cases}x_1\leqslant 4\\ x_2\leqslant 3\\ x_1+2x_2\leqslant 8\\ x_1,\ x_2\geqslant 0\end{cases} \quad \cdots\cdots\text{约束条件}$$

这是一个典型的利润最大化的生产计划问题。其中，“max”是英文单词（maximize）的缩写，表示最大化的含义；“s. t.”是 Subject to 的缩写，表示“受制于……”因此，上述模型的含义是：在给定的条件限制下，求使得目标函数达到最大时的决策变量（x_1，x_2）的取值。

同理，我们可以推广为：某工厂要根据拥有的 m 种资源和设备，计划生产 n 种产品，其主要资源与设备能力的消耗定额及单位产品所获利润，见表 2－2。问如何安排生产，才能使该厂获得的利润最大？

表 2－2　　主要资源与设备能力的消耗定额及单位产品的利润

	B_1	B_2	…	B_n	现有资源的限制
A_1	a_{11}	a_{12}	…	a_{1n}	b_1
A_2	a_{21}	a_{22}	…	a_{2n}	b_2
⋮	⋮	⋮		⋮	⋮
A_m	a_{m1}	a_{m2}	…	a_{mn}	b_m
单位产品的利润	c_1	c_2	…	c_m	

线性规划的数学模型为：

$$\max f=c_1x_1+c_2x_2+\cdots+c_nx_n$$

$$\text{s. t.}\begin{cases}a_{11}x_1+a_{12}x_2+\cdots+a_{1n}x_n\leqslant b_1\\ a_{21}x_1+a_{22}x_2+\cdots+a_{2n}x_n\leqslant b_2\\ \cdots\cdots\cdots\cdots\\ a_{m1}x_1+a_{m2}x_2+\cdots+a_{mn}x_n\leqslant b_m\\ x_1,\ x_2,\ \cdots,\ x_m\geqslant 0\end{cases}$$

令：

$$A=\begin{pmatrix} a_{11} & a_{12} & \cdots & a_{1n} \\ a_{21} & a_{22} & \cdots & a_{2n} \\ \vdots & \vdots & & \vdots \\ a_{m1} & a_{m2} & \cdots & a_{mn} \end{pmatrix} \quad X=\begin{pmatrix} x_1 \\ x_2 \\ \vdots \\ x_n \end{pmatrix}=(x_1, x_2, \cdots, x_n)^{\mathrm{T}}$$

$$C=(c_1, c_2, \cdots, c_n) \qquad b=(b_1, b_2, \cdots, b_m)^{\mathrm{T}}$$

则模型的矩阵形式为：

$$\max f=\boldsymbol{CX}$$

$$\text{s. t.}\begin{cases} \boldsymbol{AX}\leqslant b \\ \boldsymbol{X}\geqslant 0 \end{cases}$$

若：

$$\boldsymbol{P}_j=\begin{pmatrix} a_{1j} \\ a_{2j} \\ \vdots \\ a_{mj} \end{pmatrix} \qquad (j=1, 2, \cdots, n)^{\mathrm{T}}$$

是 x_j 列的系数，则模型的形式为：

$$\max f=\sum_{j=1}^{n} c_j x_j$$

$$\text{s. t.}\begin{cases} \sum_{j=1}^{n} \boldsymbol{P}_j x_j \leqslant b \\ \boldsymbol{X}_j \geqslant 0 \qquad (j=1, 2, \cdots, n) \end{cases}$$

若：$\boldsymbol{A}=(A_1, A_2, \cdots, A_n)^{\mathrm{T}}$，$\boldsymbol{A}_i=(a_{i1}, a_{i2}, \cdots, a_{im})^{\mathrm{T}}(i=1, 2, \cdots, m)$

其中 A_i 是 x_i 行的系数，则模型的分块矩阵形式为：

$$\max f=\boldsymbol{CX}$$

$$\text{s. t.}\begin{cases} \boldsymbol{A}_i\boldsymbol{X}\leqslant b_i \qquad (i=1, 2, \cdots, m) \\ \boldsymbol{X}\geqslant 0 \end{cases}$$

例 2－2：产销平衡的运输问题。

设有两个产地 A_1、A_2 生产某种物资，三个销地 B_1、B_2、B_3 需要该种物资，各产地的产量和销地的销量以及产地运往销地的单位运价见表 2－3。本问题是一个总产量（4＋6＝10）＝总销量（3＋4＋3＝10）的产销平衡运输问题。问：如何调运，才能使总运费最小？

表 2－3 产销量与单位运价

	B_1	B_2	B_3	产量
A_1	2	3	1	4
A_2	4	2	5	6
销量	3	4	3	

解：设 x_{ij} $(i=1，2；j=1，2，3)$表示从 A_i 产地运往 B_j 销地的运量，f 为总运费，则问题就转化为求一组变量 x_{11}，x_{12}，x_{13}，x_{21}，x_{22}，x_{23}的值，使总的运费：$f=2x_{11}+3x_{12}+1x_{13}+4x_{21}+2x_{22}+5x_{23}$为最小，且满足如下条件：

(1) $A_i(i=1，2)$运到 $B_j(j=1，2，3)$的物资数量之和应等于 A_i 的产量，即

$$x_{11}+x_{12}+x_{13}=4$$

$$x_{21}+x_{22}+x_{23}=6$$

(2) $B_j(j=1，2，3)$收到 $A_i(i=1，2)$的物资数量之和应等于 B_j 的销量，即

$$x_{11}+x_{21}=3$$

$$x_{12}+x_{22}=4$$

$$x_{13}+x_{23}=3$$

(3) 在不允许倒运的条件下，运量必须非负（运量表见表 2-4)，即

$$x_{ij}\geqslant 0(i=1，2；j=1，2，3)$$

表 2-4　　运量表

	B_1	B_2	B_3	产量
A_1	x_{11}	x_{12}	x_{13}	4
A_2	x_{21}	x_{22}	x_{23}	6
销量	3	4	3	

建模为：

$$\min f=2x_{11}+3x_{12}+1x_{13}+4x_{21}+2x_{22}+5x_{23}$$

$$\text{s.t.}\begin{cases}x_{11}+x_{12}+x_{13}=4\\x_{21}+x_{22}+x_{23}=6\\x_{11}+x_{21}=3\\x_{12}+x_{22}=4\\x_{13}+x_{23}=3\\x_{ij}\geqslant 0(i=1，2；j=1，2，3)\end{cases}$$

将上述运输问题推广到一般形式，其中：

a_i 为产地 A_i 的产量，$i=1，2，\cdots，m$；

b_j 为销地 B_j 的销量，$j=1，2，\cdots，n$；

c_{ij} 为产地运往 B_j 销地的单位运价（元/吨）$(i=1，2，\cdots，m；j=1，2，\cdots，n)$

问题是如何调运，才能使总运费最小?

解：设 x_{ij} $(i=1，2，\cdots，m；j=1，2，\cdots，n)$表示从 A_i 产地运往 B_j 销地的运量，f 为总运量，写成线性规划的数学模型为：

$$\min f=\sum_{i=1}^{m}\sum_{j=1}^{n}c_{ij}x_{ij}$$

$$\text{s.t.}\begin{cases}\sum_{j=1}^{n}x_{ij}=a_i\\ \sum_{i=1}^{m}x_{ij}=b_j\\ x_{ij}\geqslant 0\ (i=1,\ 2;\ j=1,\ 2,\ 3)\end{cases}$$

产地 A_i 运到所有销地的总和应等于 A_i 的产量 a_i；各个运到销地 B_j 的总和应等于 B_j 的销量 b_j；同时调运量不能为负值。

例 2－3：配料问题（营养问题）食谱研究。

设有三种食品：菜、肉、蛋，每斤食品所含营养成分及市场价格见表 2－5。问：如何采购才能在满足营养的前提下，使总的花费数最少？

表 2－5　　营养成分及市场价格

	菜	肉	蛋	需求量
维生素 A	a_{11}	a_{12}	a_{13}	b_1
维生素 B	a_{21}	a_{22}	a_{23}	b_2
维生素 C	a_{31}	a_{32}	a_{33}	b_3
单价	c_1	c_2	c_3	

解：设购置菜、肉、蛋的数量分别为 x_1、x_2、x_3，建模

$$\min f=\sum_{j=1}^{3}c_jx_j$$

$$\text{s.t.}\begin{cases}a_{ij}x_j\geqslant b_i\,(i=1,\ 2,\ 3)\\ X_j\geqslant 0\,(j=1,\ 2,\ 3)\end{cases}$$

例 2－4：合理下料问题。

某钢筋车间现用的原材料是长度为 10 米的钢筋（直径相同），需要制作 90 根长度为 3 米的钢筋和 60 根长度为 4 米的钢筋，请问怎样下料既满足需要，又使原材料使用最少？

解：根据题意，可有如下三种下料方式：

（1）截成 3 米的 3 根；

（2）截成 3 米的 2 根，4 米的 1 根；

（3）截成 4 米的 2 根。

设三种下料方式：B_1、B_2、B_3 分别用原料（10 米）x_1、x_2、x_3 根，见表 2－6：

表 2-6　　三种下料方式需求量

	B_1	B_2	B_3	需求量
3m	2	3	0	60
4m	1	0	2	90

可转化成求下面的线性规划问题：

$$\min f = x_1 + x_2 + x_3$$

$$\text{s. t.} \begin{cases} 3x_1 + 2x_2 \geqslant 90 \\ x_2 + 2x_3 \geqslant 60 \text{ 且为整数 } (j = 1, 2, 3) \\ x_j \geqslant 60 \end{cases}$$

上述问题的一般形式见表 2-7。

表 2-7　　例 2-4 问题的一般形式

	B_1	B_2	…	B_n	零件需要量
A_1	c_{11}	c_{12}	…	c_{1n}	a_1
A_2	c_{21}	c_{22}	…	c_{2n}	a_2
⋮	⋮	⋮		⋮	⋮
A_m	c_{m1}	c_{m2}	…	c_{mn}	a_3

解：设 x_j $(j=1, 2, \cdots, n)$ 表示为 B_j $(j=1, 2, \cdots, n)$ 种下料方式所用的原材料的数量，f 为总根数，写成线性规划的数学模型为：

$$\min f = \sum_{j=1}^{n} x_j$$

$$\text{s. t.} \begin{cases} \sum_{j=1}^{n} c_{ij} x_j \geqslant n_i \ (i=1, 2, \cdots, m) \\ x_j \geqslant 0 \ (j=1, 2, \cdots, n) \end{cases}$$

二、线性规划问题的一般形式

从上述例子看到规划问题的数学模型包含三个组成要素：①决策变量，指决策者为实现规划目标所采取的方案、措施，是问题中要确定的未知量；②目标函数，指问题要达到的目的要求，表示为决策变量的函数；③约束条件，指决策变量取值时受到的各种可用资源的限制，表示为含决策变量的等式或不等式。如果在规划问题的数学模型中，决策变量为可控的连续变量，目标函数和约束条件都是线性的，这类模型称作线性规划问题的数学模型。一般线性规划问题的数学模型可表示为以下几种形式：

$$\max(\min) f = c_1x_1 + c_2x_2 + \cdots + c_nx_n$$

$$\text{s. t.} \begin{cases} a_{11}x_1 + a_{12}x_2 + \cdots + a_{1n}x_n \leqslant (=, \geqslant) b_1 \\ a_{21}x_1 + a_{22}x_2 + \cdots + a_{2n}x_n \leqslant (=, \geqslant) b_2 \\ \cdots\cdots\cdots\cdots \\ a_{m1}x_1 + a_{m2}x_2 + \cdots + a_{mn}x_n \leqslant (=, \geqslant) b_n \\ x_1, x_2, \cdots, x_n \geqslant 0 \end{cases}$$

写成矩阵的形式：

$$\max(\min) f = \boldsymbol{CX}$$

$$\text{s. t.} \begin{cases} \boldsymbol{AX} \leqslant (=, \geqslant) b \\ \boldsymbol{X} \geqslant 0 \end{cases}$$

第二节　两个变量的图解法

一、图解法的基本步骤

图解法可提供一些思路，简单、直观，能看出线性规划的可行解、最优解的情况，但它也存在缺陷，即只能对两个变量求解。我们用例子说明当变量数为 2 时的图解法的过程。

例 2-5：用图解法求其最大值。

$$\max f = 2x_1 + 2x_2$$

$$\text{s. t.} \begin{cases} x_1 \leqslant 4 \\ x_2 \leqslant 3 \\ x_1 + 2x_2 \leqslant 8 \\ x_1, x_2 \geqslant 0 \end{cases}$$

解：对于上述具有 2 个变量的线性规划问题，我们可以在坐标轴的直角坐标系中进行求解。

（1）建立 x_1Ox_2 直角坐标系。

（2）求满足线性规划问题约束条件的可行域，可行解集（满足非负的约束条件的解的集合）将满足约束条件的区域画出来，称该区域为可行域。

首先考虑约束条件 $x_1 \leqslant 4$：在直角坐标系中等式 $x_1 = 4$ 这条直线的左侧，类似地，$x_2 \leqslant 3$：在直角坐标系中等式 $x_2 = 3$ 所确定直线的下侧；同样地，$x_1 + 2x_2 \leqslant 8$：在直角坐标系中等式 $x_1 + 2x_2 \leqslant 8$ 所确定直线的左下侧；又 x_1，$x_2 \geqslant 0$：在第一象限内。所以，凸多边形 $OABCD$ 为可行域。如图 2-1 所示。

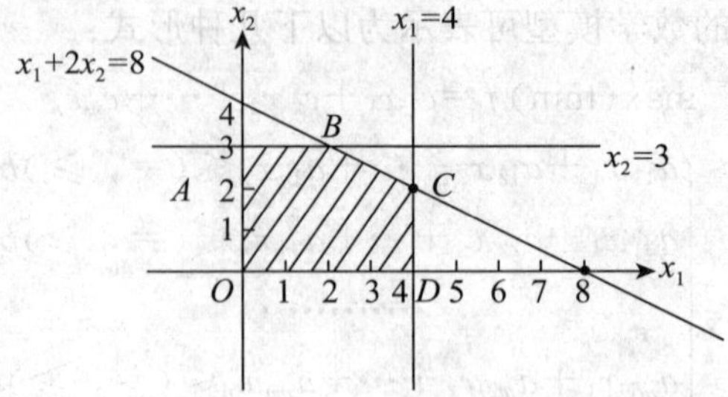

图 2－1　例 2－5 图解法

（3）求目标函数的最优解。

要求目标函数 $f=2x_1+2x_2$ 达到最大值的点。为此我们可以考虑以常数 d 为参数的直线 f（d）：$2x_1+2x_2=d$。对不同的 d 值，在直角坐标系的平面上可描绘出一组平行的直线，因此，我们可以根据 d 的不同取值，通过观察即可直接判断目标函数的变化趋势，进而获得目标函数的最优解。

①d 取不同的值 4，2，即：令目标函数 $2x_1+2x_2=d=4$ 或 2（常数）等高线，等值线。斜率已知，显然不是最大值。

②平行移动上述直线，方向即法线方向（高度增加方向），到 C 点止，C（4，2）。最优解：$x_1=4$，$x_2=2$；最优值：$2x_1+2x_2=12$；若求最小，按法线反方向移动。

例 2－6： 若例 2－5 中目标函数变为 $\max f=x_1+2x_2$ 与第三个约束重合，会有什么结果?

解： 求解方法与例 2－5 相同，先建立直角坐标系，然后求满足线性规划问题约束条件的可行域，之后求目标函数的最优解。点 B（2，3）、点 C（4，2）、中间点（3，2，5）最优值都是 8。所以，只要有两个最优解，两个项点连线都是最优解，即无穷多最优解，不可能有有限个最优解。如图 2－1 所示。

例 2－7： 用图解法求下列线性规划的最优值。

$$\max f=2x_1+2x_2$$

$$\text{s.t.}\begin{cases}x_1-x_2\geqslant 1\\x_1-2x_2\geqslant 8\\x_1,\ x_2\geqslant 0\end{cases}$$

解： 求解方法与例 2－5 相同，先建立直角坐标系，然后求满足线性规划问题约束条件的可行域，之后求目标函数的最优解。$x_1-x_2\geqslant 1$：在直角坐标系中等式 $x_1-x_2=1$ 所确定直线的右侧，找一个代表点验证一下，如：O（0，0），所以在 $x_1-x_2=1$ 右下方，同样，$x_1-2x_2\geqslant 8$：在直角坐标系中等式 $x_1-2x_2=8$ 所确定直线的右下侧，x_1，$x_2\geqslant 0$：在第一象限内，由图 2－2 可看出可行域是无界域。等高线 $2x_1+2x_2=4$，显然：目标函数无上界，即无最优解。

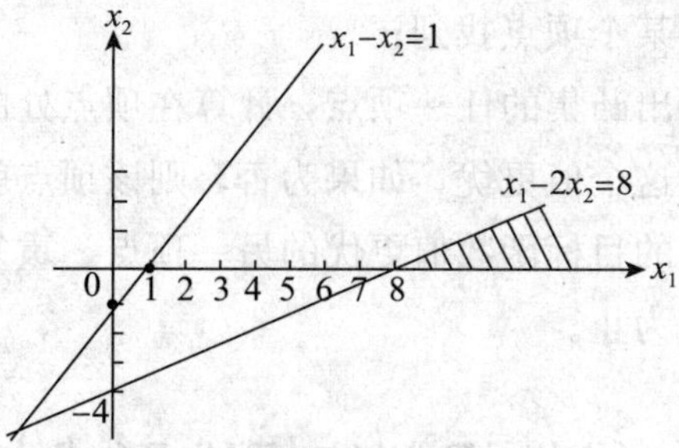

图 2－2　例 2－7 图解法

例 2－8： 用图解法求下列线性规划的最优解和最优值：

$$\max f=2x_1+3x_2$$

$$\text{s. t.}\begin{cases}2x_1+3x_2\leqslant 4\\x_1+2x_2\geqslant 8\\x_1,\ x_2\geqslant 0\end{cases}$$

解： 求解方法与例 2－5 相同，可行域为 $R=\dfrac{1}{\phi}$，所以原线性规划问题无最优解。

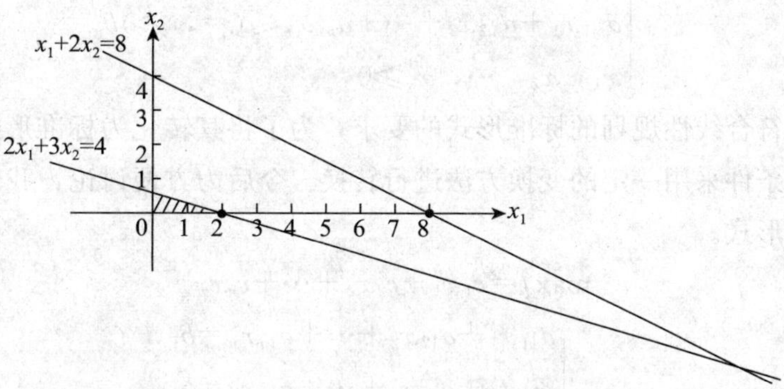

图 2－3　例 2－8 图解法

二、图解法的启示

图解法虽然只能用来求解只具有两个变量的线性规划问题，但它的解题思路和几何上直观得到的一些概念判断，对下面要讲的求解一般线性规划问题的单纯形法有很大启示：

（1）求解线性规划问题时，解的情况有：唯一最优解、无穷多最优解、无界解、无可行解；

（2）若线性规划问题的可行域存在，则可行域是一个凸集；

（3）若线性规划问题的最优解存在，则最优解或最优解之一（如果有无穷多的话）一定能够在可行域（凸集）的某个项点找到；

(4) 解题思路是，先找出凸集的任一项点，计算在项点处的目标函数值。比较周围相邻顶点的目标函数值是否比这个值更优，如果为否，则该顶点就是最优解的点或最优解的点之一，否则转到比这个点的目标函数值更优的另一顶点，重复上述过程，一直到找出使目标函数值达到最优的顶点为止。

第三节　线性规划的标准形式与各种解

一、线性规划的标准形式

具体的线性规划问题，其数学模型常常是各式各样的，如在上节中，我们已经介绍了线性规划的一般形式是：

$$\max(\min) f = c_1x_1 + c_2x_2 + \cdots + c_nx_n$$

$$\text{s.t.}\begin{cases} a_{11}x_1 + a_{12}x_2 + \cdots + a_{1n}x_n \leqslant (=,\ \geqslant) b_1 \\ a_{21}x_1 + a_{22}x_2 + \cdots + a_{2n}x_n \leqslant (=,\ \geqslant) b_2 \\ \cdots\cdots\cdots\cdots \\ a_{m1}x_1 + a_{m2}x_2 + \cdots + a_{mn}x_n \leqslant (=,\ \geqslant) b_n \\ x_1,\ x_2,\ \cdots,\ x_n \geqslant 0 \end{cases}$$

它们不一定符合线性规划的标准形式的要求，为了将其转化为标准形式，常常需要对目标函数或约束条件采用一定的变换方法进行转换。今后为方便讨论，我们称以下线性规划的形式为标准形式。

$$\max f = c_1x_1 + c_2x_2 + \cdots + c_nx_n$$

$$\text{s.t.}\begin{cases} a_{11}x_1 + a_{12}x_2 + \cdots + a_{1n}x_n = b_1 \\ a_{21}x_1 + a_{22}x_2 + \cdots + a_{2n}x_n = b_2 \\ \cdots\cdots\cdots\cdots \\ a_{m1}x_1 + a_{m2}x_2 + \cdots + a_{mn}x_n = b_n \\ x_1,\ x_2,\ \cdots,\ x_n \geqslant 0 \end{cases}$$

标准形式的特点如下：

(1) 目标函数求极大；

(2) 约束方程全为等式；

(3) 变量全为非负；

(4) 约束条件右端常数项 $b_i \geqslant 0 (i=1,\ 2,\ \cdots,\ m)$。

对于各种非标准形式的线性规划问题，我们可以通过以下的变换，将其转化为标准形式。

二、非标准型标准化

（一）极小化目标函数的问题

设目标函数为：

$$\min f = c_1x_1 + c_2x_2 + \cdots + c_nx_n = \sum_{j=1}^{n} c_jx_j$$

令 $f' = -f$，则以上极小化问题和以下极大化问题有相同的最优解，使它们最优解的目标函数值相差一个符号

$$\max f' = -c_1x_1 - c_2x_2 - \cdots - c_nx_n = \sum_{j=1}^{n} (-c_jx_j)$$

1. 变量无符号限制的问题

在标准形式中，每一个变量都有非负约束，当某变量 x_j 无限制（自由变量）时，可正，可负，则令 $x_j = x'_j - x''_j$，其中 x'_j，$x''_j \geqslant 0$，即用两个非负变量之差来表示一个无符号限制的变量。注意：此时解是 x'_j，x''_j，还须代回原式求 x_j。

2. 约束条件不是等式的问题

不等式形式：

（1）当约束条件为：

$$a_{i1}x_1 + a_{i2}x_2 + \cdots + a_{in}x_n \leqslant b_1 \ (i=1, 2, \cdots, m)$$

引进一个新的变量 x_{n+i}，使它等于约束条件右边与左边之差

$$x_{n+i} = b - (a_{i1}x_1 + a_{i2}x_2 + \cdots + a_{in}x_n) \ (i=1, 2, \cdots, m)$$

显然 x_{n+i} 也具有非负约束，即 $x_{n+i} \geqslant 0$ 称松弛变量，这时新的约束条件成为

$$a_{i1}x_1 + a_{i2}x_2 + \cdots + a_{in}x_n + x_{n+i} = b_1 \ (i=1, 2, \cdots, m)$$

（2）当约束条件为：

$$a_{i1}x_1 + a_{i2}x_2 + \cdots + a_{in}x_n \geqslant b_1 \ (i=1, 2, \cdots, m)$$

类似地令：

$$x_{n+i} = a_{i1}x_1 + a_{i2}x_2 + \cdots + a_{in}x_n - b_i \ (i=1, 2, \cdots, m)$$

则同样有 $x_{n+i} \geqslant 0$，被称剩余变量，新的约束条件为：

$$a_{i1}x_1 + a_{i2}x_2 + \cdots + a_{in}x_n - x_{n+i} = b_i \ (i=1, 2, \cdots, m)$$

3. 变量小于等于零的问题

在一些实际问题中，变量不允许为正数，这样的问题也不是标准问题。

如果 $x_n \leqslant 0$，可令 $x'_j = -x_j \geqslant 0$

例 2－9：把下面问题标准化。

$$\min f = 3x_1 - 2x_2 + x_3$$

$$\text{s.t.} \begin{cases} 2x_1 - 3x_2 + x_3 \geqslant 2 \\ x_1 - 2x_3 \leqslant 4 \\ x_1 \geqslant 0, \ x_3 \leqslant 0 \end{cases}$$

解：令 $f'=-f$，$x_2=x'_2-x''_2$，x'_2，$x''_2\geqslant 0$，$x'_3=-x_3\geqslant 0$，则标准形式为：

$$\max f'=-3x_1+2x''_2-2x''_2+x'_3$$

$$\text{s.t.}\begin{cases}2x_1-3x'_2+3x''_2-x'_3-x_4=2\\x_1+2x'_3+x_5=4\\x_1,\ x'_2,\ x''_2,\ x'_3,\ x_4,\ x_5\geqslant 0\end{cases}$$

4. 若 b_i 为负，则约束等式两边同乘（−1）

5. 变量为有界变量的问题

如变量 $x_j\in[a,\ b]$，即 $a\leqslant x_j\leqslant b$，$0\leqslant x_j-a\leqslant b-a$，令 $x'_j=x_j-a\geqslant 0$ 则可得：

$$x'_j+x_{n+1}=b-a\quad 且\ x'_j\geqslant 0$$

（二）标准形式的其他形式

1. 矩阵形式

$$\max f=\boldsymbol{CX}$$

$$\text{s.t.}\begin{cases}\boldsymbol{AX}=b\\\boldsymbol{X}\geqslant 0\end{cases}$$

2. 分块矩阵式

令

$$\boldsymbol{A}=(\boldsymbol{B},\ \boldsymbol{N})$$

$$\boldsymbol{A}=\left(\begin{array}{ccc|ccc}a_{11} & \cdots & a_{1m} & a_{1m+1} & \cdots & a_{1n}\\a_{21} & \cdots & a_{2m} & a_{2m+1} & \cdots & a_{2n}\\\vdots & & \vdots & \vdots & & \vdots\\a_{n1} & \cdots & a_{nm} & a_{nm+1} & \cdots & a_{m}\end{array}\right)=(\boldsymbol{B}_{m\times n}\ \vdots\ \boldsymbol{N}_{m\times(n-m)})$$

$$\boldsymbol{X}=(x_1\cdots x_m\ \vdots\ x_{m+1}\cdots x_n)^{\mathrm{T}}=(x_B,\ x_N)^{\mathrm{T}}$$

$$c=(c_1\cdots c_m\ \vdots\ c_{m+1}\cdots c_n)^{\mathrm{T}}=(c_B,\ c_N)^{\mathrm{T}}$$

则

$$\max f=(c_B,\ c_N)(c_B,\ c_N)^{\mathrm{T}}=c_Bx_B+c_Nx_N$$

$$\text{s.t.}\begin{cases}\boldsymbol{A}x=(\boldsymbol{B},\ \boldsymbol{N})(x_B,\ x_N)^{\mathrm{T}}\\(x_B,\ x_N)^{\mathrm{T}}\geqslant 0\end{cases}$$

解为 $x_B=\boldsymbol{B}^{-1}b-\boldsymbol{B}^{-1}\boldsymbol{N}x_N$

3. $\sum$ 形式

$$\max f=\sum_{j=1}^{n}c_jx_j$$

$$\text{s.t.}\begin{cases}\sum_{j=1}^{n}p_jx_j=b\\x_j\geqslant 0\ (j=1,\ 2,\ \cdots,\ n)\end{cases}$$

$$\text{s.t.}\begin{cases}\sum_{j=1}^{n}a_{ij}x_j=b_i\ (i=1,\ 2,\ \cdots,\ m)\\x_j\geqslant 0\ (j=1,\ 2,\ \cdots,\ n)\end{cases}$$

4. 集合形式

$$\max\{\boldsymbol{CX} \mid \boldsymbol{AX}=b, \ \boldsymbol{X}\geqslant 0\}$$

三、线性规划标准形式下的各种解

标准化的线性规划问题的约束系数为 $m\times n$ 阶矩阵，以下用分块矩阵式详细说明线性规划标准形式下各种解的含义。

$$\max f=c_B x_B+c_N x_N \tag{1}$$

$$\text{s. t.}\begin{cases}\boldsymbol{B}x_B+\boldsymbol{N}x_N=b & (2)\\ (x_B,\ x_N)^{\mathrm{T}}\geqslant 0 & (3)\end{cases}$$

（1）可行解：满足式（2）、式（3）的一组 X 值称为可行解。

（2）最优解：使目标函数取得极大值的可行解，即为式（1）的可行解。

（3）基：设 $\boldsymbol{A}_{m\times n}$（$m<n$）为满秩矩阵（$m$ 个方程都有效，线性无关），$\boldsymbol{A}$ 中任一个子阵 $\boldsymbol{B}_{m\times n}$，且 $|\boldsymbol{B}|\neq 0$，则称 $\boldsymbol{B}$ 是线性规划的一个基。

例 2-10：对下列线性规划问题，求其基。

$$\max f=2x_1+2x_2$$

$$\text{s. t.}\begin{cases}x_1+x_3=4\\ x_2+x_4=3\\ x_1+2x_2+x_5=8\\ x_j\geqslant 0,\ (j=1,\ 2,\ 3,\ 4,\ 5)\end{cases}$$

$$\boldsymbol{A}=\begin{Bmatrix}1 & 0 & 1 & 0 & 0\\ 0 & 1 & 0 & 1 & 0\\ 1 & 2 & 0 & 0 & 1\end{Bmatrix}=(p_1,\ p_2,\ p_3,\ p_4,\ p_5)$$

$\boldsymbol{B}_1=(p_3,\ p_4,\ p_5)$，$|\boldsymbol{B}_1|=1\neq 0$，所以 $\boldsymbol{B}_1$ 是基。$\boldsymbol{B}_2=(p_1,\ p_4,\ p_5)$，$|\boldsymbol{B}_2|\neq 0$，所以 $\boldsymbol{B}_2$ 是基。而 $|p_2,\ p_4,\ p_5|=0$，所以不构成基。构成基做多（一般 $\leqslant C_5^3$ 个），再减去不存在逆的个数。

（4）基向量：组成基 $\boldsymbol{B}$ 的向量 p_1，p_2，…，p_m 称为基向量。

基变量：基向量对应的变量 x_1，x_2，…，x_m 称为基变量。

即：

$$\boldsymbol{A}=(p_1,\ p_2,\ \cdots,\ p_m,\ p_{m+1},\ \cdots,\ p_n)=(\boldsymbol{B},\ \boldsymbol{N})$$

$$\boldsymbol{X}=(x_1,\ x_2,\ \cdots,\ x_m,\ x_{m+1},\ \cdots,\ x_n)^{\mathrm{T}}=(x_B,\ x_N)^{\mathrm{T}}$$

$$\boldsymbol{C}=(c_1 c_2,\ \cdots,\ c_m,\ c_{m+1},\ \cdots,\ c_n)^{\mathrm{T}}=(\boldsymbol{C}_B,\ \boldsymbol{C}_N)^{\mathrm{T}}$$

分析上例：

$$\begin{cases}x_3=4-x_1\\ x_4=3-x_2\\ x_5=8-x_1-2x_2\end{cases}$$

因为 x_1，x_2 不同，所以 x_3，x_4，x_5 取值不同。找特解令 $x_1=x_2=0$，则 $\boldsymbol{X}=(0,0,4,3,8)^{\mathrm{T}}$。

(5) 基本解：令 $x_N=0$，由式 (2) 可知 $x_B=\boldsymbol{B}^{-1}b$，则称 $\boldsymbol{X}=(x_B,x_N)^{\mathrm{T}}=(\boldsymbol{B}^{-1}b,0)^{\mathrm{T}}$ 为线性规划的基本解。

$$\begin{cases}x_1=4-x_3\\x_4=3-x_2\\x_1+x_5=8-2x_N\end{cases}$$

$$(x_1,x_4,x_5)^{\mathrm{T}}=x_B=\boldsymbol{B}^{-1}b$$

$$\begin{pmatrix}1&0&0\\0&1&0\\1&0&1\end{pmatrix}^{-1}\begin{pmatrix}4\\3\\8\end{pmatrix}=\begin{pmatrix}1&0&0\\0&1&0\\-1&0&1\end{pmatrix}\begin{pmatrix}4\\3\\8\end{pmatrix}=\begin{pmatrix}4\\3\\8\end{pmatrix}$$

解方程组的过程实质是求逆的过程，所以要选单位阵为基，可使计算简单。

(6) 基本可行解：满足式 (3) 的基本解，称为基本可行解。

即：$\boldsymbol{X}=(x_B,x_N)^{\mathrm{T}}=(\boldsymbol{B}^{-1}b,0)\geqslant(0,0)^{\mathrm{T}}$ 称为基本可行解。

若 $B^{-1}b$ 至少出现一个 0 元素的叫退化的基本可行解，将导致计算失常，一般考虑 $\boldsymbol{B}^{-1}b>0$。

(7) 基本最优解：使目标函数取最大值的基本可行解，即满足式 (1) 的基本可行解。

(8) 可行基：基本可行解对应的基。

线性规划解的集合之间的关系，如图 2-4 所示。

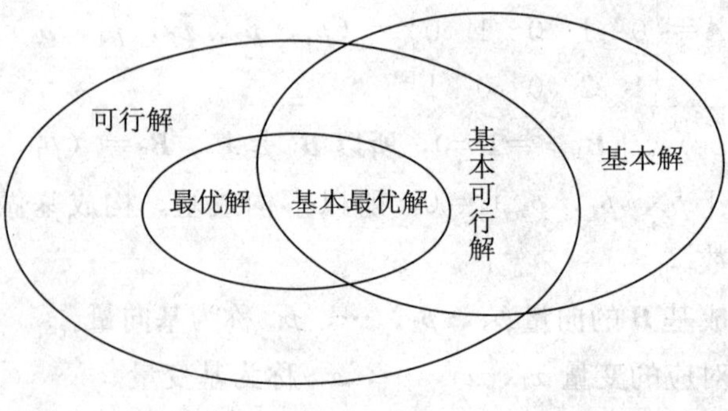

图 2-4　线性规划解的集合之间的关系

第四节　单纯形法原理

一、凸性的几个基本概念

定义 1　凸集：设 S 是 n 维空间中的一个点集（$S \in E^n$），若对任意 $x^{(1)}$，$x^{(2)} \in S$，存在 $a \in [0, 1]$，恒有 $x = ax^{(1)} + (1-a)x^{(2)} \in S$，则称集合 S 为凸集，也称 x 是 $x^{(1)}$，$x^{(2)}$ 的凸组合。

定义 2　顶点：设 S 是 n 维向量组成的凸集，若对任意 $x^{(1)}$ 且 $x^{(1)} \neq x^{(2)}$，存在 $a \in (0, 1)$，对于 $x^* \in s$，x^* 不能使下式 $x^* = ax^{(1)} + (1-a)x^{(2)}$ 成立，则称 x^* 为凸集的顶点（极点）。

以上定义有明显的几何意义，它表示凸集 S 中的任意两个不相同的点连线上的点（包括两个端点），都位于凸集 S 之中，见图 2－5。非凸集示例如图 2－6 所示。

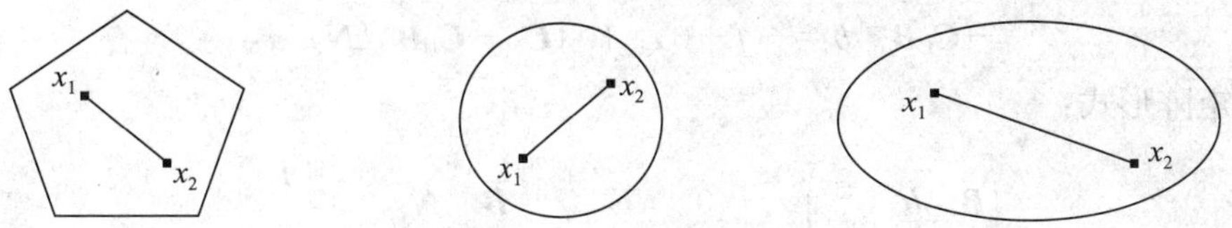

图 2－5　凸集示例

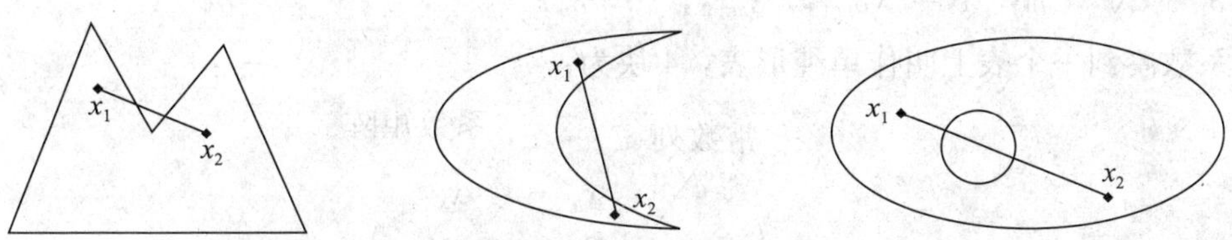

图 2－6　非凸集示例

二、线性规划问题解的基本定理

定理 1　线性规划可行解集，$R = (X \mid AX = b, X \geqslant 0)$ 是一个凸集。

证明：不妨设 $R \neq \varnothing$（若 $R = \varnothing$），任取 $x^{(1)}$，$x^{(2)} \in R$ 且 $x^{(1)} \neq x^{(2)}$，以及数 $\alpha \in [0, 1]$，因为 $Ax^{(1)} = b$，$x^{(1)} \geqslant 0$；$Ax^{(2)} = b$，$x^{(2)} \geqslant 0$

所以，$AX = A[\alpha x^{(1)} + (1-\alpha)x^{(2)}] = \alpha Ax^{(1)} + (1-\alpha)Ax^{(2)} = b$

$x = \alpha x^{(1)} + (1-\alpha)x^{(2)} \geqslant 0$，因此可行解集是一个凸集。

定理 2　设 $X^{(0)} \in R$，则 $X^{(0)}$ 是线性规划基本可行解的充分必要条件且 $X^{(0)}$ 是 R 的顶点。（没说是边界上，证明不要求，为以后的证明奠定基础）

定理 3 若线性规划问题有可行解，则一定有基本可行解。

定理 4 若线性规划问题有最优解，则一定有基本最优解。（$x=\alpha x^{(1)}+(1-\alpha)x^{(2)}$）

第五节 单纯形法

一、单纯形表的推导

$$\max f=\boldsymbol{C}_B x_B+\boldsymbol{C}_N x_N$$

$$\text{s. t.}\begin{cases}\boldsymbol{B}x_B+\boldsymbol{N}x_N=b\\(x_B,\ x_N)^{\mathrm{T}}\geqslant 0\end{cases}$$

得 $x_B=\boldsymbol{B}^{-1}b-\boldsymbol{B}^{-1}\boldsymbol{N}x_N$，$f=\boldsymbol{C}_B(\boldsymbol{B}^{-1}b-\boldsymbol{B}^{-1}\boldsymbol{N}x_N)+\boldsymbol{C}_N x_N=\boldsymbol{C}_B\boldsymbol{B}^{-1}b+(\boldsymbol{C}_N-\boldsymbol{C}_B\boldsymbol{B}^{-1}\boldsymbol{N})x_N$

把 f 和 X 都看成未知变量，即：$\boldsymbol{B}^{-1}b=0f+\boldsymbol{E}x_B+\boldsymbol{B}^{-1}\boldsymbol{N}x_N$

$$-\boldsymbol{C}_B\boldsymbol{B}^{-1}b=-f+0x_B+(\boldsymbol{C}_N-\boldsymbol{C}_B\boldsymbol{B}^{-1}\boldsymbol{N})x_N$$

写成矩阵形式：

$$\begin{pmatrix}\boldsymbol{B}^{-1}b\\-\boldsymbol{C}_B\boldsymbol{B}^{-1}b\end{pmatrix}=\begin{pmatrix}0&\boldsymbol{E}&\boldsymbol{B}^{-1}\boldsymbol{N}\\-1&0&\boldsymbol{C}_N-\boldsymbol{C}_B\boldsymbol{B}^{-1}\boldsymbol{N}\end{pmatrix}\begin{pmatrix}f\\x_B\\x_N\end{pmatrix}$$

记 $\sigma_N=\boldsymbol{C}_N-\boldsymbol{C}_B\boldsymbol{B}^{-1}\boldsymbol{N}=(\sigma_{m+1},\ \sigma_{m+2},\ \cdots,\ \sigma_n)$

把系数凑到一个表上叫作单纯形表，4 块为：

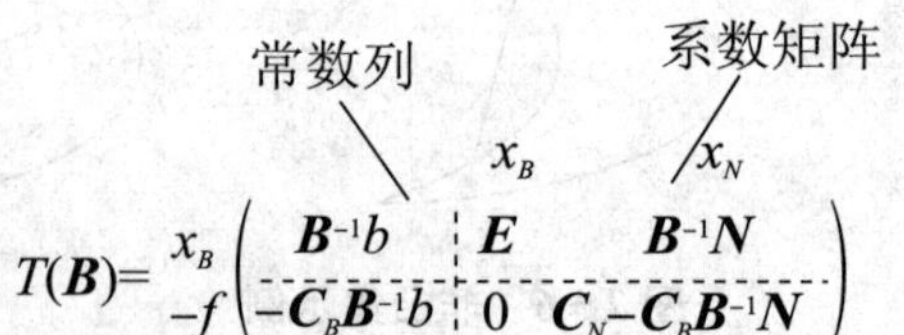

为方便计算，可以对每块多少个元素进行详细刻画，见表 2-8。基变量对应的列，检验数一定为 0，系数为单位阵。

表 2-8

$C_j\rightarrow$			c_1	c_2	$\cdots$	c_m	c_{m+1}	c_{m+2}	$\cdots$	c_n
$\boldsymbol{C}_B$	X_B	$\boldsymbol{B}^{-1}b$	x_1	x_2	$\cdots$	x_m	x_{m+1}	x_{m+2}	$\cdots$	x_n
c_1	x_1	b'_1	1	0	$\cdots$	0	a'_{1m+1}	a'_{1m+2}	$\cdots$	a'_{1n}
c_2	x_2	b'_2	0	1	$\cdots$	0	a'_{2m+1}	a'_{2m+2}	$\cdots$	a'_{2n}

续 表

$C_j \rightarrow$			c_1	c_2	…	c_m	c_{m+1}	c_{m+2}	…	c_n
⋮	⋮	⋮	⋮	⋮		⋮	⋮	⋮		⋮
c_m	x_m	b'_m	0	0	…	1	a'_{mm+1}	a'_{mm+2}	…	a'_{mn}
$c_j - Z_j$			0	0	…	0	σ_{m+1}	σ_{m+2}	…	σ_n

而且，单纯形表求出的都是基本可行解。给定单纯形表能写出其方程。

例 2－11：求初始单纯形表 T（$\boldsymbol{B}_1$）。

$$\max f = 2x_1 + 2x_2$$

$$\text{s.t.} \begin{cases} x_1 + x_3 = 4 \\ x_2 + x_4 = 3 \\ x_1 + 2x_2 + x_5 = 8 \\ x_j \geqslant 0, \ (j=1, 2, 3, 4, 5) \end{cases}$$

解：取初始可行基：$\boldsymbol{B}_1 =$（P_3，P_4，P_5），则可得 T（$\boldsymbol{B}_1$），见表 2－9。

表 2－9 **T（$\boldsymbol{B}_1$）**

$C_j \rightarrow$			1	2	0	0	0
$\boldsymbol{C}_B$	X_B	$\boldsymbol{B}^{-1}b$	X_1	X_2	X_3	X_4	X_5
c_3	X_3	4	1	0	1	0	0
c_4	X_4	3	0	1	0	1	0
c_5	X_5	8	1	2	0	0	1
$C_j - Z_j$			1	2	0	0	0

T（$\boldsymbol{B}_1$）对应的基本可行解 $x^{(1)}=(0, 0, 4, 3, 8)^{\mathrm{T}}$，函数值 f_1（$x^{(1)}$）$=0$。由于

$$\begin{aligned}(\boldsymbol{C} - \boldsymbol{C}_B\boldsymbol{B}^{(-1)}\boldsymbol{A}) &= ((\boldsymbol{C}_B, \boldsymbol{C}_N) - \boldsymbol{C}_B\boldsymbol{B}^{-1}(\boldsymbol{B}, \boldsymbol{N})) \\ &= (\boldsymbol{C}_B, \boldsymbol{C}_N) - (\boldsymbol{C}_B\boldsymbol{B}^{-1}\boldsymbol{B}, \boldsymbol{C}_B\boldsymbol{B}^{-1}\boldsymbol{N}) \\ &= (0, \boldsymbol{C}_N - \boldsymbol{C}_B\boldsymbol{B}^{-1}\boldsymbol{N})\end{aligned}$$

$$(\boldsymbol{B}^{-1}\boldsymbol{A}) = (\boldsymbol{B}^{-1}(\boldsymbol{B}, \boldsymbol{N})) = (\boldsymbol{E}, \boldsymbol{B}^{-1}\boldsymbol{N})$$

$$T(\boldsymbol{B}) = \left[\begin{array}{c:c} \boldsymbol{B}^{-1}b & \boldsymbol{B}^{-1}\boldsymbol{A} \\ \hdashline -\boldsymbol{C}_B\boldsymbol{B}^{-1}\boldsymbol{A} & -\boldsymbol{C}_B\boldsymbol{B}^{-1}b \end{array}\right]$$

与上述表示相同，无论基变量、非基变量在何处，是一个通式。因为 $A=$（P_1，P_2，…，P_n），$C=$（c_1，c_2，…，c_n）

$$T(\boldsymbol{B})=\left(\begin{array}{c:cccc} \boldsymbol{B}^{-1}b & \boldsymbol{B}^{-1}p_1 & \boldsymbol{B}^{-1}p_2 & \cdots & \boldsymbol{B}^{-1}p_3 \\ \hdashline -\boldsymbol{C}_B\boldsymbol{B}^{-1}b & c_1-\boldsymbol{C}_B\boldsymbol{B}^{-1}p_1 & c_2-\boldsymbol{C}_B\boldsymbol{B}^{-1}p_2 & \cdots & c_n-\boldsymbol{C}_B\boldsymbol{B}^{-1}p_n \end{array}\right)$$

$\boldsymbol{C}_B\boldsymbol{B}^{-1}b=\boldsymbol{C}_B(\boldsymbol{B}^{-1}b)$，又因为单位阵的逆还等于本身（若 $\boldsymbol{B}=\boldsymbol{E}$，$\boldsymbol{B}^{-1}b=b$，$\boldsymbol{B}^{-1}\boldsymbol{A}=\boldsymbol{A}$），所以第一个基最好找单位阵。

$$T(\boldsymbol{B})\xlongequal[\boldsymbol{B}=\boldsymbol{E}]{\boldsymbol{C}_B=0}\left(\begin{array}{c:c} b & \boldsymbol{A} \\ \hdashline 0 & \boldsymbol{C} \end{array}\right)$$

二、单纯形法的计算步骤

步骤 1：选取一个可行基 $\boldsymbol{B}$，求其 $T(\boldsymbol{B})$；

步骤 2：最优性检验：若 $\sigma=\boldsymbol{C}-\boldsymbol{C}_B\boldsymbol{B}^{-1}\boldsymbol{A}\leqslant 0$ 时，（即基变量检验数为 0，非基变量检验数小于等于 0）已获基本最优解（最优解）。

即：$x^*=\begin{pmatrix} x^* & \boldsymbol{B} \\ x^* & \boldsymbol{N} \end{pmatrix}=\begin{pmatrix} \boldsymbol{B}^{-1}b \\ 0 \end{pmatrix}=(x^*{}_1,\ x^*{}_2,\ \cdots,\ x^*{}_m,\ 0,\ \cdots,\ 0)^{\mathrm{T}}$

$f_{\max}(x^*)=\boldsymbol{C}_B\boldsymbol{B}^{-1}b$，否则转到下一步。

步骤 3：无界性检验：若 $\sigma_j<0$ 且 $\boldsymbol{B}^{-1}P_j\leqslant 0$ 时，则目标函数无上界（只要存在一列即无界），否则转到下一步。

步骤 4：选主元：先选主元列 k，见表 2－10。

$$\sigma=\max\{\sigma_j\mid\sigma_j>0,\ 1\leqslant j\leqslant n\}$$

表 2－10

$C_j\rightarrow$			c_1	c_2	$\cdots$	c_m	c_{m+1}	c_{m+2}	$\cdots$	c_n
$\boldsymbol{C}_B$	X_B	$\boldsymbol{B}^{-1}b$	x_1	x_2	$\cdots$	x_m	x_{m+1}	x_k	$\cdots$	x_n
c_1	x_1	b'_1	1	0	$\cdots$	0	a'_{1m+1}	a'_k	$\cdots$	a'_{1n}
c_2	x_2	b'_2	0	1	$\cdots$	0	a'_{2m+1}	a'_k	$\cdots$	a'_{2n}
$\vdots$	$\vdots$	$\vdots$	$\vdots$	$\vdots$		$\vdots$	$\vdots$	$\vdots$		$\vdots$
c_m	x_m	b'_m	0	0	$\cdots$	1	a'_{mm+1}	a'_k	$\cdots$	a'_{mn}
C_j-Z_j			0	0	$\cdots$	0	σ_{m+1}	σ_k	$\cdots$	σ_n

后选主元行 L，$\theta=\dfrac{b'_1}{a'_{1k}}=\min\left\{\dfrac{b'_i}{b'_{ik}}\mid a'_{ik}>0,\ 1\leqslant i\leqslant m\right\}$，此时，$a'_{1k}$ 为主元。其中 $a'_{ik}>0$为保证常数列为正，即还是可行基。

步骤 5：换基迭代：（反复计算）利用线性代数的行的初等变换，把主元化为 1，主元列的其他元素化为 0，得新基 $\bar{\boldsymbol{B}}$，转到步骤 2，重复步骤 2～5，直到终止。

例 2－12： 用单纯形法求例 2－11。

(1) 标准化后取基，是可行基 $\boldsymbol{B}_1=(P_3, P_4, P_5)=\boldsymbol{E}$，$\boldsymbol{B}_1$ 是可行基，$\boldsymbol{C}_B=(c_3, c_4, c_5)=(0, 0, 0)$，见表 2-11。

表 2-11

	$C_j\rightarrow$		1	2	0	0	0
$\boldsymbol{C}_B$	X_B	$\boldsymbol{B}^{-1}b$	x_1	x_2	x_3	x_4	x_5
c_3	x_3	4	1	0	1	0	0
c_4	x_4	3	0	1^*	0	1	0
c_5	x_5	8	1	2	0	0	1
	C_j-Z_j		1	2	0	0	0

(2) 选主元：因为检验数行中第 2 列 2 最大，所以选第二列为主元列，又因为 min$\{3/1, 8/2\}=3/1$，所以选第 2 行为主元行，即对应 1 为主元，用 * 号标注，见表 2-12。

表 2-12

	$C_j\rightarrow$		1	2	0	0	0
$\boldsymbol{C}_B$	X_B	$\boldsymbol{B}^{-1}b$	x_1	x_2	x_3	x_4	x_5
0	x_3	4	1	0	1	0	0
2	x_2	3	0	1	0	1	0
0	x_5	2	1^*	2	0	-2	1
	C_j-Z_j		1	0	0	-2	0

$$\boldsymbol{B}_2=(P_3, P_2, P_5)=\begin{pmatrix}1&0&0\\0&1&0\\0&2&1\end{pmatrix}$$

$$\begin{pmatrix}1&0&0\\0&1&0\\0&2&1\end{pmatrix}=\boldsymbol{B}_2^{-1}(P_3, P_2, P_5)=\boldsymbol{B}_2^{-1}\boldsymbol{B}_2$$

$$\boldsymbol{B}_2^{-1}=\begin{pmatrix}1&0&0\\0&1&0\\0&-2&1\end{pmatrix}$$

单纯形表中对应如上，与以前求 $(\boldsymbol{B}_2|\boldsymbol{E})\rightarrow(\boldsymbol{E}|\boldsymbol{B}_2^{-1})$，依次类推得最优单纯形表 2-13，$\sigma=\boldsymbol{C}-\boldsymbol{C}_B\boldsymbol{B}^{-1}\boldsymbol{A}\leqslant 0$。

表 2-13

$C_j\rightarrow$			1	2	0	0	0
$\boldsymbol{C}_B$	X_B	$\boldsymbol{B}^{-1}b$	x_1	x_2	x_3	x_4	x_5
0	x_3	2	0	0	1	2	−1
2	x_2	3	0	1	0	1	0
1	x_1	2	1	0	0	−2	1
C_j-Z_j			0	0	0	0	−1

基本最优解 $x^*=(2, 3, 2, 0, 0)^{\mathrm{T}}$，最优值 $f_{\max}=8$。

第六节　单纯形法的进一步讨论

在以上单纯形算法描述中，没有指明如何取得一个初始可行基。对于简单的问题，若不存在一个明显的可行基，只要做一些计算就可以确定选定的一个基是否是可行基。但对于规模稍大的问题，用计算的方法就很困难了，必须有一个初始可行基的系统化方法。当用系统的初始可行基方法不能求得任何初始可行解时，就可以得出线性规划问题无解的结论。对于标准形式的问题，

$$\max f=\boldsymbol{CX}$$

$$\text{s.t.}\begin{cases}\boldsymbol{AX}=b\\ \boldsymbol{X}\geqslant 0\end{cases}$$

当 $b\geqslant 0$ 时，如果矩阵 A 包含一个单位矩阵，则很自然地取该单位矩阵作为初始可行基，这时变量 $x_B=B^{-1}b\geqslant 0$，因而必定是初始可行基。

在以上例子中，问题的约束条件全为“小于等于”约束，并且右边常数全部大于等于0。对于这一类问题，化为标准问题时，在每个约束中添加的松弛变量构成一个单位矩阵，这个单位矩阵就可以作为初始可行基。

当标准形式问题的 A 矩阵中不包含有单位矩阵或虽含有单位矩阵但 b 不全为非负时，则无法直接获得初始可行基。

一、大 M 法

大 M 法的基本步骤如下：

(1) 引进松弛变量，使约束条件成为等式；

(2) 如果约束条件的系数矩阵中不存在一个单位矩阵，则引进人工变量；

(3) 在原目标函数中，加上人工变量，每个人工变量的系数为一个足够大的正数 M。

如原问题化为标准形式后，

$$\max f=c_1x_1+c_2x_2+\cdots+c_nx_n$$

$$\text{s.t.}\begin{cases}a_{11}x_1+a_{12}x_2+\cdots+a_{1n}x_n=b_1\\a_{21}x_1+a_{22}x_2+\cdots+a_{2n}x_n=b_2\\\cdots\cdots\cdots\cdots\\a_{m1}x_1+a_{m2}x_2+\cdots+a_{mn}x_n=b_m\\x_1,\ x_2,\ \cdots,\ x_n\geqslant 0\end{cases}$$

仍无单位初始可行基，则添加人工变量进行如下构造转化为：

$$\max f=c_1x_1+c_2x_2+\cdots+c_nx_n-Mx_{n+1}-Mx_{n+2}-\cdots-Mx_{n+m}$$

$$\text{s.t.}\begin{cases}a_{11}x_1+a_{12}x_2+\cdots+a_{1n}x_n+x_{n+1}=b_1\\a_{21}x_1+a_{22}x_2+\cdots+a_{2n}x_n+x_{n+2}=b_2\\\cdots\cdots\cdots\cdots\\a_{m1}x_1+a_{m2}x_2+\cdots+a_{mn}x_n+x_{n+m}=b_m\\x_1,\ x_2,\ \cdots,\ x_n,\ x_{n+1},\ \cdots,\ x_{n+m}\geqslant 0\end{cases}$$

其中，x_{n+1}，…，$x_{n+m}\geqslant 0$ 为人工变量，此模型若和原题同解，在最优解中人工变量的取值必须为零。为此，令目标函数中人工变量的系数为任意大的一个负数，用“$-M$”代表，只要人工变量的取值不为零，目标函数就不可能取极大值。所以要使 x_{n+1}，…，$x_{n+m}=0$，f'的初始可行基对应的单纯形表，见表 2-14。

表 2-14

	$C_j\rightarrow$		c_1	c_2	…	c_n	$-M$	$-M$	…	$-M$
$\boldsymbol{C}_B$	X_B	$\boldsymbol{B}^{-1}b$	X_1	X_2	…	X_n	X_{n+1}	X_{n+2}	…	X_{n+m}
$-M$	x_1	b_1	a_{11}	a_{12}	…	a_{1n}	1			
$-M$	x_2	b_2	a_{21}	a_{22}	…	a_{2n}		1		
⋮	⋮	⋮	⋮	⋮		⋮			…	
$-M$	x_m	b_m	a_{m1}	a_{m2}	…	a_{mn}				1
	C_j-Z_j		$c_1+\sum_{i=1}^{m}Ma_{i1}$	…	…	$c_n+\sum_{i=1}^{m}Ma_{in}$	0	0	0	0

检验数 $c_1-\boldsymbol{C}_B\boldsymbol{B}^{-1}\boldsymbol{P}_1=c_1-(-M,\ \cdots,\ -M)\ (a_{11},\ \cdots,\ a_{m1})^{\mathrm{T}}=c_1+\sum_{i=1}^{m}Ma_{i1}$。

例 2-13： 用单纯形法求解线性规划问题。

$$\max Z=-3x_1+x_3$$

$$\text{s.t.}\begin{cases}x_1+x_2+x_3\leqslant 4\\-2x_1+x_2-x_3\geqslant 1\\2x_2+x_3=9\\x_1,\ x_2,\ x_3\geqslant 0\end{cases}$$

解：先化标准形式，

$$\max Z=-3x_1+x_3-Mx_6-Mx_7$$

$$\text{s.t.}\begin{cases}x_1+x_2+x_3+x_4=4\\-2x_1+x_2-x_3-x_5+x_6=1\\3x_2+x_3+x_7=9\\x_1,\ x_2,\ x_3,\ x_4,\ x_5,\ x_6,\ x_7\geqslant 0\end{cases}$$

初始可行基单纯形表及迭代过程，见表 2－15。

表 2－15

	$C_j\to$		-3	0	1	0	0	$-M$	$-M$
$\boldsymbol{C}_B$	X_B	$\boldsymbol{B}^{-1}b$	x_1	x_2	x_3	x_4	x_5	x_6	x_7
0	x_4	4	1	1	1	1	0	0	0
$-M$	x_6	1	-2	1^*	-1	0	-1	1	0
$-M$	x_7	9	0	3	1	0	0	0	1
	C_j-Z_j		$-3-2M$	$4M$	1	0	$-M$	0	0
0	x_4	3	3	0	2	1	1	-1	0
0	x_2	1	-2	1	-1	0	-1	1	0
$-M$	x_7	6	6^*	0	4	0	3	-3	1
	C_j-Z_j		$6M-3$	0	$4M+1$	0	$3M$	$-4M$	0
0	x_4	0	0	0	0	1	$-1/2$	$-1/2$	$-1/2$
0	x_2	3	0	1	$1/3$	0	0	0	$1/3$
-3	x_3	1	1	0	$2/3^*$	0	$1/2$	$-1/2$	$1/6$
	C_j-Z_j		0	0	3	0	$3/2$	$-3/2-M$	$1/2-M$
0	x_4	0	0	0	0	1	$-1/2$	$-1/2$	$-1/2$
0	x_2	3	$-1/2$	1	0	0	$-1/4$	$1/4$	$1/4$
1	x_3	1	$3/2$	0	1	0	$3/4$	$-3/4$	$1/4$
	C_j-Z_j		$-9/2$	0	0	0	$-3/4$	$3/4-M$	$-1/4-M$

二、两阶段法

用大 M 法处理人工变量（artificial variables），在手工计算求解时不会遇到麻烦，但计算机求解中有误，对 M 只能在计算机内输入一个机器最大字长的数字。M 过大，线性规划失真；M 过小，没作用。

设线性规划问题标准型后为（P）问题：

两阶段法的第一阶段：引进人工变量$(x_{n+1}, x_{n+2}, \cdots, x_{n+m})^{T}$，构造辅助问题（$P^*$）。

$$\max f = c_1x_1 + c_2x_2 + \cdots + c_nx_n$$

$$(P)\ \text{s.t.}\begin{cases} a_{11}x_1 + a_{12}x_2 + \cdots + a_{1n}x_n = b_1 \\ a_{21}x_1 + a_{22}x_2 + \cdots + a_{2n}x_n = b_2 \\ \cdots\cdots\cdots\cdots \\ a_{m1}x_1 + a_{m2}x_2 + \cdots + a_{mn}x_n = b_m \\ x_1, x_2, \cdots, x_n \geqslant 0 \end{cases}$$

$$\max T = -x_{n+1} - x_{n+2} - \cdots - x_{n+m}$$

$$(P^*)\ \text{s.t.}\begin{cases} a_{11}x_1 + a_{12}x_2 + \cdots + a_{1n}x_n + x_{n+1} = b_1 \\ a_{21}x_1 + a_{22}x_2 + \cdots + a_{2n}x_n + x_{n+2} = b_2 \\ \cdots\cdots\cdots\cdots \\ a_{m1}x_1 + a_{m2}x_2 + \cdots + a_{mn}x_n + x_{n+m} = b_m \\ x_1, x_2, \cdots, x_n, x_{n+1}, \cdots, x_{n+m} \geqslant 0 \end{cases}$$

求解辅助问题（P^*）。若辅助问题的最优基 $\boldsymbol{B}$ 全部在（P）问题的 A 中，即$(x_{n+1}, x_{n+2}, \cdots, x_{n+m})^{T}$，全部是非基变量（$\max T=0$），则 $\boldsymbol{B}$ 为（P）问题的一个可行基。转第二阶段。若辅助问题的最优目标函数值 $\max T<0$，则至少有一个人工变量留在第一阶段问题最优解的基变量中，这样（P）问题无可行解。

第二阶段：以第一阶段辅助问题的最优基 $\boldsymbol{B}$ 作为（P）问题的初始可行基，求解（P）问题，得到（P）问题的最优基和最优解。

例 2-14： 已知：（P）问题没有一个明显的可行基。

$$\max f = c_1x_1 + c_2x_2 + \cdots + c_nx_n$$

$$(P)\ \text{s.t.}\begin{cases} a_{11}x_1 + a_{12}x_2 + \cdots + a_{1n}x_n = b_1 \\ a_{21}x_1 + a_{22}x_2 + \cdots + a_{2n}x_n = b_2 \\ \cdots\cdots\cdots\cdots \\ a_{m1}x_1 + a_{m2}x_2 + \cdots + a_{mn}x_n = b_m \\ x_1, x_2, \cdots, x_n \geqslant 0 \end{cases}$$

解： 第一阶段，求辅助问题（P^*）最优解，即：取可行基 $\boldsymbol{B}_1 =(P_{n+1}, \cdots, P_{n+m}) =$

E，见表 2-16。

表 2-16

	$C_j\rightarrow$		0	0	…	0	−1	−1	…	−1
C_B	X_B	$B^{-1}b$	x_1	x_2	…	x_n	x_{n+1}	x_{n+2}	…	x_{n+m}
−1	x_1	b_1	a_{11}	a_{12}	…	a_{1n}	1			
−1	x_2	b_2	a_{21}	a_{22}	…	a_{2n}		1		
⋮	⋮	⋮	⋮	⋮		⋮			…	
−1	x_m	b_m	a_{m1}	a_{m2}	…	a_{mn}				1
	C_j-Z_j		$\sum_{i=1}^{m}a_{i1}$	…	…	$\sum_{i=1}^{m}a_{in}$	0	0	0	0

$$C_j-C_BB^{-1}P_1=0-(-1,\cdots,-1)(a_{11},\cdots,a_{m1})^{\mathrm{T}}=\sum_{i=1}^{m}a_{i1}$$

如果线性规划问题标准型后的（P）问题约束条件中有一列的系数是单位阵的某一列，则人工变量可以少设一个。如（P）问题

$$\max T=-x_{n+2}-\cdots-x_{n+m}$$

$$(P^*)\ \text{s. t.}\begin{cases}a_{11}x_1+a_{12}x_2+\cdots+1x_n=b_1\\a_{21}x_1+a_{22}x_2+\cdots+0x_n+x_{n+2}=b_2\\\cdots\cdots\cdots\cdots\\a_{m1}x_1+a_{m2}x_2+\cdots+0x_n+x_{n+m}=b_m\\x_1,\ x_2,\ \cdots,\ x_n,\ x_{n+2},\ \cdots,\ x_{n+m}\geqslant0\end{cases}$$

则相应检验数为$C_j-C_BB^{-1}P_j=0-(-1,\ \cdots,\ -1)(a_{21},\ \cdots,\ a_{m1})^{\mathrm{T}}=\sum_{i=2}^{m}a_{ij}$

迭代时，人工变量全部出基（为非基变量），求得辅助问题的最优基，最优单纯形表T（B^*）$T_{\max}=0$。这时第一阶段结束，可以以基B^*为原问题初始可行基转化为第二阶段，进行迭代。

第二阶段：经过第一阶段求得（P）问题的初始可行基之后，由此可行基开始，利用前面所述的单纯形法继续迭代求线性规划（P）问题的最优解。

例 2-15：用两阶段法求解线性规划问题。

$$\max f=-3x_1+x_2+x_3$$

$$\text{s. t.}\begin{cases}x_1-2x_2+x_3\leqslant11\\-4x_1+x_2+2x_3\geqslant3\\2x_1-x_3=-1\\x_1,\ x_2,\ x_3\geqslant0\end{cases}$$

解：将线性规划问题标准化 P 问题

$$\max\ (-f)=3x_1-x_2-x_3$$

$$(p)\ \text{s. t.}\begin{cases}x_1-2x_2+x_3+x_4=11\\-4x_1+x_2+2x_3-x_5=3\\-2x_1+x_3=1\\x_j\geqslant 0,\ (j=1,\ 2,\ \cdots,\ 5)\end{cases}$$

第一阶段：求其辅助问题最优解（P^*），最优基。只须引入两个人工变量 x_6，x_7，见表 2-17。

表 2-17

	$C_j\to$		0	0	0	0	0	−1	−1
$\boldsymbol{C}_B$	X_B	$\boldsymbol{B}^{-1}b$	x_1	x_2	x_3	x_4	x_5	x_6	x_7
0	x_4	11	1	−2	1	1	0	0	0
−1	x_6	3	−4	1	2	0	−1	1	0
−1	x_7	1	−2	0	1*	0	0	0	1
	C_j-Z_j		−6	1	3	0	−1	0	0
0	x_4	10	3	−2	0	1	0	0	−1
−1	x_6	1	0	1*	0	0	−1	1	−2
0	x_3	1	−2	0	1	0	0	0	1
	C_j-Z_j		0	1	0	0	−1	0	−3
0	x_4	12	3	0	0	1	−2	2	−5
0	x_2	1	0	1	0	0	−1	1	−2
0	x_3	1	−2	0	1	0	0	0	1
	C_j-Z_j		0	0	0	0	0	−1	−1

因为辅助问题最（P^*）优解 $T_{\max}=0$，人工变量都出基，所以平稳到第二阶段。辅助问题的最优基为 $\boldsymbol{B}=(P_4,\ P_2,\ P_3)$。

第二阶段：去掉人工变量列，以 $\boldsymbol{B}$ 为（P）问题的初始可行基，得（P）问题的单纯形表，见表 2-18。

其中 $\boldsymbol{B}^{-1}b$，$\boldsymbol{B}^{-1}\boldsymbol{A}$ 不用求（与辅助问题相同），只须求相应的检验数即可。

表 2-18

$C_j \to$			3	-1	-1	0	0
$\boldsymbol{C}_B$	X_B	$\boldsymbol{B}^{-1}b$	x_1	x_2	x_3	x_4	x_5
0	x_4	12	3^*	0	0	1	-2
-1	x_2	1	0	1	0	0	-1
-1	x_3	1	-2	0	1	0	0
C_j-Z_j			1	0	0	0	-1
3	x_1	4	1	0	0	1/3	$-2/3$
-1	x_2	1	0	1	0	0	-1
-1	x_3	9	0	0	1	2/3	$-4/3$
C_j-Z_j			0	0	0	$-1/3$	$-1/3$

最优解 $\boldsymbol{X}^*=(4,1,9)^{\mathrm{T}}$，最优值 $f^*_{\max}=2$；所以原问题最优解 $\boldsymbol{X}^*=(4,1,9)^{\mathrm{T}}$，最优值 $f^*{}_{\max}=-2$。

三、线性规划解的判别

从前面图解法我们知道，若线性规划问题的可行域中有两个顶点 $x^{(1)}$ 和 $x^{(2)}$（基本可行解）同时达到最优，则这两个顶点连线上的所有点 $x=\alpha x^{(1)}+(1-\alpha)x^{(2)}$（$\alpha\in[0,1]$）都是线性规划问题的最优解，此时线性规划问题有无穷多个最优解。

对于一个最优解的线性规划问题，我们如何从其最优单纯形表中判断此问题是有唯一最优解，还是有无穷多个最优解呢？若有无穷多个最优解，又如何求出这些最优解呢？

事实上，对线性规划问题的基 $\boldsymbol{B}$，若满足

$$\boldsymbol{B}^{-1}b\geqslant 0,\ \boldsymbol{C}-\boldsymbol{C}_B\boldsymbol{B}^{-1}\boldsymbol{A}\leqslant 0$$

则基 $\boldsymbol{B}$ 是最优基。此时，若所有非基变量的检验数严格小于 0，即：$\sigma_N=\boldsymbol{C}_N-\boldsymbol{C}_B\boldsymbol{B}^{-1}\boldsymbol{N}<0$，则 $\boldsymbol{B}$ 是唯一的最优基，相应的基本解是线性规划唯一的最优解。若存在一个非基变量 x_j 的检验数等于 0，最优解和最优基不一定唯一。我们用 x_j 作为进基变量，由最小比值法则求出基变量，并进行迭代运算，目标函数值不变，因此可以求出另一个基本最优解。下面我们看一个例子。

例 2-16：用单纯形法求解。

$$\max f=x_1+x_2$$

$$\text{s.t.}\begin{cases}x_1+x_2\leqslant 6\\ x_1+2x_2\geqslant 3\\ x_2\leqslant 8\\ x_1,\ x_2\geqslant 0\end{cases}$$

解：标准化得：

$$\max f=x_1+x_2$$

$$\text{s. t.}\begin{cases}x_1+x_2+x_3=6\\x_1+2x_2+x_4=3\\x_2+x_5=8\\x_1, x_2, x_3, x_4, x_5\geqslant 0\end{cases}$$

取一个可行基 $\boldsymbol{B}_1=(P_3, P_4, P_5)=\boldsymbol{E}$；$\boldsymbol{C}_B=(0, 0, 0)$，写出初始单纯形表并迭代运算，见表 2-19。

表 2-19

	$C_j\rightarrow$		1	1	0	0	0
$\boldsymbol{C}_B$	X_B	$\boldsymbol{B}^{-1}b$	x_1	x_2	x_3	x_4	x_5
0	x_3	6	1	1	1	0	0
0	x_4	3	1^*	2	0	1	0
0	x_5	8	0	1	0	0	1
	C_j-Z_j		1	1	0	0	0
0	x_3	3	0	−1	1	−1	0
1	x_1	3	1	2	0	1	0
0	x_5	8	0	1	0	0	1
	C_j-Z_j		0	−1	0	−1	0

唯一最优解 $x^{(2)}=(3, 0, 3, 0, 8)^{\mathrm{T}}$，最优值 $f_{\max}=3$。

例 2-17：若改变例 2-16 右端常数项，再用单纯形法求下列线性规划最优解。

$$\max f=x_1+x_2$$

$$\text{s. t.}\begin{cases}x_1+x_2\leqslant 6\\x_1+2x_2\leqslant 8\\x_2\leqslant 3\\x_1, x_2\geqslant 0\end{cases}$$

解：标准化得：

$$\max f=x_1+x_2$$

$$\text{s. t.}\begin{cases}x_1+x_2+x_3=6\\x_1+2x_2+x_4=8\\x_2+x_5=3\\x_1, x_2, x_3, x_4, x_5\geqslant 0\end{cases}$$

写出初始单纯形表并迭代运算，见表 2－20。

表 2－20

	$C_j \to$		1	1	0	0	0
$\boldsymbol{C}_B$	X_B	$\boldsymbol{B}^{-1}b$	x_1	x_2	x_3	x_4	x_5
0	x_3	6	1^*	1	1	0	0
0	x_4	8	1	2	0	1	0
0	x_5	3	0	1	0	0	1
	C_j-Z_j		1	1	0	0	0
1	x_1	6	1	1	1	0	0
0	x_4	2	0	1^*	-1	1	0
0	x_5	3	0	1	0	0	1
	C_j-Z_j		0	0	-1	0	0
1	x_1	4	1	0	2	-1	0
1	x_2	2	0	1^*	-1	1	0
0	x_5	1	0	0	1	-1	1
	C_j-Z_j		0	0	-1	0	0

基本最优解有两个：$x^{(1)}=(6,\ 0,\ 0,\ 2,\ 3)^{\mathrm{T}}$，$x^{(2)}=(4,\ 2,\ 0,\ 0,\ 1)^{\mathrm{T}}$，最优值 $f_{\max}=6$。

所以全部最优解：$x=\lambda x^{(1)}+(1-\lambda)x^{(2)}$ 且 $\lambda\in[0,\ 1]$。

例 2－18： 若再改变例 2－17 右边常数项，用单纯形法求下列线性规划最优解。

$$\max f=x_1+x_2$$

$$\text{s.t.}\begin{cases}x_1+x_2\leqslant 6\\x_1+2x_2\leqslant 6\\x_2\leqslant 3\\x_1,\ x_2\geqslant 0\end{cases}$$

解： 标准化得：

$$\max f=x_1+x_2$$

$$\text{s.t.}\begin{cases}x_1+x_2+x_3=6\\x_1+2x_2+x_4=6\\x_2+x_5=3\\x_1,\ x_2,\ x_3,\ x_4,\ x_5\geqslant 0\end{cases}$$

写出初始单纯形表并迭代运算，见表 2-21。

表 2-17

	C_j→		1	1	0	0	0
C_B	X_B	$B^{-1}b$	x_1	x_2	x_3	x_4	x_5
0	x_3	6	1^*	1	1	0	0
0	x_4	6	1	2	0	1	0
0	x_5	3	0	1	0	0	1
	C_j-Z_j		1	1	0	0	0
0	x_1	6	1	1	1	0	0
0	x_4	0	0	1^*	−1	1	0
0	x_5	3	0	1	0	0	1
	C_j-Z_j		0	0	−1	0	0
1	x_1	6	1	0	2	−1	0
1	x_2	0	0	1	−1	1	0
0	x_5	3	0	0	1	−1	1
	C_j-Z_j		0	0	−1	0	0

基本最优解只有一个 $x^*=(6, 0, 0, 0, 3)^T$。基变了，但解不变。当基变量的某个分量为零时，称线性规划问题为退化问题。所以非基变量检验数为 0 时，可能有无穷多个最优解。

第七节　案例分析

将经济管理领域的实际问题抽象为数学模型，是一项技巧性很强的创造性的工作，它要求对研究对象的本质有深刻的理解，并能熟练地掌握有关线性规划模型的结构特点，运用数学技巧。因此，在研究一些复杂问题的数学模型时，需要各方面专业人员的通力协作配合。

一般来讲，一个经济、管理问题要满足下列条件，才能归结为线性规划的模型：①要求解的问题的目的能用某种效益指标度量大小程度，并能用线性函数描述目标的要求；②为达到这个目标存在多种方案；③要达到的目标是在一定约束条件下实现的，这些条件可用线性等式或不等式描述。

下面通过一些例子来说明如何将一些实际问题归结为线性规划的数学模型。

例 2-19：人力资源分配问题。

和平商场是个中型的百货商场，它对售货人员的需求的统计分析见表 2-22。为了保证售货人员充分休息，售货人员每周工作五天，休息两天，并要求休息的两天是连续的。请问应该如何安排销售人员的作息，既能满足工作需要，又使配备的售货人员的人数最少？

表 2-22

时间	所需售货人员人数（人）
星期日	28
星期一	15
星期二	24
星期三	25
星期四	19
星期五	31
星期六	28

解：设 x_j 为星期 j（$j=1，2，\cdots，7$），开始休息的人数：

$$\min f=x_1+x_2+x_3+x_4+x_5+x_6+x_7$$

$$\text{s. t.}\begin{cases}x_1+x_2+x_3+x_4+x_5\geqslant 28\\x_2+x_3+x_4+x_5+x_6\geqslant 15\\x_3+x_4+x_5+x_6+x_7\geqslant 24\\x_1+x_4+x_5+x_6+x_7\geqslant 25\\x_1+x_2+x_5+x_6+x_7\geqslant 19\\x_1+x_2+x_3+x_6+x_7\geqslant 31\\x_1+x_2+x_3+x_4+x_7\geqslant 28\\x_j\geqslant 0，(j=1，2，\cdots，7)\end{cases}$$

例 2-20：某厂在今后四个月没有租用仓库堆放物资的需求。已知各月份所需仓库面积数字列于表 2-23 中。仓库租用费用随合同期而定，期限越长折扣越大，具体数字见表 2-24。租用仓库的合同每月初都可办理，每份合同具体规定租用面积数和期限。因此该厂可根据需要，在任何一个月初办理租用合同。每次办理时可签一份，也可签若干份租用面积和租用期限不同的合同。总目标是使所付租金最少。试建立此问题的线性规划模型。

表 2 - 23

月份	1	2	3	4
所需仓库面积（$100m^2$）	15	10	20	12

表 2 - 24

合同租借期限	1 个月	2 个月	3 个月	4 个月
合同期内的租费（元/$100m^2$）	2800	4500	6000	7300

解：若用变量 x_{ij} 表示第 i（i=1，2，3，4）个月初签订的租用期为 j（j=1，2，3，4）个月的合同中规定的面积数（单位 $100m^2$），$i+j\leqslant 5$。因为 5 月起该公司不需要租借仓库，故 x_{24}，x_{33}，x_{34}，x_{42}，x_{43}，x_{44} 均为 0。

思考题

1. 填空题

（1）线性规划模型中，松弛变量的经济意义是________________，它在目标函数中的系数是________________。

（2）设有线性规划问题：$\max Z=\boldsymbol{CX}$

$$\boldsymbol{AX}\leqslant b$$
$$\boldsymbol{X}\geqslant 0$$

有一可行基 $\boldsymbol{B}$，记相应基变量为 X_B，非基变量为 X_N，则可行解的定义为________，基本可行解的定义为________，$\boldsymbol{B}$ 为最优基的条件是________________。

（3）线性规划模型具有可行域，若其有最优解，必能在________________上获得。

2. 选择题

（1）线性规划一般模型中，自由变量可以用两个非负变量的（　　）代换。

A. 和　　B. 差　　C. 积　　D. 商

（2）满足线性规划问题全部约束条件的解称为（　　）。

A. 最优解　　B. 基本解　　C. 可行解　　D. 多重解

（3）当满足最优检验，且检验数为零的变量的个数大于基变量的个数时，可求得（　　）。

A. 多重解　　B. 无解　　C. 无界解　　D. 退化解

3. 将下述线性规划问题化成标准形式。

(1) $\max z=-3x_1+4x_2-2x_3+5x_4$

$$\text{s.t.}\begin{cases}4x_1-x_2+2x_3-x_4=-2\\x_1+x_2-x_3+2x_4\leqslant 14\\-2x_1+3x_2+x_3-x_4\geqslant 2\\x_1,\ x_2,\ x_3\geqslant 0,\ x_4\text{ 无约束}\end{cases}$$

(2) $\min z=2x_1-2x_2+3x_3$

$$\text{s.t.}\begin{cases}-x_1+x_2+x_3=4\\-2x_1+x_2-x_3\leqslant 6\\x_1\leqslant 0,\ x_2\geqslant 0,\ x_3\text{ 无约束}\end{cases}$$

4. 分别用图解法和单纯形法求解下述线性规划问题，并对照指出单纯形表中的各基可行解对应图解法中可行域的哪一顶点。

(1) $\max z=10x_1+5x_2$

$$\text{s.t.}\begin{cases}3x_1+4x_2\leqslant 9\\5x_1+2x_2\leqslant 8\\x_1,\ x_2\geqslant 0\end{cases}$$

(2) $\max z=2x_1+x_2$

$$\text{s.t.}\begin{cases}3x_1+5x_2\leqslant 15\\6x_1+2x_2\leqslant 24\\x_1,\ x_2\geqslant 0\end{cases}$$

5. 已知某求极大值线性规划问题用单纯形法求解时的初始单纯形表及最终单纯形表，见表 2-25，求表中各括弧内未知数的值。

表 2-25 初始单纯形表及最终单纯形表

	z	x_1	x_2	x_3	x_4	x_5	x_6	RHS
z	1	-3	-2	-2	0	0	0	0
x_4	0	1	1	1	1	0	0	(b)
x_5	0	(a)	1	2	0	1	0	15
x_6	0	2	(c)	1	0	0	1	20

⋮

	z	x_1	x_2	x_3	x_4	x_5	x_6	RHS
z	1	0	(k)	(g)	0	5/4	(j)	95/4
x_4	0	0	0	(d)	(l)	$-1/4$	$-1/4$	5/4
x_1	3	1	0	(e)	0	3/4	(i)	25/4
x_2	2	0	1	(f)	0	(h)	1/2	5/2

第三章　线性规划的对偶问题

线性规划问题用单纯形法求得最优解以后，还需要进行对偶分析和灵敏度分析，以了解线性规划模型的参数对最优解的影响。对偶理论和方法是线性规划的重要内容，引进了对偶的概念以后，线性规划不仅仅是一种优化的计算方法，而且成为一种经济分析的工具。

第一节　对偶问题的提出

首先，我们可以从实际经济方面入手，前面我们曾讨论过生产计划问题，设某企业有 m 种资源用于生产 n 种不同产品，C_j—表示单位 j 产品的产值；a_{ij}—表示生产单位 j 产品需 i 资源的数量；x_j—表示第 j 种产品的生产数量($j=1, 2, \cdots, n$)；b_i—表示各种资源的拥有量($i=1, 2, \cdots, m$)；为使该企业产值最大，可将上述问题建立线性规划模型为(P)：

$$\max f=c_1x_1+c_2x_2+\cdots+c_nx_n$$

$$(P)\ \text{s.t.}\begin{cases}a_{11}x_1+a_{12}x_2+\cdots+a_{1n}x_n\leqslant b_1\\ a_{21}x_1+a_{22}x_2+\cdots+a_{2n}x_n\leqslant b_2\\ \cdots\cdots\cdots\cdots\\ a_{m1}x_1+a_{m2}x_2+\cdots+a_{mn}x_n\leqslant b_m\\ x_j\geqslant 0,\ (j=1, 2, \cdots, n)\end{cases}$$

现在从另一个角度提出问题，假定有另一个企业欲将上述企业拥有的全部资源收买过来，至少应付出多少代价，才能使前一个企业愿意放弃生产活动，出让资源。

设：y_i 表示收买该企业一单位 i 种资源时付出的代价($i=1, 2, \cdots, m$)；

y_i 不是市场价格，它包括固定资产、人才资源、名牌效应、商标等，是影子价格。

令：$Y=(y_1, y_2, \cdots, y_m)$，$b=(b_1, b_2, \cdots, b_m)^{\mathrm{T}}$，则：

$(y_1, y_2, \cdots, y_m)(b_1, b_2, \cdots, b_m)^{\mathrm{T}}=Yb=$总代价

$(y_1, y_2, \cdots, y_m)(a_{1j}, a_{2j}, \cdots, a_{mj})^{\mathrm{T}}=YP_j=$单位 j 产品的代价

对买方来说，希望总代价最小；

$$\min w=b_1y_1+b_2y_2+\cdots+b_my_m=\sum_{i=1}^{m}b_iy_i$$

对卖方来说，放弃自己组织生产活动的条件是，对同等数量资源出让的代价应不低于该企业自己组织生产活动的产值。如果该企业生产一单位第1种产品时，消耗各种资源的数量分别为 a_{11}，a_{21}，…，a_{m1}，则应有：

$$a_{11}y_1+a_{21}y_2+\cdots+a_{m1}y_m\geqslant c_1$$

其余产品同理可得如下约束条件：

$$\begin{cases}a_{11}y_1+a_{21}y_2+\cdots+a_{m1}y_m\geqslant c_1\\a_{12}y_1+a_{22}y_2+\cdots+a_{m2}y_m\geqslant c_2\\\cdots\cdots\cdots\cdots\\a_{1n}y_1+a_{2n}y_2+\cdots+a_{mn}y_m\geqslant c_n\\y_i\geqslant 0,\ (i=1,\ 2,\ \cdots,\ m)\end{cases}$$

即，模型为：

$$\min w=b_1y_1+b_2y_2+\cdots+b_my_m$$

$$(D)\,\text{s. t.}\begin{cases}a_{11}y_1+a_{21}y_2+\cdots+a_{m1}y_m\geqslant c_1\\a_{12}y_1+a_{22}y_2+\cdots+a_{m2}y_m\geqslant c_2\\\cdots\cdots\cdots\cdots\\a_{1n}y_1+a_{2n}y_2+\cdots+a_{mn}y_m\geqslant c_n\\y_i\geqslant 0,\ (i=1,\ 2,\ \cdots,\ m)\end{cases}$$

我们把问题（D）称为问题（P）的对偶问题，其矩阵形式为：

$$\min w=\boldsymbol{Y}\boldsymbol{b}$$

$$(D)\,\text{s. t.}\begin{cases}\boldsymbol{YA}\geqslant C\\\boldsymbol{Y}\geqslant 0\end{cases}$$

其中 $\boldsymbol{Y}$ 是行向量，不能写成 $\boldsymbol{AY}$、$\boldsymbol{BY}$，矩阵没有交换律。

线性规划的对偶问题也可以从数学方面引出来。将问题（P）化成标准形式，写成矩阵形式为：

$$\max f=\boldsymbol{CX}$$

$$(P')\ \text{s. t.}\begin{cases}\boldsymbol{A}_i x+\boldsymbol{E}x_s=b\\x,\ x_s\geqslant 0\end{cases}$$

其中 x_s 是 m 个松弛变量，注意到约束方程的系数矩阵是 $(\boldsymbol{A},\ \boldsymbol{E})$，对应的单纯形表为：

$$T_P'(\boldsymbol{B})=\begin{matrix}x_B\\-f\end{matrix}\left\{\begin{array}{c:cc} & x & x_s\\ \boldsymbol{B}^{-1}b & \boldsymbol{B}^{-1}\boldsymbol{A} & \boldsymbol{B}^{-1}\boldsymbol{E}\\ \hdashline -\boldsymbol{C}_B\boldsymbol{B}^{-1}b & \boldsymbol{C}-\boldsymbol{C}_B\boldsymbol{B}^{-1}\boldsymbol{A} & 0-\boldsymbol{C}_B\boldsymbol{B}^{-1}\boldsymbol{E}\end{array}\right\}$$

令 $\boldsymbol{Y}=\boldsymbol{C}_B\boldsymbol{B}^{-1}=(y_1,\ y_2,\ \cdots,\ y_m)$ 实质上是对偶变量。

$$T_P{}'(\boldsymbol{B})=\begin{matrix} \\ x_B \\ -f \end{matrix}\left\{\begin{array}{c:cc} & x & x_s \\ \boldsymbol{B}^{-1}b & \boldsymbol{B}^{-1}\boldsymbol{A} & \boldsymbol{B}^{-1} \\ \hdashline -\boldsymbol{Y}b & \boldsymbol{C}-\boldsymbol{YA} & -\boldsymbol{Y} \end{array}\right\}$$

$\boldsymbol{Y}=\boldsymbol{C}_B\boldsymbol{B}^{-1}$是一个桥梁，当检验数全部$\leqslant 0$（$\boldsymbol{C}-\boldsymbol{C}_B\boldsymbol{B}^{-1}\boldsymbol{A}\leqslant 0$）时，有

$$\begin{cases}\boldsymbol{YA}\geqslant 0\\ \boldsymbol{Y}\geqslant 0\end{cases}$$

满足对偶问题的约束条件，把原问题（P）的约束条件$\boldsymbol{YA}\geqslant\boldsymbol{C}$右乘$x$，得$\boldsymbol{YA}x\geqslant\boldsymbol{C}x$，又因为$\boldsymbol{A}x\leqslant b$，则有$\boldsymbol{Y}b\geqslant\boldsymbol{YA}x\geqslant\boldsymbol{C}x$。当原问题（$P$）存在最大值时，则$\boldsymbol{Y}b$有下界，即存在下面的对偶问题（$D$）。对偶问题为我们提供了求解原问题（$P$）的一种新途径。

第二节　原问题与对偶问题的关系

一、对称型对偶线性规划

设原问题：

$$\max f=c_1x_1+c_2x_2+\cdots+c_nx_n$$

$$(P)\ \text{s. t.}\begin{cases}a_{11}x_1+a_{12}x_2+\cdots+a_{1n}x_n\leqslant b_1\\ a_{21}x_1+a_{22}x_2+\cdots+a_{2n}x_n\leqslant b_2\\ \cdots\cdots\cdots\cdots\\ a_{m1}x_1+a_{m2}x_2+\cdots+a_{mn}x_n\leqslant b_m\\ x_j\geqslant 0,\ (j=1,\ 2,\ \cdots,\ n)\end{cases}$$

对偶问题：

$$\min w=b_1y_1+b_2y_2+\cdots+b_my_m$$

$$(D)\ \text{s. t.}\begin{cases}a_{11}y_1+a_{21}y_2+\cdots+a_{m1}x_m\geqslant c_1\\ a_{12}y_1+a_{22}y_2+\cdots+a_{m2}x_m\geqslant c_2\\ \cdots\cdots\cdots\cdots\\ a_{1n}y_1+a_{2n}y_2+\cdots+a_{mn}x_m\geqslant c_n\\ y_i\geqslant 0,\ (i=1,\ 2,\ \cdots,\ m)\end{cases}$$

把（P）、（D）写成矩阵形式为：

$$\max f=\boldsymbol{CX}\qquad\qquad \min w=\boldsymbol{Y}b$$

$$(P)\ \text{s. t.}\begin{cases}\boldsymbol{AX}\leqslant b\\ \boldsymbol{X}\geqslant 0\end{cases}\qquad\qquad (D)\ \text{s. t.}\begin{cases}\boldsymbol{YA}\geqslant C\\ \boldsymbol{Y}\geqslant 0\end{cases}$$

其中：$\boldsymbol{Y}=(y_1,\ y_2,\ \cdots,\ y_m)$，$b=(b_1,\ b_2,\ \cdots,\ b_m)^{\mathrm{T}}$，$\boldsymbol{C}=(c_1,\ c_2,\ \cdots,\ c_n)$，$\boldsymbol{X}=(x_1,\ x_2,\ \cdots,\ x_n)^{\mathrm{T}}$

$$A=\begin{Bmatrix} a_{11} & a_{12} & \cdots & a_{1n} \\ a_{21} & a_{22} & \cdots & a_{2n} \\ \vdots & \vdots & & \vdots \\ a_{m1} & a_{m2} & \cdots & a_{mn} \end{Bmatrix}$$

称为一对对称型的对偶问题，由以上定义我们可以看出，原问题与对偶问题的关系如下：

（1）原问题的约束个数等于对偶问题变量的个数。

（2）原问题的目标函数系数对应于对偶问题右端项。

（3）原问题右端项对应于对偶问题的目标函数系数。

（4）原问题的约束矩阵转置就是对偶问题的约束矩阵。

（5）原问题是求最大，对偶问题是求最小问题。

（6）原问题不等式约束符号为“≤”，对偶问题不等式约束符号为“≥”。

由以上对应关系，我们很容易由原问题写出其对偶问题，而且对于非对称形式出现的线性规划问题，可先转化为对称形式后，再进行分析。

例 3－1：写出下列线性规划的对偶问题。

$$\max f=3x_1-2x_2+x_3$$

$$(P')\ \text{s.t.}\begin{cases} 2x_1+3x_3\leqslant 5 \\ 4x_2-x_3=4 \\ 2x_1-3x_2+2x_3\geqslant 10 \\ x_1\geqslant 0,\ x_2\geqslant 0,\ x_3\geqslant 0 \end{cases}$$

解：把原问题（P）化为“≤”形式。注意：x_1，x_2，x_3 系数要对齐，以防化错。

$$\max f=3x_1-2x_2+x_3$$

$$(P')\ \text{s.t.}\begin{cases} 2x_1+3x_3\leqslant 5 \\ 4x_2-x_3\leqslant 4 \\ -4x_2+x_3\leqslant -4 \\ -2x_1+3x_2-2x_3\leqslant 10 \\ x_1,\ x_2,\ x_3\geqslant 0 \end{cases}$$

根据对称型对偶问题的关系可得(P')的对偶问题为

$$\min w=5y_1+4y_2-4y_3-10y_4$$

$$(D)\ \text{s.t.}\begin{cases} 2y_1-2y_4\geqslant 3 \\ 4y_2-4y_3+3y_4\geqslant -2 \\ 3y_1-y_2+y_3-2y_4\geqslant 1 \\ y_1,\ y_2,\ y_3,\ y_4\geqslant 0 \end{cases}$$

二、非对称型对偶线性规划

在实际应用中，我们经常遇到的是非对称型的线性规划问题。虽然可以先换成对称型，再根据一对对称型对偶问题的关系，来求原问题的对偶问题，但过于烦琐，所以我们给出非对称型线性规划问题的互化规则，见表 3-1。

表 3-1

	原问题（P）		对偶问题（D）	
目标函数	max 问题	⟷	min（max）问题	
	有 m 个约束条件	⟷	有 m 个变量	
	有 n 个变量	⟷	有 n 个约束条件	
约束	$\sum a_{ij}x_j \leqslant b_i$	⟷	$y_i \geqslant 0$	变量
	$\sum a_{ij}x_j = b_i$	⟷	y_i 无约束	
	$\sum a_{ij}x_j \geqslant b_i$	⟷	$y_i \leqslant 0$	
变量	$x_j \geqslant 0$	⟷	$\sum a_{ij}y_i \geqslant c_i$	约束
	x_j 无约束	⟷	$\sum a_{ij}y_i = c_i$	
	$x_j \leqslant 0$	⟷	$\sum a_{ij}y_i \leqslant c_i$	

例 3-2：重求例 3-1 的对偶问题。

$$\max f = 3x_1 - 2x_2 + x_3$$

$$(P)\ \text{s.t.}\begin{cases}2x_1 + 3x_3 \leqslant 5\\ 4x_2 - x_3 = 4\\ 2x_1 - 3x_2 + 2x_3 \geqslant 10\\ x_1,\ x_2,\ x_3 \geqslant 0\end{cases}$$

直接用非对称型线性规划问题的互化规律得：

$$\min w = 5y_1 + 4y_2 + 10y_3$$

$$(D)\ \text{s.t.}\begin{cases}2y_1 + 2y_3 \geqslant 3\\ 4y_2 - 3y_3 \geqslant -2\\ 3y_1 - y_2 + 2y_3 \geqslant 1\\ y_1,\ y_2,\ y_3 \geqslant 0\end{cases}$$

发现其形式与例 3 - 1 的结果不同，其实实质是一致的，例 3 - 1 中的(y_2-y_3)相当于例 3 - 2 中的 y_2，例 3 - 1 中的 y_4 等于例 3 - 2 中的($-y_3$)。

第三节　对偶问题的基本性质

在下面的讨论中，假定一对对称性的线性规划问题（P）、（D）为：

$$\max f = \boldsymbol{C}x \tag{1}$$

$$(P)\ \text{s. t.}\begin{cases}\boldsymbol{AX}\leqslant b & (2)\\ \boldsymbol{X}\geqslant 0 & (3)\end{cases}$$

$$\min w = \boldsymbol{Y}b \tag{4}$$

$$(D)\ \text{s. t.}\begin{cases}\boldsymbol{YA}\geqslant C & (5)\\ \boldsymbol{Y}\geqslant 0 & (6)\end{cases}$$

定理 1　（弱对偶定理）

若 $x^{(0)}\boldsymbol{Y}^{(0)}$ 分别是原问题（P）和对偶问题（D）的可行解，则恒有 $\boldsymbol{Y}^{(0)}b\geqslant \boldsymbol{C}x^{(0)}$。

证明：式（2）左乘 $\boldsymbol{Y}^{(0)}$，得 $\boldsymbol{Y}^{(0)}\boldsymbol{A}x^{(0)}\leqslant \boldsymbol{Y}^{(0)}b$

（5）式右乘 $x^{(0)}$，得 $\boldsymbol{Y}^{(0)}\boldsymbol{A}x^{(0)}\geqslant \boldsymbol{C}x^{(0)}$

所以：$\boldsymbol{Y}^{(0)}b\geqslant \boldsymbol{Y}^{(0)}\boldsymbol{A}x^{(0)}\geqslant \boldsymbol{C}x^{(0)}$

即：$\boldsymbol{Y}^{(0)}b\geqslant \boldsymbol{C}x^{(0)}$

定理 2　（无界性定理）

①若问题（P）无上界，则问题（D）无可行解。

②若问题（D）无上界，则问题（P）无可行解。

证明：用反证法：（只证①）设问题（D）有可行解，则由定理 1 知 $\boldsymbol{Y}^{(0)}b\geqslant \boldsymbol{C}x^{(0)}$，即 $\boldsymbol{C}x^{(0)}$ 有上界，与问题（P）无上界矛盾。

定理 3　（最优性定理）

若 x^*、$\boldsymbol{Y}^*$ 分别为（P）、（D）的可行解，且 $\boldsymbol{C}x^*=\boldsymbol{Y}^*b$，则 x^*、$\boldsymbol{Y}^*$ 分别为（P）、（D）的最优解。

证明：方法一：我们只证 x^* 为（P）的最优解，$\boldsymbol{Y}^*$ 为（D）的最优解证明类似。任取（P）的一个可行解 $x^{(0)}$，由定理 1（弱对偶定理）知 $\boldsymbol{C}x^{(0)}\leqslant \boldsymbol{Y}^*b$，又知 $\boldsymbol{C}x^*=\boldsymbol{Y}^*b$，所以，对任一可行解 $x^{(0)}$ 均有 $\boldsymbol{C}x^{(0)}\leqslant \boldsymbol{Y}^*b=Cx^*$，即 x^* 为（P）的最优解。

方法二：设 x' 是原问题的最优解，Y' 是其对偶问题的最优解，因为，$\boldsymbol{Y}'b\leqslant \boldsymbol{Y}^*b=\boldsymbol{C}x^*\leqslant \boldsymbol{C}x'$，又由定理 1（弱对偶定理）得 $\boldsymbol{C}x'\leqslant \boldsymbol{Y}'b$，所以 $\boldsymbol{Y}'b=\boldsymbol{Y}^*b=\boldsymbol{C}x^*=\boldsymbol{C}x'$。

定理 4　（强对偶定理）

若（P）有最优解 x^*，则（D）一定有最优解 $\boldsymbol{Y}^*$，且 $\boldsymbol{C}x^*=\boldsymbol{Y}^*b$；

若（D）有最优解 $\boldsymbol{Y}^*$，则（P）一定有最优解 x^*，且 $\boldsymbol{C}x^*=\boldsymbol{Y}^*b$。

证明：前半部分，因为（P）有最优解 x^*，对应最优基单纯形表的目标函数及检验数为

$$Cx^*=C_BB^{-1}b,\ (C_BB^{-1}A-C,\ C_BB^{-1})\leqslant(0,\ 0)$$

令 $C_BB^{-1}=Y^{(0)}$，由检验数得：

$$\begin{cases}Y^{(0)}A\geqslant C\\ Y^{(0)}\geqslant 0\end{cases}$$

满足上式的 $Y^{(0)}$ 是（D）的可行解。又因为 $Cx^*=C_BB^{-1}b=Y^{(0)}b$，由定理 3（最优性定理）知 $Y^{(0)}$ 一定是（D）的最优解。且 $Cx^*=C_BB^{-1}b=Y^*b$；后半部分，把（D）变成（P）的形式，利用前半部分证明即可。

$$\min w=Yb \qquad\qquad \min w'=-b^{T}Y^{T}$$
$$(D)\ \text{s. t.}\begin{cases}YA\geqslant C\\ Y\geqslant 0\end{cases}\Rightarrow\qquad (D)\ \text{s. t.}\begin{cases}-A^{T}Y^{T}\leqslant -C^{T}\\ Y^{T}\geqslant 0\end{cases}$$

定理 5　（松紧定理、互补松弛定理）

定义：变量松，指变量严格>或<0；

变量紧，指变量=0；

约束松，指约束为严格不等式（>或<）；

约束紧，指约束为等式（=）。

设：$A=(p_1,\ p_2,\ \cdots,\ p_n)=(A_1,\ A_1,\ \cdots,\ A_m)^{T}$

$$\max f=Cx$$
$$(P)\ \text{s. t.}\begin{cases}A_ix\leqslant b_i\\ x\geqslant 0\end{cases}\qquad y_i=(i=1,\ 2,\ \cdots,\ m)$$

$$\min w=Yb$$
$$(D)\ \text{s. t.}\begin{cases}YP_j\geqslant C_j\\ Y\geqslant 0\end{cases}\qquad x_j=(j=1,\ 2,\ \cdots,\ m)$$

x^*、Y^* 分别为一对对称性对偶线性规划问题（P）、（D）的最优解，则有下面结论：

（1）若某 $x_j^*>0$（最优解中的某个分量，称 x_j^* 对（P）问题是松的），则 $Y^*P_j=C_j$（称 y_i^* 对（D）问题是紧的）；

（2）若某 $Y^*P_j>C_j$（松的），则 $x_j^*=0$（紧的）；

（3）若某 $y_i^*>0$（松的），则 $A_ix^*=b_i$（紧的）；

（4）若某 $A_ix^*<b_i$（松的），则 $y_i^*=0$（紧的）。

证明：由强对偶定理，$Y^*b=Y^*Ax^*=Cx^*$，则有（Y^*A-C）$x^*=0$，其中 $Y^*A-C\geqslant 0$；$x^*\geqslant 0$，即有（$Y^*P_j-C_j$）$x_j^*=0$（$j=1,\ 2,\ \cdots,\ n$）。

若 $x_j^*>0$，则 $Y^*P_j-C_j=0$；

若 $Y^*P_j\geqslant 0$，则 $x_j^*=0$。

即可由松到紧，但不能由紧到松。(3)(4) 同理可证。

定理 6 ①线性规划的一个基 $\boldsymbol{B}$（可为非可行基）的 T（$\boldsymbol{B}$）检验数（可正可负），对应着其对偶问题一个基本解。

②线性规划的一个正则基 $\boldsymbol{B}$（检验数全部≤0）T（$\boldsymbol{B}$）的检验数对应着其对偶问题一个基本可行解。

③线性规划的一个最优基（$\boldsymbol{C}-\boldsymbol{C}_B\boldsymbol{B}^{-1}\boldsymbol{A}\leqslant 0$，$-\boldsymbol{C}_B\boldsymbol{B}^{-1}\leqslant 0$，$\boldsymbol{B}^{-1}b\geqslant 0$）$T$（$B$）的检验数对应着其对偶问题一个基本最优解。

证明： 由（P）、（D）可写为：

$$(P_s)\quad \min f=\boldsymbol{C}x \quad \text{s.t.}\begin{cases}\boldsymbol{A}x+\boldsymbol{E}x_s=b\\ x,\ x_s\geqslant 0\end{cases}\qquad\qquad (D_s)\quad \min f=\boldsymbol{Y}b \quad \text{s.t.}\begin{cases}\boldsymbol{Y}\boldsymbol{A}-\boldsymbol{Y}_s=C\\ \boldsymbol{Y},\ \boldsymbol{Y}_s\geqslant 0\end{cases}$$

计算（P_s）问题的最优单纯形表如下：

$$T(\boldsymbol{B})=\begin{array}{c|c|c|c|c} & & x_B & x_N & x_S\\ x_B & \boldsymbol{B}^{-1}b & \boldsymbol{E} & \boldsymbol{B}^{-1}\boldsymbol{N} & \boldsymbol{B}^{-1}\boldsymbol{E}\\ \hline -f & -\boldsymbol{C}_B\boldsymbol{B}^{-1}b & 0 & \boldsymbol{C}_N-\boldsymbol{C}_B\boldsymbol{B}^{-1}\boldsymbol{N} & 0-\boldsymbol{C}_B\boldsymbol{B}^{-1}\boldsymbol{E}\end{array}$$

可得（P_s）问题的检验数。又由（D_s）的约束条件：

令：$\boldsymbol{Y}_s=(\boldsymbol{Y}'_s,\ \boldsymbol{Y}''_s)$ 得 $\boldsymbol{Y}(\boldsymbol{B},\ \boldsymbol{N})-(\boldsymbol{Y}'_s,\ \boldsymbol{Y}''_s)=(\boldsymbol{C}_B,\ \boldsymbol{C}_N)$

即：

$$\begin{cases}\boldsymbol{Y}\boldsymbol{B}-\boldsymbol{Y}'_s=\boldsymbol{C}_B\\ \boldsymbol{Y}\boldsymbol{N}-\boldsymbol{Y}''_s=\boldsymbol{C}_N\end{cases}$$

把 $\boldsymbol{Y}=\boldsymbol{C}_B\boldsymbol{B}^{-1}$ 带入得：

$$\begin{cases}\boldsymbol{C}_B\boldsymbol{B}^{-1}\boldsymbol{B}-\boldsymbol{Y}'_s=\boldsymbol{C}_B\\ \boldsymbol{C}_B\boldsymbol{B}^{-1}\boldsymbol{B}-\boldsymbol{Y}''_s=\boldsymbol{C}_N\end{cases}$$

则，

$$\begin{cases}\boldsymbol{Y}'_s=0\\ \boldsymbol{Y}''_s=\boldsymbol{C}_B\boldsymbol{B}^{-1}\boldsymbol{B}-\boldsymbol{C}_N\\ \boldsymbol{Y}=\boldsymbol{C}_B\boldsymbol{B}^{-1}\end{cases}$$

推得：

x_B	x_N	x_s
0	$\boldsymbol{C}_N-\boldsymbol{C}_B\boldsymbol{B}^{-1}\boldsymbol{N}$	$-\boldsymbol{C}_B\boldsymbol{B}^{-1}$
$-\boldsymbol{Y}'_s$	$-\boldsymbol{Y}''_s$	$-\boldsymbol{Y}$

定理 7 （存在性定理）

若（P）、（D）都存在可行解，（P）、（D）都存在最优解。原问题与对偶问题之间的

关系

$\max f$	$\longleftrightarrow$	$\min\omega$
有最优解		有最优解
有可行解但无上界	$\longleftrightarrow$	无可行解
无可行解	$\longleftrightarrow$	有可行解但无下界

例 3-3：由对偶问题证明线性规划问题（P）无最优解。

$$\max f=x_1+x_2$$

$$(P)\ \text{s. t.}\begin{cases}-x_1+x_2+x_3\leqslant 2\\ -2x_1+x_2-x_3\leqslant 1\\ x_1\geqslant 0,\ x_2\geqslant 0,\ x_3\geqslant 0\end{cases}$$

解：（P）的对偶问题（D）为：

$$\max w=2y_1+y_2$$

$$(D)\ \text{s. t.}\begin{cases}-y_1-y_2\geqslant 1\\ y_1+y_2\geqslant 1\\ y_1-y_2\geqslant 0\\ y_1\geqslant 0,\ y_2\geqslant 0\end{cases}$$

由于（D）的第一约束为矛盾方程，所以无可行解。又由 $x=(0,\ 0,\ 0)^{\mathrm{T}}$ 代入（P）是（P）的一个可行解，由定理 7（存在性定理）可知（P）有可行解无上界。

例 3-4：已知

$$\max f=3x_1+6x_2+2x_3+2x_4$$

$$(P)\ \text{s. t.}\begin{cases}x_1+3x_2+x_4\leqslant 8\\ 2x_1+x_2\leqslant 6\\ x_2+x_3+x_4\leqslant 3\\ x_1+x_2+x_3\leqslant 6\\ x_1\geqslant 0,\ x_2\geqslant 0,\ x_3\geqslant 0,\ x_4\geqslant 0\end{cases}$$

（1）写出（P）的时偶问题（D）；

（2）当（P）的最优解为 $x^*=(2,\ 2,\ 1,\ 0)^{\mathrm{T}}$ 时，由松紧定理求（D）的最优解。

解：①由对偶问题互化规则可得（P）的对偶问题（D）：

$$\min w=8y_1+6y_2+3y_3+6y_4$$

$$(D)\ \text{s. t.}\begin{cases}y_1+2y_2+y_4\geqslant 3\\ 3y_1+y_2+y_3+y_4\geqslant 6\\ y_3+y_4\geqslant 2\\ y_1+y_3\geqslant 2\\ y_1\geqslant 0,\ y_2\geqslant 0,\ y_3\geqslant 0,\ y_4\geqslant 0\end{cases}$$

②由 $x_1^*=2>0$，$x_2^*=2>0$，$x_3^*=1>0$ 都是变量松。

由松紧定理得（D）的前 3 个约束为等式（约束紧）：

$$\begin{cases} y_1^*+2y_2^*+4y_4^*=3 \\ 3y_1^*+y_2^*+y_3^*+y_4^*=6 \\ y_3^*+y_4^*=2 \end{cases}$$

第 4 个约束条件由 2 个渠道：

①线性规划问题（P）、（D）两个最优值相等；

②x^* 带入线性规划问题（P）第 4 个约束条件 $x_1^*+x_2^*+x_3^*=5<6$ 约束松

所以 $y_4^*=0$。

解得：$\boldsymbol{Y}^*=(1,1,2,0)$ 是线性规划问题（D）的最优解。

第四节　对偶单纯形法

步骤 1：取一个正则基 $\boldsymbol{B}$ 求 $T(\boldsymbol{B})$。（从一个正则基计算）即 $\boldsymbol{C}-\boldsymbol{C}_B\boldsymbol{B}^{-1}\boldsymbol{A}\leqslant 0$。

步骤 2：最优性检验。若 $B^{-1}b\geqslant 0$ 时，已获最优解，迭代终止，否则转到步骤 3。

步骤 3：矛盾方程检验。若某 $b'_i<0$ 且 $a'_{ij}\geqslant 0$ $(j=1, 2, \cdots, n)$，则第 i 个方程为矛盾方程，该问题无可行解，迭代终止，否则转到步骤 4（因为 $b'_i<0$，若选 $\geqslant 0$ 的数当主元化为 1，b'_i 还小于 0）。

步骤 4：选主元。先选主元行 r（出基变量），$b_r=\min\{b'_i \quad b'_i<0, 1\leqslant i\leqslant m\}$

后选主元列 s，$\frac{\sigma_s}{\alpha_{rs}}=\min\left\{\frac{\sigma_j}{\alpha_{rj}} \middle| \alpha'_{rj}\pi 0, 1\leqslant j\leqslant n\right\}$ 主元为 b_{rs}，为保证所有检验数全都小于等于 0。

步骤 5：换基迭代，类同以前得新基 $\boldsymbol{B}^*$，转到步骤 2。

例 3-5：用时偶单纯形法，求其最优解。

$$\min f=2x_1+3x_2$$

$$\text{s. t.}\begin{cases} x_1+x_2\geqslant 350 \\ x_1\geqslant 125 \\ 2x_1+x_2\leqslant 600 \\ x_1\geqslant 0, x_2\geqslant 0 \end{cases}$$

解：标准化后，变成初始基为单位阵，得

$$\max w=-2x_1-3x_2$$

$$\text{s. t.}\begin{cases} -x_1-x_2+x_3=-350 \\ -x_1+x_4=-125 \\ 2x_1+x_2+x_5=600 \\ x_j\geqslant 0, (j=1, 2, \cdots, 5) \end{cases}$$

从一个正则基（P_3，P_4，P_5）开始，即从对偶单纯形法基本可行基开始，见表 3－2。

表 3－2

	$C_j \to$		-2	-3	0	0	0
$\boldsymbol{C}_B$	X_B	$\boldsymbol{B}^{-1}b$	x_1	x_2	x_3	x_4	x_5
0	x_3	-350	-1^*	-1	1	0	0
0	x_4	-125	-1	0	0	1	0
0	x_5	600	2	1	0	0	1
	C_j-Z_j		-2	-3	0	0	0
-2	x_1	350	1	1	-1	0	0
0	x_4	225	0	1	-1	1	0
0	x_5	-100	0	-1^*	2	0	1
	C_j-Z_j		0	-1	-2	0	0
-2	x_1	250	1	0	1	0	1
0	x_4	125	0	0	1	1	1
-3	x_2	100	0	1	-2	0	-1
	C_j-Z_j		0	0	-4	0	-1

基本最优解为：$x^*=(250，100，0，125，0)^{\mathrm{T}}$

对偶单纯形法的应用：

（1）当 $\min\{\boldsymbol{CX}|\boldsymbol{AX}\geqslant b，\boldsymbol{X}\geqslant 0，\boldsymbol{C}\geqslant 0\}$时，用对偶单纯形法迭代计算。

（2）求 $\max\{\boldsymbol{CX}|\boldsymbol{AX}=b^{(t)}，\boldsymbol{X}\geqslant 0，t=1，\cdots，p\}t=1，\cdots，p$ 的一组规划。

先求得 $b^{(1)}$ 时的最优基单纯形表。

$$T(\boldsymbol{B}^{(1)})=\left\{\begin{array}{c|c}\boldsymbol{B}^{-1}b^{(1)} & \boldsymbol{B}^{-1}\boldsymbol{A}\\ \hline -\boldsymbol{C}_B\boldsymbol{B}^{-1}b^{(1)} & \boldsymbol{C}-\boldsymbol{C}_B\boldsymbol{B}^{-1}\boldsymbol{A}\end{array}\right\}$$

可得一个正则基，满足对偶单纯形法的条件，当计算 $b^{(2)}$ 最优基时，可在上述表 $T(B^{(1)})$的基础上继续计算。

$$T(\boldsymbol{B}^{(2)})=\left\{\begin{array}{c|c}\boldsymbol{B}^{-1}b^{(2)} & \boldsymbol{B}^{-1}\boldsymbol{A}\\ \hline -\boldsymbol{C}_B\boldsymbol{B}^{-1}b^{(2)} & \boldsymbol{C}-\boldsymbol{C}_B\boldsymbol{B}^{-1}\boldsymbol{A}\end{array}\right\}$$

用对偶单纯形法迭代计算 $\boldsymbol{B}^{-1}b^{(2)}\geqslant 0$ 时，得 $b^{(2)}$ 的最优基单纯形表，依次进行，即可求出 $t=1，\cdots，p$ 的所有最优解。

（3）当已求得最优基单纯形表 $T(\boldsymbol{B}^{(*)})$时，又增加一个新约束，

$$a_{m+1}x_1+\cdots+a_{m+1}x_n\leqslant b_{m+1}$$

可在 $T(\boldsymbol{B}^{(*)})$中最下面增加一行，见表 3－3。

表 3-3

$C_j \rightarrow$			c_1	c_2	…	c_m	c_{m+1}	…	c_n	c_{n+1}
$\boldsymbol{C}_B$	X_B	$\boldsymbol{B}^{-1}b$	x_1	x_2	…	x_m	x_{m+1}	…	x_n	x_{n+1}
c_1	x_1	b'_1	1	0	…	0	a'_{1m+1}	…	a'_{1n}	0
c_2	x_2	b'_2	0	1	…	0	a'_{2m+1}	…	a'_{2n}	0
⋮	⋮	⋮	⋮	⋮	…	⋮	⋮	…	⋮	⋮
c_m	x_m	b'_m	0	0	…	1	a'_{mm+1}	…	a'_{mn}	0
c_{m+1}	x_{m+1}	b'_{m+1}	$a'_{m+1,1}$	$a'_{m+1,2}$	…	$a'_{m+1,m}$	$a'_{m+1,m+1}$	…	x_n	1
$C_j - Z_j$			0	0	…	0	σ_{m+1}	…	σ_n	0

第五节　影子价格

定义：当资源 b_i 增加一个单位，引起目标函数最优值的改变量 y_i^*，称 y_i^* 为 i 资源的影子价格（$i=1, \cdots, m$），即：

$$f_{\max}=\boldsymbol{C}x^*=\boldsymbol{C}_B\boldsymbol{B}^{-1}b=\boldsymbol{Y}^*b=(y_1^*, y_2^*, \cdots, y_m^*)(b_1, b_2, \cdots, b_m)^{\mathrm{T}}=f(b)$$

称 $\dfrac{\partial f}{\partial b_i}=y_i^*$（$i=1, \cdots, m$）为 i 资源的影子价格。

影子价格的经济意义：

（1）影子价格不是市场价格，它与企业内部的环境有关（产品结构、人员素质、设备能力以及对企业的无形资产、品牌有关）。

（2）影子价格是一种边际收益，如 $\boldsymbol{Y}^*=(2, 3, 1)$（若成本一样），当优先考虑增加资源 2。

（3）影子价格是一种机会成本，如果某资源的影子价格高于市场价格，表明该资源在系统内有获利能力，应买入该资源；如果某资源的影子价格低于市场价格，表明该资源在系统内无获利能力，留在系统内使用不合算，应卖出该资源；如果某资源的影子价格等于市场价格，表明该资源在系统内处于平衡状态，既不用买入，也不用卖出。

（4）影子价格与松紧定理。若 $y_i^*>0$（变量松），则 $\boldsymbol{A}_i x^*=b_i$（约束紧），$\sum\limits_{j=1}^{n} a_{ij}x_j=b_i$，即 i 资源耗尽；若 $\boldsymbol{A}_i x^*<b_i$（资源未充分利用）（约束松），则 $y_i^*=0$（变量紧）不要在市场买进，买进无意义。

（5）影子价格与隐含成本（新产品）

$$\sigma_j=\boldsymbol{C}_j-\boldsymbol{C}_B\boldsymbol{B}^{-1}\boldsymbol{P}_j=\text{产值}-\text{隐含成本}$$

$$=\boldsymbol{C}_j-\boldsymbol{Y}^*\boldsymbol{P}_j\begin{cases}\leqslant 0, & j\ \text{产品不宜投产（}x_j\ \text{不进基）}\\ >0, & j\ \text{产品投产有利（}x_j\ \text{应进基）}\end{cases}$$

(6) 影子价格可作为资源分配的一个指标，应把紧缺资源优先分配给影子价格高的企业。

第六节　灵敏度分析

灵敏度分析一词的含义是指对系统或事物因周围条件变化显示出来的敏感程度的分析。在这以前讲的线性规划问题中，都假定问题中的 a_{ij}，b_i，c_j 是已知常数。但实际上这些数往往是一些估计和预测的数字，如市场条件一变，c_j 值就会变化。a_{ij} 是随工艺技术条件的改变而改变，而 b_i 值则是根据资源投入后能产生多大经济效果来决定的一种决策选择。因此就会提出以下问题：当这些参数中的一个或几个发生变化时，问题的最优解会有什么变化，或者这些参数在一个多大范围内变化时，问题的最优解不变。这就是灵敏度分析所要研究解决的问题，见表 3 - 4。

当然，当线性规划问题中的一个或几个参数变化时，可以用单纯形法从头计算，看最优解有无变化，但这样做既麻烦又没有必要。因为前面已经讲到，单纯形法的迭代计算是从一组基向量变换为另一组基向量，表中每步迭代得到的数字只随基向量的不同选择而改变，因此有可能把个别参数的变化直接在计算得到最优解的最终单纯形表上反映出来。这样就不需要从头计算，而直接对计算得到最优解的单纯形表进行审查，看一些数字变化后，是否仍满足最优解的条件，如果不满足的话，再从这个表开始进行迭代计算，求得最优解。

灵敏度分析的步骤可归纳如下：

第一步：将参数的改变通过计算反映到最终单纯形表上来。

第二步：检查原问题是否仍为可行解。

第三步：检查对偶问题是否仍为可行解。

按表 3 - 4 所列情况得出结论或决定继续计算的步骤。

表 3 - 4　　灵敏度分析迭代形式的检测

原问题	对偶问题	结论或继续计算的步骤
可行解	可行解	仍为问题最优解
可行解	非可行解	用单纯形法继续迭代求最优解
非可行解	可行解	用对偶单纯形法继续迭代求最优解
非可行解	非可行解	引进人工变量，编制新的单纯形表重新计算

一、目标函数的灵敏度分析

首先，应该指出目标函数系数 $\boldsymbol{C}$ 向量中的元素数值变化，只会影响最优解单纯形表中检验数的值，而不会影响 $\boldsymbol{B}^{-1}b$ 的值。设线性规划问题：

$$\max f=\boldsymbol{C}x$$

$$(P)\ \text{s. t.}\begin{cases}\boldsymbol{A}x\leqslant b\\ x\geqslant 0\end{cases}$$

对 c'_j 进行灵敏度分析，c_j 值变化 $c'=(c_j,\cdots,c'_j,\cdots,c_j)$，最优解是否改变？$c$ 中元素 c_j 的变化范围与相应的变量 x_j 是基变量还是非基变量有所不同，下面分别就这两种情况来讨论。

由单纯形表分析（设为最优基单纯形表）$\boldsymbol{C}x^*=\boldsymbol{C}_B\boldsymbol{B}^{-1}b=\boldsymbol{Y}^*b$

$$T(\boldsymbol{B})=\begin{matrix}x_B\\-f\end{matrix}\left\{\begin{array}{c:cc} & x_B,\cdots,x_m & x_{m+1},\cdots,x_n\\ \boldsymbol{B}^{-1}b & \boldsymbol{B}^{-1}b & \boldsymbol{B}^{-1}\boldsymbol{N}\\ \hdashline -\boldsymbol{C}_B\boldsymbol{B}^{-1}b & \boldsymbol{C}_B-\boldsymbol{C}_B\boldsymbol{B}^{-1}b & \boldsymbol{C}_N-\boldsymbol{C}_B\boldsymbol{B}^{-1}\boldsymbol{N}\end{array}\right\}$$

可知：若 $\boldsymbol{C}'_j\in\boldsymbol{C}_B$，非基变量对应的检验数全变；

若 $\boldsymbol{C}'_j\in\boldsymbol{C}_N$，$\boldsymbol{C}_B$ 不变，只有 $\boldsymbol{C}'_j$ 对应的非基变量检验数改变。

例 3-6：某厂生产甲、乙两种产品，都必须经过该厂的金工和装配两道工序，在一周内可供生产甲、乙两种产品的总时间为：金工部分 80 小时；装配部分 100 小时。此外，统计数字表明，生产甲产品一件需 4 小时金工加工，2 小时装配加工；生产乙产品一件需要 2 小时金工加工，4 小时装配加工。而甲、乙产品每件收益分别为 10 元、8 元，试求使得总收益最大的一周生产计划及对目标函数的系数 C_2 的灵敏度分析（C_2 在什么范围内变化，最优解不变?）。

解：设每周生产甲、乙产品分别为 x_1、x_2 件，建立下面的数学模型：

$$\max f=10x_1+8x_2$$

$$\text{s. t.}\begin{cases}4x_1+2x_2\geqslant 80 & \text{金工约束}\\ 2x_1+4x_2\leqslant 100 & \text{装配约束}\\ x_1\geqslant 0,\ x_2\geqslant 0\end{cases}$$

标准化后得：

$$\max f=10x_1+8x_2$$

$$\text{s. t.}\begin{cases}4x_1+2x_2+x_3=80\\ 2x_1+4x_2+x_4=100\\ x_1\geqslant 0,\ x_2\geqslant 0,\ x_3\geqslant 0,\ x_4\geqslant 0\end{cases}$$

迭代后得最优基单纯形表如表 3-5 所示。

表 3－5

$C_j\rightarrow$			10	8	0	0
$\boldsymbol{C}_B$	X_B	$\boldsymbol{B}^{-1}b$	x_1	x_2	x_3	x_4
10	x_1	10	1	0	1/3	$-1/6$
8	x_2	20	0	1	$-1/6$	1/3
C_j-Z_j			0	0	-2	-1

解不等式，得：

$$\sigma_3=c_3-\boldsymbol{C}_B\boldsymbol{B}^{-1}\boldsymbol{P}_3=0-(c_1,\ 8)\begin{pmatrix}1/3\\-1/6\end{pmatrix}\leqslant 0$$

$$\sigma_4=c_4-\boldsymbol{C}_B\boldsymbol{B}^{-1}\boldsymbol{P}_4=0-(c_1,\ 8)\begin{pmatrix}-1/6\\1/3\end{pmatrix}\leqslant 0$$

即：$\begin{cases}1/3c_1-8/6\geqslant 0\\-c_1/6+8/3\geqslant 0\end{cases}$

所以当 $4\leqslant C_1\leqslant 16$ 时，原线性规划问题的最优解不变。

二、约束方程右端常数项的灵敏度分析

约束方程右端常数项 $b_i=(b_1,\ \cdots,\ b'_i,\ \cdots,\ b_m)$ 的变化，在实际问题中反映了可用资源数量的变化。此时，最优基是否改变？因为 $\boldsymbol{B}^{-1}b$ 是单纯形表的值，所以解已经改变了。由单纯形表分析得 b'_i 的灵敏度分析，$\boldsymbol{B}^{-1}b'$ 变，若最优基不变，即 $\boldsymbol{B}^{-1}b'\geqslant 0$。

例 3－7：对例 3－6 中的 b_1 进行灵敏度分析。

解：要使最优基不变，必须满足下式 $\boldsymbol{B}^{-1}b'\geqslant 0$

$$\boldsymbol{B}^{-1}b'=\begin{pmatrix}1/3 & -1/6\\-1/6 & 1/3\end{pmatrix}\begin{pmatrix}b_1\\100\end{pmatrix}\geqslant\begin{pmatrix}0\\0\end{pmatrix}\Rightarrow\begin{cases}b_1/3-100/6\geqslant 0\\-b_1/6+100/3\geqslant 0\end{cases}\Rightarrow 50\leqslant b_1\leqslant 200$$

所以当 $50\leqslant b_1\leqslant 200$ 时，原线性规划问题的最优基不变。

三、约束方程系数的灵敏度分析

由于生产技术的改进或工艺条件的改变，往往使生产单位产品所需要的资源或使用机器的时间有所变化，这时就需要考虑约束方程系数矩阵 $\boldsymbol{A}$ 的元素变化及对最优解的影响。$\boldsymbol{P}_j\in\boldsymbol{A}$，$\boldsymbol{P}_j>\boldsymbol{P}'_j$，若 $\boldsymbol{P}'_j$ 属于非基变量列，只有对应的检验数（$\boldsymbol{C}_j-\boldsymbol{C}_B\boldsymbol{B}^{-1}\boldsymbol{P}'_j$）和系数列（$\boldsymbol{B}^{-1}\boldsymbol{P}'_j$）改变；若 $\boldsymbol{P}'_j$ 属于基变量列，则单纯形表 4 块都变。这种变化的影响比较复杂，我们仅就 $\boldsymbol{A}$ 中的一个元素 a_{ij} 发生变化，其他元素和向量都不改变时的情形加以讨论。

$$a_{ij}\begin{cases}j\in\boldsymbol{I}\ (\text{基变量指标集})，\text{则 }\boldsymbol{B}^{-1}\text{改变}\\ j\in\boldsymbol{J}\ (\text{非基变量指标集})，\text{则 }\boldsymbol{B}^{-1}\text{不改变}\end{cases}$$

例 3－8：最优基单纯形表见表 3－6。

表 3-6

$C_j\rightarrow$			10	8	0	0
$\boldsymbol{C}_B$	X_B	$\boldsymbol{B}^{-1}b$	x_1	x_2	x_3	x_4
10	x_1	10	1	0	1/3	−1/6
8	x_2	20	0	1	−1/6	1/3
C_j-Z_j			0	0	−2	−1

若非基变量列 x_3 系数变为 $\boldsymbol{B}^{-1}$时，最优 $\begin{pmatrix}6\\0\end{pmatrix}$ 解是否改变？

解：

$$\sigma_3=c_3-\boldsymbol{C}_B\boldsymbol{B}^{-1}\boldsymbol{P}'_3=0-(2,1)\begin{pmatrix}6\\0\end{pmatrix}=-12\leqslant 0$$

所以原线性规划问题的最优解不变。

例 3-9：求：$\begin{pmatrix}c_2\\a_{12}\\a_{22}\end{pmatrix}=\begin{pmatrix}10\\4\\5\end{pmatrix}$ 新的最优解。

解：取原来的最优基 $\boldsymbol{B}^{-1}$不变，因为 c_2 变了，所以检验数变了，见表 3-7。

$$\boldsymbol{B}^{-1}\boldsymbol{P}'_2=\begin{pmatrix}1/3 & -1/6\\-1/6 & 1/3\end{pmatrix}\begin{pmatrix}4\\5\end{pmatrix}=\begin{pmatrix}12\\1\end{pmatrix}$$

$$\begin{aligned}(c_1,\ c'_2,\ c_3,\ c_4)&=\boldsymbol{C}'_B\ (\boldsymbol{B}^{-1}\boldsymbol{P}_1,\ \boldsymbol{B}^{-1}\boldsymbol{P}'_2,\ \boldsymbol{B}^{-1}\boldsymbol{P}_3,\ \boldsymbol{B}^{-1}\boldsymbol{P}_4)\\&=(10,\ 10,\ 0,\ 0)-(10,\ 10)\begin{pmatrix}1 & 1/2 & 1/3 & -1/6\\0 & 1 & -1/6 & 1/3\end{pmatrix}\\&=(10,\ 10,\ 0,\ 0)-(10,\ 15,\ 5/3,\ 5/3)\\&=(0,\ -5,\ -5/3,\ -5/3)\end{aligned}$$

表 3-7

$C_j\rightarrow$			10	8	0	0
$\boldsymbol{C}_B$	X_B	$\boldsymbol{B}^{-1}b$	x_1	x_2	x_3	x_4
10	x_1	10	1	1/2	1/3	−1/6
8	x_2	20	0	1*	−1/6	1/3
C_j-Z_j			0	0	5/3	5/3

选主元，化单位阵得表 3－8。

表 3－8

$C_j\rightarrow$			10	8	0	0
$\boldsymbol{C}_B$	X_B	$\boldsymbol{B}^{-1}b$	x_1	x_2	x_3	x_4
10	x_1	0	1	0	5/12	−1/3
8	x_2	20	0	1^*	−1/6	1/3
C_j-Z_j			0	0	−5/2	0

所以最优解为$(0, 20)^T$，最优值 $f^*_{\max}=200$。最优基表面上没变，实质上变了。

四、增加一个新变量的灵敏度分析

例 3－10：例 6 中增加新变量 x_5 的灵敏度分析。

问：增加 x_5，$\begin{pmatrix}c_5\\a_{15}\\a_{25}\end{pmatrix}=\begin{pmatrix}9\\2\\6\end{pmatrix}$ 第 5 列的新产品是否投产？

$$\max f=10x_1+8x_2+9x_5$$

$$\text{s. t.}\begin{cases}4x_1+2x_2+2x_3\leqslant 80\\2x_1+4x_2+6x_3\leqslant 100\\x_1\geqslant 0,\ x_2\geqslant 0,\ x_5\geqslant 0\end{cases}$$

解：把 x_5 列直接写入最优单纯形表，见表 3－9。

表 3－9

$C_j\rightarrow$			10	8	0	0	0
$\boldsymbol{C}_B$	X_B	$\boldsymbol{B}^{-1}b$	x_1	x_2	x_3	x_4	x_5
10	x_1	10	1	0	1/3	−1/6	$B^{-1}P_5$
8	x_2	20	0	1	−1/6	1/3	
C_j-Z_j			0	0	−2	−1	σ_5

若 $\sigma_5\leqslant 0$，新产品不宜投产，x_5 不宜进基，如果强行进基，则目标函数值可能下降；若 $\sigma_5>0$，投产有利，换基，x_5 进基，目标函数值可能上升。

$$\boldsymbol{B}^{-1}\boldsymbol{P}_5=\begin{pmatrix}1/3 & -1/6\\-1/6 & 1/3\end{pmatrix}\begin{pmatrix}2\\6\end{pmatrix}=\begin{pmatrix}1/3\\5/3\end{pmatrix}$$

$$\sigma_5 = c_5 - \boldsymbol{C}_B\boldsymbol{B}^{-1}\boldsymbol{P}_5 = \boldsymbol{C}_5 - \boldsymbol{Y}^*\boldsymbol{P}_5 = 9 - (2,1)\begin{pmatrix}2\\9\end{pmatrix} = -1 \leqslant 0$$

所以新产品不宜投产。

五、增加新的约束条件的灵敏度分析

例 3 - 11：例 3 - 6 中增加第三个约束为 $6x_1+4x_2\leqslant 100$（材料约束）的灵敏度分析。

解：添加松弛变量化等式后，可把该约束方程加到原最优单纯形表中最下一行，见表 3 - 10。

表 3 - 10

	$C_j\rightarrow$		10	8	0	0	0
$\boldsymbol{C}_B$	X_B	$\boldsymbol{B}^{-1}b$	x_1	x_2	x_3	x_4	x_5
10	x_1	10	1	0	1/3	−1/6	0
8	x_2	20	0	1	−1/6	1/3	0
0	x_5	100	6	4	0	0	1
	C_j-Z_j		0	0	−2	−1	0

化为真正的基向量，见表 3 - 11。

表 3 - 11

	$C_j\rightarrow$		10	8	0	0	0
$\boldsymbol{C}_B$	X_B	$\boldsymbol{B}^{-1}b$	x_1	x_2	x_3	x_4	x_5
10	x_1	10	1	0	1/3	−1/6	0
8	x_2	20	0	1	−1/6	1/3	0
0	x_5	−40	0	0	−4/3	−1/3	1
	C_j-Z_j		0	0	−2	−1	0

用对偶单纯形法求最优解，见表 3 - 12。

表 3 - 12

$C_j\rightarrow$			10	8	0	0	0
$\boldsymbol{C}_B$	X_B	$\boldsymbol{B}^{-1}b$	x_1	x_2	x_3	x_4	x_5
10	x_1	0	1	0	0	$-1/4$	1/4
8	x_2	25	0	1	0	3/8	$-1/8$
0	x_3	30	0	0	1	1/4	$-3/4$
C_j-Z_j			0	0	0	$-1/2$	$-3/2$

$x^*=(0,25,30)^{\mathrm{T}}$，$f_{\max}=200$。因为资源 1 是松的，所以影子价格是 $y_1^*=0$。

第七节 参数线性规划

灵敏度分析研究了个别数据变动之后，原来的最优解条件是否受到影响，研究了这些数据的变化对最优解的变化是否“敏感”。在知道了这些数据变动到某个极限之后会破坏最优解，自然还想知道如果这些数据继续有更大的变动将会产生什么结果。在灵敏度分析中每次只考虑一个数据的变化，如果几个数据同时发生变化，又将会产生什么结果呢？参数规划就是用来研究这类问题的，它是研究线性规划问题的最优解在一个或几个数据发生预先规定的连续性变化时的影响。

在实际问题中，往往线性规划问题的目标函数的系数 C 和约束条件的常数 b 的数据不是固定的常数，而有所波动，例如目标函数中的价格系数 C 会随某个系数（原材料的价格升降百分数）而改变；约束条件右端的常数 h 会随某个参数（原材料生产增长的百分数）而改变。这便是要研究的“参数规划”。对于参数规划，我们关心的是在参数的可能范围内，求出问题的最优解，即可以用原来的数学模型按实际出现的目标函数的系数或约束条件右端的常数项来决定最优方案。下面我们就讨论这两种情况的单参数线性规划问题的解法。

一、目标函数的系数含有参数

目标函数系数含参数的线性规划（以前 n 个 c 只有一个 c_j 变化，现在 n 个 c 都可以改变）。

$$\max f=(\boldsymbol{C}+\lambda\boldsymbol{C}^*)\,x$$

$$\text{s.t.}\begin{cases}\boldsymbol{A}x=b\\ x\geqslant 0\end{cases}$$

其中 λ 为参数 C^* 的变化矩阵。

例 3－12：分析 λ 值变化时下述参数规划问题最优解的变化。

$$\max f=(-6+\lambda)x_1+(-5+\lambda)x_2+(3-\lambda)x_3+(4-\lambda)x_4$$

$$\text{s. t.}\begin{cases}x_1-x_2-x_3+x_5=1\\-x_1+x_2-x_4+x_6=1\\-x_2+x_3+x_7=1\\x_j\geqslant 0,\ (j=1,2,\cdots,7)\end{cases}$$

解：取可行基 $\boldsymbol{B}_1=(\boldsymbol{P}_5,\boldsymbol{P}_6,\boldsymbol{P}_7)$ 求其单纯形表得表 3－13。

表 3－13

	$C_j\rightarrow$		$-6+\lambda$	$-5+\lambda$	$3-\lambda$	$4-\lambda$	0	0	0
$\boldsymbol{C}_B$	X_B	$\boldsymbol{B}^{-1}b$	x_1	x_2	x_3	x_4	x_5	x_6	x_7
0	x_5	1	1	-1	-1	0	1	0	0
0	x_6	1	-1	$1^{*}2$	0	-1	0	1	0
0	x_7	1	0	-1	1	0	0	0	1
	C_j-Z_j		$-6+\lambda$	$-5+\lambda$	$3-\lambda$	$4-\lambda$	0	0	0

$-6+\lambda\leqslant 0$，$-5+\lambda\leqslant 0$，$3-\lambda\leqslant 0$，$4-\lambda\leqslant 0$；

$\lambda\in[4,5]$，最优解不变，$x^{*}=(0,0,0,0,1,1,1)^{\mathrm{T}}$，最优值 $f_{\max}^{*}=0$。

先考虑 $\lambda<4$ 时，定主元列，有无界性定理（步骤 3）$\sigma_4>0$，$\boldsymbol{B}^{-1}\boldsymbol{P}_4\leqslant 0$，该问题无上界，则 $\lambda\in(-\infty,4]$时，该线性规划问题无最优解。再考虑 $\lambda>5$ 时，则 x_2 这一列被破坏。见表 3－14。

表 3－14

	$C_j\rightarrow$		$-6+\lambda$	$-5+\lambda$	$3-\lambda$	$4-\lambda$	0	0	0
$\boldsymbol{C}_B$	X_B	$\boldsymbol{B}^{-1}b$	x_1	x_2	x_3	x_4	x_5	x_6	x_7
0	x_5	2	0	0	-1	-1	1	1	0
$-5+\lambda$	x_2	1	-1	1	0	-1	0	1	0
0	x_7	2	-1	0	1	-1	0	1	1
	C_j-Z_j		$-11+2\lambda$	0	$3-\lambda$	-1	0	0	0

$-11+2\lambda\leqslant 0$，$3-\lambda\leqslant 0$，$\lambda>5$，$\lambda\in(5,5.5)$时，该线性规划问题的最优解 $x^{*}=(0,1,0,0,2,0,2)^{\mathrm{T}}$，最优值为：$f_{\max}^{*}=-5+\lambda$；在考虑 $\lambda>5.5$ 时，$\sigma_1>0$，$\boldsymbol{B}^{-1}\boldsymbol{P}_1\leqslant 0$，该线性规划问题无上界，则 $\lambda\in(5.5,+\infty)$无最优解。

这就研究了参数 $\lambda\in(-\infty,+\infty)$变化时，引起最优解的变化情况以及对应的最优值的变化情况，我们通过图 3－1 来说明它们之间的关系。

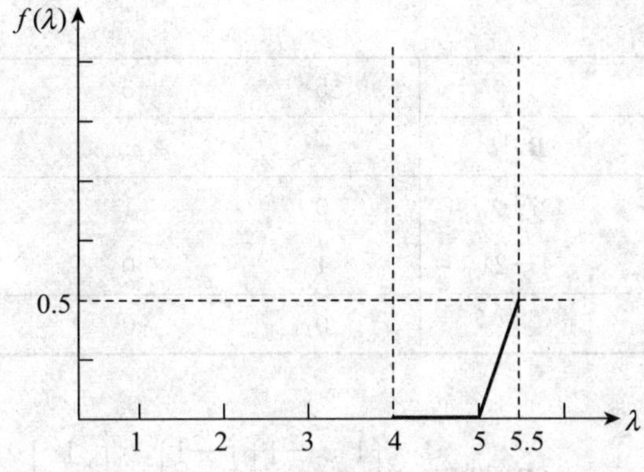

图 3－1　参数 λ 与最优值变化对应情况

二、约束方程右端项含有参数

常数项 b 含参数的线性规划：

$$\max f = \boldsymbol{C}x$$

$$\text{s. t.}\begin{cases}\boldsymbol{A}x = b + \lambda b^* \\ x \geqslant 0\end{cases}$$

其中，λ 为参数 b^* 变化，前提当 $\sigma \leqslant 0$ 时，要使基 $\boldsymbol{B}$ 为最优基，必须满足：

$$\boldsymbol{B}^{-1}b^* = \boldsymbol{B}^{-1}(b + \lambda b^*) \geqslant 0$$

例 3－13：分析 λ 值变化时下述参数规划问题最优解的变化。

$$\max f(\lambda) = 5x_1 + 3x_2$$

$$\text{s. t.}\begin{cases}x_1 + x_2 \geqslant 10 - \lambda \\ x_1 \leqslant 4 - 2\lambda \\ x_1 \geqslant 0,\ x_2 \geqslant 0\end{cases}$$

解：先令 $\lambda = 0$（目的是使 $\boldsymbol{C} - \boldsymbol{C}_B\boldsymbol{B}^{-1}\boldsymbol{A} \leqslant 0$），求最优基 $T(\boldsymbol{B})$，见表 3－15。

表 3－15

	$C_j \to$		5	3	0	0
$\boldsymbol{C}_B$	X_B	$\boldsymbol{B}^{-1}b$	x_1	x_2	x_3	x_4
3	x_2	6	0	1	1	-1
5	x_1	4	1	0	0	1
	$C_j - Z_j$		0	0	-3	-2

把参数加入表 3-15 得 $T(\boldsymbol{B}_1)$，见表 3-16。

表 3-16

	$C_j \rightarrow$		5	3	0	0
$\boldsymbol{C}_B$	X_B	$\boldsymbol{B}^{-1}b$	x_1	x_2	x_3	x_4
3	x_2	$6+\lambda$	0	1	1	-1
5	x_1	$4-2\lambda$	1	0	0	1
	C_j-Z_j		0	0	-3	-2

$$\lambda\boldsymbol{B}^{-1}b^*=\lambda\begin{pmatrix}1 & -1\\0 & 1\end{pmatrix}\begin{pmatrix}-1\\-2\end{pmatrix}=\begin{pmatrix}1\\-2\end{pmatrix}$$

$$\lambda\boldsymbol{C}_B\boldsymbol{B}^{-1}b^*=\lambda(3,5)\begin{pmatrix}-1\\-2\end{pmatrix}=-7\lambda$$

$6+\lambda\geqslant 0$，$4-2\lambda\geqslant 0$；即：

$\lambda\in[-6,2]$时，最优基不变，最优解：$x^*=(4-2\lambda,6+\lambda,0,0)^{\mathrm{T}}$，最优值 $f_{\max}^*=38-7\lambda$。

当 $\lambda<-6$ 时，通过单纯形表计算得表 3-17。

表 3-17

	$C_j \rightarrow$		5	3	0	0
$\boldsymbol{C}_B$	X_B	$\boldsymbol{B}^{-1}b$	x_1	x_2	x_3	x_4
0	x_4	$-6-\lambda$	0	-1	-1	1
5	x_1	$10-\lambda$	1	1	1	0
	C_j-Z_j		0	-2	-5	0

$-6-\lambda\geqslant 0$，$10-\lambda\geqslant 0$；$\lambda\in(-\infty,-6)$ 时，最优基不变，最优解：$x^*=(10-\lambda,0,0,-6-\lambda)^{\mathrm{T}}$，最优值 $f_{\max}^*=50-5\lambda$。

当 $\lambda>2$ 时，看 $T(\boldsymbol{B}_1)$。$b'_{20}<0$，$b'_{2j}\geqslant 0$（$j=1,2,3,4$），该问题无可行解，矛盾方程。图 3-2 说明了参数 $\lambda\in(-\infty,+\infty)$ 变化时引起最优值的变化情况。

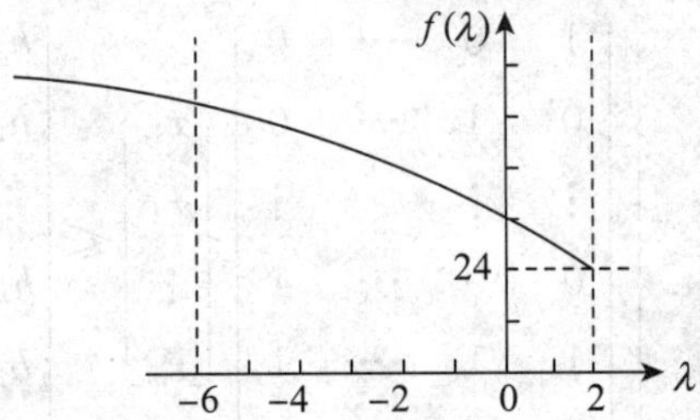

图 3－2　参数 λ 与最优值变化情况

第八节　案例分析（影子利润在物流公司报价中的应用）

报价是物流公司业务流程中的一个重要环节，报价的高低，直接影响到企业获利的多少，报价的合理性，又与企业是否能赢得客户紧密相关。在航运业务中，由于空箱现象的出现，导致直接按传统的成本报价法报价，或报价过高，顾客不能承受，或报价过低，难于保证企业获利。利用对偶理论中影子利润的经济意义在于：解决航运业务中空箱现象的报价问题。通过下述案例分析，运用影子利润报价原理，能科学地指导空箱现象中物流公司对额外运输货物进行正确的报价。

一、航运业务的利润与报价

货物运送的定价方法有多种，其中最基本的方法之一是成本定价法，即在成本的基础上加上一定的利润额定价，其价格计算式为：价格＝成本×（1＋利润率）。在物流公司的航运业务中，经常出现运输货物不能装满整个集装箱的现象，称为“空箱现象”。此时公司的运输成本不仅包括空箱部分集装箱的运输费用，而且包括该集装箱的提箱费、租箱费、货代费等额外费用。也就是说，公司必须以整个集装箱的全部成本去运输不足一个集装箱体积的货物（此部分货物在以下称为额外运输货物）。如果公司仍按上式价格计算公式进行报价的话，势必造成报价过高、顾客不愿承受的情况；但报价过低，则不能实现公司获利的目标。在此，作者提出了利用影子利润的方法来解决公司对空箱部分的报价问题。

基于影子利润的经济决策意义，可将其运用于航运报价中的空箱报价。当公司出现空箱现象时，需要考虑运输资源的影子利润，以便作出正确的决策。设公司需要运输 M 种货物，其中第 I 种货物的体积为 H_I 个体积单位，密度为 D_I，在现有运输能力下，其可运量为 X_I 个体积单位，运输该货物的单位体积利润为 C_I，现有集装箱承装体积为 B_1，船舶载重量为 B_2，公司获利为 Z。为使公司利润最大，可建立如下线性规划模型：

$$\max Z = \sum_{i=1}^{m} C_I X_I$$

$$\text{s.t.}\begin{cases}\begin{bmatrix}1 & 0 & \cdots & 0\\0 & 1 & \cdots & 0\\\vdots & \vdots & & \vdots\\0 & 0 & \cdots & 1\\1 & 1 & \cdots & 1\\d_1 & d_2 & \cdots & d_m\end{bmatrix}\begin{bmatrix}x_1\\x_2\\\vdots\\x_m\end{bmatrix}\leqslant\begin{bmatrix}h_1\\h_2\\\vdots\\h_m\\b_1\\b_2\end{bmatrix}\\x_1,\ x_2,\ \cdots,\ x_m\geqslant 0\end{cases}\tag{1}$$

此问题可理解为：在运力有限的情况下，如何组织运输物品（即某种物品的运量为多少时），以使公司获利最大？其对偶问题如式（2）所示：

$$\min w=\sum_{j=1}^{m}h_jy_j+b_1y_{m+1}+b_2y_{m+2}$$

$$\text{s.t.}\begin{cases}\begin{bmatrix}1 & 0 & \cdots & 0 & 1 & d_1\\0 & 1 & \cdots & 0 & 1 & d_2\\\vdots & \vdots & & \vdots & \vdots & \vdots\\0 & 0 & \cdots & 1 & 1 & d_m\end{bmatrix}\begin{bmatrix}y_1\\y_2\\\vdots\\y_{m+2}\end{bmatrix}\geqslant\begin{bmatrix}c_1\\c_2\\\vdots\\c_m\end{bmatrix}\\y_1,\ y_2,\ \cdots,\ y_{m+2}\geqslant 0\end{cases}\tag{2}$$

其中，Y_1，Y_2，…，Y_M为第1，2，…，M种货物的单位转让利润，Y_{M+1}，Y_{M+2}为运输资源能力（即公司所能承载的运输体积和重量）的单位转让利润。其意义为：如果物流公司将所接全部货物及现有的运输资源能力全部转让给他人承运，那么每种货物及资源应在赚取多少单位利润的基础上，才值得这么做？如式（1）所示：运输一个体积单位的第一种货物，公司需要消耗1个体积单位和$d_1\times 1$个重量单位，可赚取的单位利润为C_1。那么在转让的情况下，公司应该使该1个体积单位的利润Y_{M+1}和$D_1\times 1$个重量单位的利润D_1Y_{M+2}之和加上单位第一种货物的转让利润y_1大于C_1。只有在这种情况下，公司才值得做出转让。对其他货物的解释也如第一种货物。设式（1）的最优值为Z^*，B_1增加一个单位时式（1）的最优值为Z'^*，则单位体积的影子利润为：

$$Y_{M+1}^*=Z'^*-Z^*\tag{3}$$

该利润是增加单位运量体积，公司所带来的最大利润的增加。当公司遇到集装箱承装体积大于货物体积的问题时，可利用此值考虑对空箱部分集装箱的报价。

二、基于影子利润的航运报价

以上求得单位运量体积的影子利润Y_{M+1}^*。在额外运输中，单位运量体积的增加靠的是增加一个集装箱，因此会带来集装箱提箱费、租箱费、货代费等成本费用的增加。也就是说，单位额外运输量所花费的成本会更多，该部分成本费用的增加会使公司获利小于影子利润。但是通过报价应该满足公司的获利要求。由于航运中，运输成本价格是根据一定运输路线上的集装箱规格和数量计算的。设增加集装箱所带来的运输成本价格的增加为 e，集装箱提箱费、租箱费、货代费等为 f，额外运输货物体积为 v，$Y_{M+1}^{*}\times v$ 为额外运输的影子利润，公司运输单位体积货物的获利目标为 r，公司报价为 p。设运输额外货物企业所获的额外利润为 l，则：

$$l=Y_{M+1}^{*}\times v-f-r\times v \tag{4}$$

可以分以下几种情况对额外运输部分进行报价：

（1）$l<0$，额外运输没有获得额外利润，相反，会影响企业的正常获利目标。如果可与其他票货物一起运输，则可考虑运输。其报价为：$p=e+r\times v+f\times k$，其中 k 为一定的系数。根据其他票货物的情况适当取值，设该集装箱的体积为 v_1，若其他票货物能够装满集装箱，则 $k=\frac{v}{v_1}$。在其他情况下，$k>\frac{v}{v_1}$；

（2）$l=0$，额外运输没有获得额外利润，也不影响企业的正常获利目标。其报价为：$p=e+r\times v$；

（3）$l>0$，额外运输获得额外利润。其报价为：$p=e+r\times v$。

其意义为：因增加运量会给公司带来影子利润，但是也会带来集装箱租赁等成本的增加。如果两者相减不能确保公司获利目标，那么应提高报价。在其他情况下，可按利润加运输成本的式进行报价，确保公司的获利目标得以实现。

三、计算实例

某公司接到一批从日本名古屋港运往重庆九港的货物。该批货物包括汽车外蒙皮和发动机零件，各货物相关数据见表 3－18；现有 20ft 与 40ft 两种规格的集装箱，需要时可随时租用，其各项参数见表 3－19；代入式（1）得到的各运算结果见表 3－20；运输船只型号为 100TEU 集装箱船，载重 b_2 为 1500000kg。

表 3－18　　运输货物相关数据

项目	单位	符号	汽车外蒙皮	发动机零件
数量	套		800	400
体积	m^3	h	1700	496
重量	kg		122000	360000
密度	kg/m^3	d	71599	72580645
利润	元/m^3	c	15.9	43.15

表 3-19 集装箱相关数据

项目	单位	符号	20ft 集装箱	40ft 集装箱	总计
数量	个		22	32	
承装体积	m^3		23	52	
总承装体积	m^3	b_1			2170

表 3-20 运算结果

项目	x_1	x_2	z^*
单位	m^3	m^3	元
最优值	1674	496	48019

由表 3-20 可见，还有部分汽车外蒙皮没有运输（客户需要运输汽车外蒙皮 1700 m^3，而规划中只能运输 1674m^3），所以还要增加一个 40ft 的集装箱来运输，此时出现了空箱现象。增加一个集装箱后计算得到的数据见表 3-21。

表 3-21 增加集装箱后的计算结果

项目	x_1	x_2	z^*
单位	m^3	m^3	元
最优值	1700	496	484324

最终报价运行过程及结果见表 3-22。

表 3-22 报价运行过程及结果

项目	单位	符号	运算过程	结果
40ft 集装箱运输成本	元	e		8959
40ft 集装箱提箱费等	元	f		1792
额外运输的汽车外蒙皮体积	m^3	v	1700－1674	26
公司的单位体积获利目标	元/m^3	r		16
影子利润	元	y_3^*	$z'^* - z^*$	413.4
额外运输的额外利润	元	L		8540
报价	元	p	$e+r\times v$	9375

由上可知：在保证企业单位体积获利目标为 16 元/m^3的前提下，企业对额外运输的汽

车外蒙皮（体积为 $26m^3$）的报价应该为 9375 元。

利用对偶理论的经济决策意义和影子利润建立了物流公司出现空箱现象时的运输利润模型及其对偶模型，并利用单位体积的影子利润分析了物流公司对额外运输货物进行报价的问题。实例计算表明，该方法可以科学地指导物流公司的报价决策过程。

思考题

1. 判断下列说法是否正确：

（1）任何线性规划问题存在并具有唯一的对偶问题；

（2）对偶问题的对偶问题一定是原问题；

（3）根据对偶问题的性质，当原问题为无界解时，其对偶问题无可行解，反之，当对偶问题无可行解时，其原问题具有无界解；

（4）若线性规划的原问题有无穷多最优解，则其对偶问题也一定具有无穷多最优解；

（5）若线性规划问题中的 b_i，c_j 值同时发生变化，反映到最终单纯形表中，不会出现原问题与对偶问题均为非可行解的情况；

（6）应用对偶单纯形法计算时，若单纯形表中某一基变量 $x_i<0$，又由于 x_i 所在行的元素全部大于或等于零，则可以判断其对偶问题具有无界解。

（7）若某种资源的影子价格等于 k，在其他条件不变的情况下，当该种资源增加 5 个单位时，相应的目标函数值将增大 $5k$；

（8）已知 y_i 为线性规划的对偶问题的最优解，若 $y_i>0$，说明在最优生产计划中第 i 种资源已经完全耗尽；若 $y_i=0$，说明在最优生产计划中第 i 种资源一定有剩余。

2. 已知线性规划问题：

$$\max z=x_1+x_2$$

$$\text{s.t.}\begin{cases}-x_1+x_2+x_3\leqslant 2\\ -x_1+x_2-x_3\leqslant 1\\ x_1,\ x_2,\ x_3\geqslant 0\end{cases}$$

试根据对偶问题性质证明上述线性规划问题目标函数值无界。

3. 用对偶单纯形法求解下列线性规划问题。

(1) $\min z=4x_1+12x_2+18x_3$

$$\text{s.t.}\begin{cases}x_1+3x_3\geqslant 3\\ 2x_2+2x_3\geqslant 5\\ x_1,\ x_2,\ x_3\geqslant 0\end{cases}$$

(2) $\min z=5x_1+2x_2+3x_3$

$$\text{s.t.}\begin{cases}3x_1+x_2+2x_3\geqslant 4\\ 6x_1+3x_2+5x_3\geqslant 10\\ x_1,\ x_2,\ x_3\geqslant 0\end{cases}$$

4. 已知表 3－23 为求解某线性规划问题的最终单纯形表，表中 x_4，x_5 为松弛变量，问题的约束为≤形式。

表 3-23　　最终单纯形表

	z	x_1	x_2	x_3	x_4	x_5	RHS
z	1	0	4	0	4	2	
X_3		0	1/2	1	1/2	0	5/2
X_1		1	−1/2	0	−1/6	1/3	5/2

(1) 写出原线性规划问题；

(2) 写出原问题的对偶问题；

(3) 直接由原问题的最终单纯形表写出对偶问题的最优解。

5. 已知线性规划问题：

$$\max z=2x_1-x_2+x_3$$

$$\text{s. t.}\begin{cases}x_1+x_2+x_3\leqslant 6\\-x_1+2x_2\leqslant 4\\x_1,\ x_2,\ x_3\geqslant 0\end{cases}$$

先用单纯形法求出最优解，再分析在下列条件单独变化的情况下最优解的变化。

(1) 目标函数变为 $\max z=2x_1+3x_2+x_3$；

(2) 约束右端项由 $\begin{pmatrix}6\\4\end{pmatrix}$ 变为 $\begin{pmatrix}3\\4\end{pmatrix}$；

(3) 增添一个新的约束条件 $-x_1+x_3\geqslant 2$。

6. 某厂生产 A、B、C 三种产品，其所需劳动力、材料等有关数据见表 3-24。要求：①确定利润最大的产品生产计划；②产品 A 的利润在什么范围内变动时，上述最优计划不变；③如果设计一种新产品 D，单件劳动力消耗为 8 单位，材料消耗为 2 单位，每件可获利 3 元，问该种产品是否值得生产？④如果劳动力数量不增，材料不足时可从市场购买，每单位 0.4 元，问该厂要不要购进原材料扩大生产？以购多少为宜？⑤由于某种原因该厂决定暂停 A 产品的生产，试重新确定该厂的最优生产计划。

表 3-24　　产品单位利润及资源消耗

资源 \ 消耗定额 \ 产品	A	B	C	可用量（单位）
劳动力	6	3	5	45
材料	3	4	5	30
产品利润（元/件）	3	1	4	

第四章　运输问题

在生产活动和日常生活中，人们常需要将某些物品（包括人们自身）由一个空间位置移动到另一个空间位置，这就产生了运输。随着社会和经济的发展，“运输”变得越来越复杂，运输量有时非常巨大，所以，科学组织运输显得十分必要。

第一节　运输问题的数学模型及其特点

一、运输问题的数学模型

运输问题依然属于线性规划问题的范畴，但是由于其约束方程组的系数规矩有其特殊的结构，因而可以找到一种比单纯形表更简便的求解方法，正是基于此，运输问题从线性规划中单列出来进行讨论。本章研究单一品种物资的运输调度问题。运输问题的一般提法是这样的，某种物资有上千个产地和销地，若已知各个产地的销量、各个销地的销量以及各产地到各销地的单位运价（或运输距离），问应如何组织调运，才能使总运费（或总的运输量）最低？将此问题更具体化，假定有 m 个产地、n 个销地：

a_i——第 i 产地的供应量，$i=1，2，\cdots，m$。

b_j——第 j 销地的需求量，$j=1，2，\cdots，n$。

c_{ij}——从产地 i 到销地 j 的单位运费，$i=1，2，\cdots，m$；$j=1，2，\cdots，n$。

x_{ij}——从产地 i 到销地 j 的调运数量。

该问题为求解最佳，即求解所有 x_{ij} 值，使总的运输费用达到最少。决策变量为 x_{ij}，其数学模型为：

$$\min f=\sum_{i=1}^{m}\sum_{j=1}^{n}c_{ij}x_{ij}$$

$$\text{s.t.}\begin{cases}\sum\limits_{j=1}^{n} x_{ij}\leqslant a_i\ (i=1,\ 2,\ \cdots,\ m)\\ \sum\limits_{i=1}^{m} x_{ij}\geqslant b_j\ \ (j=1,\ 2,\ \cdots,\ n)\\ x_{ij}\geqslant 0\ \ (i=1,\ 2,\ \cdots,\ m;\ j=1,\ 2,\ \cdots,\ n)\end{cases}$$

根据该问题中总供应量与总需求量之间的关系，可将运输问题分为两类：

(1) 当 $\sum_{i=1}^{m} a_i = \sum_{j=1}^{n} b_j$ 时，为产销平衡的运输问题；

(2) 当 $\sum_{i=1}^{m} a_i \neq \sum_{j=1}^{n} b_j$ 时，为产销不平衡的运输问题。

实际上，产销不平衡的运输问题可以转换为产销平衡的运输问题。我们首先讨论产销平衡的运输问题的性质与特点，再讨论产销不平衡的运输问题如何向产销平衡的运输问题转换。

二、运输问题的性质与特点

根据产销平衡的运输问题（$\sum_{i=1}^{m} a_i = \sum_{j=1}^{n} b_j$），其数学模型可表示为：

$$\min f = \sum_{i=1}^{m}\sum_{j=1}^{n} c_{ij} x_{ij}$$

$$\text{s. t.}\begin{cases} \sum_{j=1}^{n} x_{ij} = a_i \ (i=1,\ 2,\ \cdots,\ m) \\ \sum_{i=1}^{m} x_{ij} = b_j \ (j=1,\ 2,\ \cdots,\ n) \\ x_{ij} \geqslant 0 \ (i=1,\ 2,\ \cdots,\ m;\ j=1,\ 2,\ \cdots,\ n) \end{cases}$$

模型中变量个数为 $m \times n$ 个，约束个数为 $m+n$ 个，全部为等式约束。前 m 个约束是供应地的供应量约束，后 n 个约束是需求地的需求量约束。写成矩阵形式为：

$$\min f = \boldsymbol{C}x$$

$$\text{s. t.}\begin{cases} \boldsymbol{A}x \leqslant b \\ x \geqslant 0 \end{cases}$$

令：常数项 $=(a_1,\ a_2,\ \cdots,\ a_m;\ b_1,\ b_2,\ \cdots,\ b_n)^{\mathrm{T}}$

$C = (c_{11},\ c_{12},\ \cdots,\ c_{1n},\ c_{21},\ c_{22},\ \cdots,\ c_{2n},\ \cdots,\ c_{m1},\ c_{m2},\ \cdots,\ c_{mn})^{\mathrm{T}}$

$x = (x_{11},\ x_{12},\ \cdots,\ x_{1n},\ x_{21},\ x_{22},\ \cdots,\ x_{2n},\ \cdots,\ x_{m1},\ x_{m2},\ \cdots,\ x_{mn})^{\mathrm{T}}$

$$\boldsymbol{A} = \begin{pmatrix} 11\cdots1 & & & \\ & 11\cdots1 & & \\ & & \ddots & \\ & & & 11\cdots1 \\ 1\ \ \ \ \ \ & 1\ \ \ \ \ \ & \cdots & 1\ \ \ \ \ \ \\ \ \ 1\ \ \ \ & \ \ 1\ \ \ \ & & \ \ 1\ \ \ \ \\ \ \ \ \ \ddots\ \ & \ \ \ \ \ddots\ \ & & \ \ \ \ \ddots\ \ \\ \ \ \ \ \ \ 1 & \ \ \ \ \ \ 1 & & \ \ \ \ \ \ 1 \end{pmatrix}$$

系数矩阵 $\boldsymbol{A}$ 的特点如下：

(1) 约束条件左边所有的系数都是 0 或 1，而且每一列中恰好只有两个元素是 1，其他元素都是 0。列向量为：

共有 $m\times n$ 个 P_{ij}。

(2) $\mathbf{A}=(P_{ij})_{(m+n)(m\times n)}$，其中 $m+n-1$ 个 P_{ij} 线性无关（基向量）对应的变量 x_{ij}，有 $m+n-1$ 个基变量，其余都是非基变量。

(3) 前 m 个每行有 n 个 1（其余都是 0）；从第 $m+1$ 行到第 n 行，每行有 m 个 1，其余都是 0。

(4) 产销平衡的对偶问题：

$$\max w=\sum_{i=1}^{m}a_iu_i+\sum_{j=1}^{n}b_jv_j$$

$$\text{s.t.}\begin{cases}u_i+v_j\leqslant C_{ij}\ (i=1,2,\cdots,m;\ j=1,2,\cdots,n)\\ u_i+v_j\ \text{无限制}\end{cases}$$

由（u_1，…，u_i，…，u_m，…，v_1，…，v_j，…，v_n）$P_{ij}\leqslant C_{ij}$（$i=1, 2, \cdots, m$；$j=1, 2, \cdots, n$），可知：$u_i+v_j\leqslant C_{ij}$，其中 $u_i\ (i=1, 2, \cdots, m)$ 为前 m 个约束对应的对偶变量，又称 $u_i\ (i=1, 2, \cdots, m)$ 为行位势；$v_j\ (j=1, 2, \cdots, n)$ 为第 $m+1$ 到第 $m+n$ 个约束对应的对偶变量，又称 v_j（$j=1, 2, \cdots, n$）为列位势。

此外，我们还经常把变量和系数排列成下面的形式，见表 4-1 和表 4-2。

表 4-1　　运量表

产地＼销地	B_1	B_2	…	B_n	产量
A_1	c_{11}	c_{12}	…	c_{1n}	a_1
A_2	c_{21}	c_{22}	…	c_{2n}	a_2
⋮	⋮	⋮		⋮	⋮
A_m	c_{m1}	c_{m2}	…	c_{mn}	a_m
销量	b_1	b_2	…	b_n	

表 4-2　　位势表

	B_1	B_2	…	B_n	行位势
A_1	c_{11}	c_{12}	…	c_{1n}	a_1
A_2	c_{21}	c_{22}	…	c_{2n}	a_2
⋮	⋮	⋮		⋮	⋮
A_m	c_{m1}	c_{m2}	…	c_{mn}	a_m
列位势	b_1	b_2	…	b_n	

由于系数矩阵 **A** 大部分元素为 0，少部分为 1。虽然也可以用单纯形法来求解，然而运输问题的变量一般大于 10 个，计算比较麻烦。所以，运输问题作为一类特殊的线性规划问题，我们介绍一种新的方法——表上作业法。

第二节　表上作业法

表上作业法是求解运输问题的一种简便而有效的方法，是单纯形法在求解运输问题时的一种简化方法，其求解工作在运输表上进行，实质仍是单纯形法，只是其具体计算过程和使用的有关术语有所不同，它是一种迭代法。这一方法的计算步骤可以归纳如下：先按某种规则找出一个初始解（初始调运方案），即在产销平衡表上给出 $m+n-1$ 个数字格；再对现行解做最优性判别，求各非基变量的检验数，即在表上计算空格的检验数，判别是否达到最优解。如果已是最优解，则停止计算，否则转入下一步；如果这个解不是最优解，就在运输表上对它进行调整改进，确定换入变量和换出变量，找出新的基可行解（即在表上用闭回路法进行调整），得出一个新的调运方案；重复再判别，再改进；直至得到运输问题的最优解为止。如前所述，迭代过程中得出的所有解都要求是运输问题的基可行解。

运输问题经常给出表 4 - 3 的形式。

表 4 - 3

销地 / 产地	B_1	B_2	…	B_n	产量
A_1	c_{11}	c_{12}	…	c_{1n}	a_1
A_2	c_{21}	c_{22}	…	c_{2n}	a_2
⋮	⋮	⋮		⋮	⋮
A_m	c_{m1}	c_{m2}	…	c_{mn}	a_m
销量	b_1	b_2	…	b_n	

通过具体例子来说明表上作业法的计算步骤。当用一般单纯形法求解运输问题时，应去掉一个多余的约束等式（任一个约束等式均可）；当用表上作业法求解时，因在运输表上进行，不必写出其上述数学模型。下面介绍三种常用的方法。

一、初始方案的确定

1. 最小元素法

这种方法是按运价由小到大的顺序安排运量。先从各运价中找到最小运价，设为 C_{ij}，

然后比较供应量 a_i 和需求量 b_j。如果 $a_i>b_j$，取 $x_{ij}=b_j$，并将供应地 i 的供应量改为 a_i-b_j，画去需求地 j，需求满足；如果 $a_i<b_j$，取 $x_{ij}=a_i$，并将供应地 i 产品都提供出，将需求地 j 的需求量改为 b_j-a_i；如果 a_i 和 b_j 中有一个为 0，则不分配运量给 x_{ij}。分配完最小运价的运量后，用同样的方法分配运价次小的运量，依次类推。直到所有需求都满足，单位运价表上所有元素都画去为止。以下是用最小元素法确定运输问题的初始可行解的例子。

例 4-1： 给出运输表，见表 4-4、表 4-5。

表 4-4 产销平衡表 单位：吨

销地 产地	B_1	B_2	B_3	B_4	产量
A_1					7
A_2					4
A_3					9
销量	3	6	5	6	

表 4-5 单位运价表 单位：元/吨

销地 产地	B_1	B_2	B_3	B_4
A_1	3	11	3	10
A_2	1	9	2	8
A_3	7	4	10	5

第一步，从表 4-5 中找出最小运价为 1（有两个最小运价时任选其一），即 A_2 生产的产品首先供应 B_1 需求。由于 A_2 每天生产 4t，B_1 每天需要 3t，即 A_2 每天生产的除满足 B_1 全部需求外，还剩余 1t。因此，在表 4-4（A_2，B_1）的交叉格中填上数字 3，表示 A_2 调运 3t 产品给 B_1，再在表 4-5 中将 B_1 这一列运价画去，表示 B_1 的需求已满足，不需要继续调运给它。这样得到的结果见表 4-6 和表 4-7。

表 4-6

销地 产地	B_1	B_2	B_3	B_4	产量
A_1					7
A_2	3				4

续 表

产地＼销地	B_1	B_2	B_3	B_4	产量
A_3					9
销量	3	6	5	6	

表 4-7

产地＼销地	B_1	B_2	B_3	B_4
A_1	3	11	3	10
A_2	1	9	2	8
A_3	7	4	10	5

第二步，从表 4-9 未画去的元素中找出最小的运价 2，即 A_2 剩余的糖果应供应 B_3。B_3 每天需要 5t，A_2 只能供应 1t，因此在表 4-8（A_2，B_3）交叉处填写 1，画去表 4-9 中 A_2 这一行运价，表示 A_2 生产的产品已分配完，其结果见表 4-8 和表 4-9。

表 4-8

产地＼销地	B_1	B_2	B_3	B_4	产量
A_1					7
A_2	3		1		4
A_3				9	
销量	3	6	5	6	

表 4-9

产地＼销地	B_1	B_2	B_3	B_4
A_1	3	11	3	10
A_2	1	9	2	8
A_3	7	4	10	5

第三步，再从表 4-9 中未画去元素中找出最小元素为 3，即 A_1 生产的应优先满足 B_3 需要。A_1 每天生产 7t，巧尚缺 4t。因此在（A_2，B_3）交叉格内填上 4，由于 B_3 的需求已

满足，在表 4－9 中画去 B_3 列元素。这样一步一步进行下去，一直到单位运价表上所有元素都画去为止。其详细求解过程见表 4－10～表 4－15。

表 4－10

产地＼销地	B_1	B_2	B_3	B_4	产量
A_1					7
A_2	3		1		4
A_3					9
销量	3	6	5	6	

表 4－11

产地＼销地	B_1	B_2	B_3	B_4
A_1	3	11	3	10
A_2	1	9	2	8
A_3	7	4	10	5

表 4－12

产地＼销地	B_1	B_2	B_3	B_4	产量
A_1			4		7
A_2	3		1		4
A_3		6			9
销量	3	6	5	6	

表 4－13

产地＼销地	B_1	B_2	B_3	B_4
A_1	3	11	3	10
A_2	1	9	2	8
A_3	7	4	10	5

表 4－14

产地 \ 销地	B_1	B_2	B_3	B_4	产量
A_1			4		7
A_2	3		1		4
A_3		6		3	9
销量	3	6	5	6	

表 4－15

产地 \ 销地	B_1	B_2	B_3	B_4
A_1	3	11	3	10
A_2	1	9	2	8
A_3	7	4	10	5

此时，运价表中只剩一个元素 10 未被画去，而对应的运量表中（A_1，B_4）的位置上，无论是行约束还是列约束都只剩下 3t（因为是产销平衡的运输问题），在运量表中（A_1，B_4）的位置上填上 3，行约束和列约束都满足。这时在产销平衡表上就得到一个调运方案（见表 4－16），即为用最小元素法得到的该运输问题的初始调运方案，这个调运方案的总运费为 86 元（运量表和运价表对应元素相乘，累加求和）。

表 4－16　　　　运量表

产地 \ 销地	B_1	B_2	B_3	B_4	产量
A_1			4		7
A_2	3		1		4
A_3		6		3	9
销量	3	6	5	6	

说明：在调运方案表中，有数的格叫数格，它对应运输问题解中的基变量取值；没数的格叫空格，它对应解中的非基变量。

因运输问题中基变量数一般为（$m+n-1$）个，故调运方案中有数字的格也为（$m+n-1$）个。若数格个数＜（$m+n-1$）应添 0 补到（$m+n-1$），且数格之间不能构成闭回路，若构成闭回路，则该数格对应的列向量必与线性相关，数格就不是初始可行解，见

表 4－17。

表 4－17

产地＼销地	B_1	B_2	B_3	B_4	产量
A_1			2	5	7
A_2			3	1	4
A_3	3	6			9
销量	3	6	5	6	

2. Vogel 法

用最小元素法给定初始方案只从局部观点考虑就近供应，可能造成总体的不合理。Vogel 法的步骤是从运价表上分别找出每行与每列最小的两个元素之差，再从差值最大的行或列中找出最小运价确定供需关系和供应数量。当产地或销地中有一方数量上供应完毕或得到满足时，画去运价表中对应的行或列，再重复上述步骤。

仍以上面的例子来说明，从运价表 4－5 中找出每行与每列最小两个元素之差，分别列于表的右端与下端，见表 4－18 中最小元素之差中标志①的行和列。从表中看到 B_2 列的差值最大，从该列找出最小元素为 4，即 A_3 生产的首先满足 B_2 的需求，在表 4－19 的（A_3，B_2）交叉格中填上 6。由于 B_2 的需求已得到满足，从单位运价表中画去 B_2 这列数字。重复上述步骤，从表中未画去的元素中再找出每行与每列的最小两个元素之差，列于表 4－18 中两最小元素之差栏目中标志②的行和列。因 B_4 列差值最大，且该列的最小元素为 5，即 A_3 分配的剩余量满足 B_4 需求，在表 4－19 的（A_3，B_4）交叉格填上 3，画去 A_3 行的数字。继续重复上述步骤，一直到产地的产量分配完、销地的销量得到满足为止。一般当产销地的数量不多时，Vogel 法给出的初始方案有时就是最优方案，所以 Vogel 法有时就用作求运输问题最优方案的近似解。

表 4－18

	B_1	B_2	B_3	B_4	产量	行差			
						①	②	③	④
A_1	3	11	3	10	7	0	0	7	√
A_2	1	9	2	8	4	1	1	6	
A_3	7	4	10	5	9	1	2	√	
销量	3	6	5	6					

续 表

		B_1	B_2	B_3	B_4	产量	行差			
							①	②	③	④
列差	①	2	5	1	3					
	②		√							
	③	2		1	2					
	④	√		√						

表 4-19 为用 Vogel 法得到的该运输问题的初始调运方案，这个调运方案的总运费为 85 元。

表 4-19　　运量表 2（Vogel 法）

销地 产地	B_1	B_2	B_3	B_4	产量
A_1			5	2	7
A_2	3			1	4
A_3		6		3	9
销量	3	6	5	6	

3. 西北角法

只考虑地理位置，不考虑运费大小。西北角法是按供应地和需求地的编号为序，依次顺序供给的原则获得初始基础可行解的一种方法。它是从确定供应地 1 到需求地 1 的运量开始。这个位置按地图的方位来说是西北角，因而得名。从供应地 1 到需求地 1 的运量，取供应地 1 的供应量（7）和需求地 1 的需求量（3）两者中小的一个安排，如果供应地 1 的供应量没有用完，则将剩余的供应量，向需求地 2 发送……依次类推，直到最后一个供应地的供应量全部运出，最后一个需求地的需求量全部满足为止。结果见表 4-20。

表 4-20　　运量表 3（西北角法）

销地 产地	B_1	B_2	B_3	B_4	产量
A_1	3	4			7
A_2		2	2		4
A_3			3	6	9
销量	3	6	5	6	

二、最优性检验

无论是最小元素法，还是 Vogel 法或西北角法，给出的初始调运方案是一个运输问题的基本可行解。一般来说，都不是最优方案。然而，如何判断一个调运方案是否是最优方案呢？在单纯形法中，判断一个基本可行解是否为最优解的方法是：在目标函数求极大时，若检验数 $\sigma = \boldsymbol{C} - \boldsymbol{C}_B \boldsymbol{B}^{-1} \boldsymbol{A} \leqslant 0$ 时，已获基本最优解（最优解）。在运输问题中，目标函数求极小，由单纯形法的推导过程可知检验数应满足 $\sigma = \boldsymbol{C} - \boldsymbol{C}_B \boldsymbol{B}^{-1} \boldsymbol{A} \geqslant 0$ 时，已获基本最优解（最优解）。运输问题的一个合理的初始调运方案给出后，方案中的书格对应基变量，空格对应非基变量。因此，要判断一个调运方案是不是最优方案，首先要计算出方案中每一个空格的检验数。如何计算空格的检验数，这里介绍两种方法。

1. 位势法

求行位势和列位势。因为 $x_{ij} > 0$，所以对应的对偶约束是紧的，即 $u_i + v_j = C_{ij}$。下面举例说明如何求行位势和列位势。用最小元素法求运量表 4 - 16 为例，求位势表 4 - 21。首先将调运方案表 4 - 16 中的各个调运量换成该格所对应的单位运价（填数格对应的运价进卫视表），令行位势 u_i 为零，由 $u_i + v_j = C_{ij}$ 求得其他位势值，结果见表 4 - 21。

表 4 - 21　　　　位势表

	B_1	B_2	B_3	B_4	u_i
A_1			3	10	0
A_2	1		2		−1
A_3		4		5	−5
v_j	2	9	3	10	

接着用行位势和列位势求检验数，因为：$\sigma = C_{ij} - \boldsymbol{C}_B \boldsymbol{B}^{-1} P_{ij} = C_{ij} - (u_1, \cdots, u_i, \cdots, u_m, \cdots, v_1, \cdots, v_j, \cdots, v_n) P_{ij} = C_{ij} - (u_i + v_j)$，若满足公式：$\sigma_{ij} = C_{ij} - (u_i + v_j) \geqslant 0$，则已获最优。否则，调整。表 4 - 22 是用位势法求得的该运输问题最小元素法的检验数表。由于检验数中有一个是负数，所以需要调整。

表 4 - 22　　　　检验数表

	B_1	B_2	B_3	B_4
A_1	1	2	(0)	(0)
A_2	(0)	1	(0)	−1
A_3	10	(0)	12	(0)

2. 闭回路法

同样，以最小元素法求运量表 4-16 为例来计算其空格检验数（数格检验数均为 0）。首先将调运方案表 4-18 中的各个调运量换成该格所对应的单位运价，得到表 4-23，这样表 4-23 的空格就是表 4-16 中的那些空格。

表 4-23

销地 产地	B_1	B_2	B_3	B_4
A_1			3	10
A_2	1		2	
A_3		4		5

所谓闭回路法就是对于表 4-23 中的一个空格，找出一条由此空格和一些数格组成的闭回路。在表 4-23 中，（A_1，B_1）是空格，即 A_1 的物资不供给 B_1。现在我们可以设想一下，如果 A_1 的物资运 1t 给 B_1，总的运费将会怎样变动呢？显然，由于供应平衡，A_1 必须少运 1t 给 B_3，而 A_2 就必须多运 1t 给 B_3，且少运 1t 给 B_1，这样变动的结果，运费就要增加 1 元，即为：$3-3+2-1=1$。

这个数字 1 就是空格（A_1，B_1）的检验数。它表明：如果 A_1 供应 1t 给 B_1，运费就得增加 1 元，显然对原方案做这样的调整是不可取的。再看空格（A_2，B_4），它与数格（A_2，B_3），（A_1，B_3），（A_1，B_4）一起构成一个闭回路。若沿此闭回路调整 1t，运费就要减少 1 元，即为：$8-2+3-10=-1$。

-1 就是空格（A_2，B_4）的检验数，对原方案调整（A_2，B_4）是可取的，会使总的运费下降，如此算出所有空格检验数。如果所有检验数大于零，也就是说，对所给方案的任何变动都将导致运费的增加，故原方案是最优方案；反之只要有一个检验数小于零，则沿此空格的闭回路调整方案，就可使运费下降，因而方案就不是最优方案。

我们用闭回路法算出表 4-23 中所有空格的检验数，如表 4-24 中不带括号的数所示。由表 4-24 看出，在（A_2，B_4）格检验数为负值，沿其闭回路调整原方案会使总运费下降，故表 4-16（最小元素法）所给的调运方案不是最优方案，需进行调整。

表 4-24　　检验数表

	B_1	B_2	B_3	B_4
A_1	1	2	(0)	(0)
A_2	(0)	1	(0)	-1
A_3	10	(0)	12	(0)

三、方案的调整

（1）取 $\min\{\sigma_{ij}\mid\sigma_{ij}<0\}$ 寻找该运量表中的闭回路（如基变量），每个空格的闭回路都是唯一的；

（2）沿闭回路路线进行调整，调整量 $\theta=\min\{$闭回路中，减定点运量元素的数值$\}$，因为运量不能出现负数，否则倒运。方案的调运步骤见表 4－25、表 4－26。

表 4－25

销地 产地	B_1	B_2	B_3	B_4	产量
A_1			4	3	7
A_2	3		1		4
A_3		6		3	9
销量	3	6	5	6	

表 4－26

销地 产地	B_1	B_2	B_3	B_4	产量
A_1			5	2	7
A_2	3		1		4
A_3		6		3	9
销量	3	6	5	6	

加顶点$+\theta$，减顶点$-\theta$，其余数不变，得新运量表，重复最优性检验与方案的调整步骤。见表 4－27、表 4－28。

表 4－27　　新运量表

	B_1	B_2	B_3	B_4	u_i
A_1			3	10	0
A_2	1			8	−1
A_3		4		5	−5
v_j	2	9	3	10	

表 4-28　　检验数表

	B_1	B_2	B_3	B_4
A_1	(0)	2	(0)	(0)
A_2	(0)	2	1	(0)
A_3	9	(0)	12	(0)

所有检验数 $\sigma_{ij} \geqslant 0$ 已获最优解，$x_{13}=5$，$x_{14}=2$，$x_{21}=3$，$x_{24}=1$，$x_{32}=6$，$x_{34}=3$，其余 x_{ij} 都为 0；最少的运费：$f_{\min}=5\times3+2\times10+3\times1+1\times8+4\times6+5\times3=85$。

说明：基本可行解对应的单纯形表 T（B），见表 4-29。

表 4-29

$C_j\rightarrow$			3	11	3	10	1	9	2	8	7	4	10	5
$\boldsymbol{C}_B$	X_B	$\boldsymbol{B}^{-1}b$	x_{11}	x_{12}	x_{13}	x_{14}	x_{21}	x_{22}	x_{23}	x_{24}	x_{31}	x_{32}	x_{33}	x_{34}
3	x_{13}	4	1	0	1	0	0	−1	0	−1	1	0	1	0
10	x_{14}	3	0	1	0	1	0	1	0	1	−1	0	−1	0
1	x_{21}	3	1	0	0	0	1	0	0	0	1	0	0	0
2	x_{23}	1	−1	0	0	0	0	1	1	1	−1	0	0	0
4	x_{32}	6	0	1	0	0	0	1	0	0	0	1	0	0
5	x_{34}	3	0	−1	0	0	0	−1	0		1	0	1	1
C_j-Z_j			1	2	0	0	0	1	0	−1	10	0	12	0

因为：由空格闭回路知：$P_{11}-P_{13}+P_{23}-P_{21}=0$（线性相关），

即：$P_{11}=P_{13}-P_{23}+P_{21}$
$P_{12}=P_{14}+P_{32}-P_{34}$。

四、运输问题对应的 T（B）特点

（1）基变量由 $m+n-1$ 个数格表示，其余空格为非基变量；

（2）检验数：$\sigma_{ij}=-(u_i+v_j)$；

（3）进基变量求 $\sigma_{ij}<0$ 中最小的元素对应的变量；

出基变量闭合回路中 $x_{ij}=\min\{$闭合回路中，减顶点运量元素的数值$\}$

（4）换基迭代要保证一对一替换，若少于 $m+n-1$ 个时，应添 0 补位，补齐到 $m+n-1$ 个。

第三节　产销不平衡的运输问题

前面讲表上作业法的计算和理论，都是以产销平衡 $\sum_{i=1}^{m} a_i = \sum_{j=1}^{n} b_j$ 为前提的。但实际问题中产销往往是不平衡的。为了应用表上作业法计算，就需要把产销不平衡的问题化成产销平衡的问题。

一、产量大于销量的运输问题

产大于销（$\sum_{i=1}^{m} a_i > \sum_{j=1}^{n} b_j$）时，运输问题的数学模型可写成：

$$\min f = \sum_{i=1}^{m} c_{ij} \sum_{j=1}^{n} x_{ij}$$

$$\begin{cases} \sum_{j=1}^{n} x_{ij} \leqslant a_i \ (i=1, 2, \cdots, m) \\ \sum_{i=1}^{m} x_{ij} = b_j \ (j=1, 2, \cdots, n) \\ x_{ij} \geqslant 0 (i=1, 2, \cdots, m; j=1, 2, \cdots, n) \end{cases}$$

由于总的产量大于销量，就要增加一个虚设的需求地 $n+1$，它的需求量为：

$$\sum_{i=1}^{m} a_i - \sum_{j=1}^{n} b_j$$

新增从各供应地到该需求地的运输路线 $(1, n+1)$，$(2, n+1)$，…，$(m, n+1)$，这些运输路线上的运价全部等于 0，这样就将供给大于需求的问题转化为供求平衡的问题。在新的问题中，从供应地 i 到新设的需求地 $n+1$ 的运量，实际上就是存储在供应地 i 没有运出的数量。新得到的供求平衡的运输问题的最优解，实际上就是各供应地存储多少、运出多少、运往何地，使总运价最低。见表 4 - 30。

表 4 - 30

产地＼销地	B_1	B_2	…	B_n	B_{n+1}（虚设）	产量
A_1	c_{11}	c_{12}	…	c_{1n}	0	a_1
A_2	c_{21}	c_{22}	…	c_{2n}	0	a_2
⋮	⋮	⋮	⋮	⋮	⋮	⋮
A_m	c_{m1}	c_{m2}	…	c_{mn}	0	a_m
销量	b_1	b_2	…	b_n	b_{n+1}	

其中：$b_{n+1}=\sum_{i=1}^{m}a_i-\sum_{j=1}^{n}b_j$；

化为产销平衡问题：$\min f=\sum_{i=1}^{m}\sum_{j=1}^{n+1}c_{ij}x_{ij}$

$$\text{s. t.}\begin{cases}\sum_{j=1}^{n+1}x_{ij}=a_i\,(i=1,\ 2,\ \cdots,\ m)\\ \sum_{i=1}^{m}x_{ij}=b_j\,(j=1,\ 2,\ \cdots,\ n+1)\\ x_{ij}\geqslant 0\,(i=1,\ 2,\ \cdots,\ m;\ j=1,\ 2,\ \cdots,\ n+1)\end{cases}$$

其中：$c_{i,n+1}=0\,(i=1,\ 2,\ \cdots,\ m)$。

二、销量大于产量的运输问题

销大于产（$\sum_{i=1}^{m}a_i<\sum_{j=1}^{n}b_j$）时，运输问题的数学模型可写成：

$$\min f=\sum_{i=1}^{m}\sum_{j=1}^{n}c_{ij}x_{ij}$$

$$\text{s. t.}\begin{cases}\sum_{j=1}^{n}x_{ij}=a_i\,(i=1,\ 2,\ \cdots,\ m)\\ \sum_{i=1}^{m}x_{ij}\leqslant b_j\,(j=1,\ 2,\ \cdots,\ n)\\ x_{ij}\geqslant 0\,(i=1,\ 2,\ \cdots,\ m;\ j=1,\ 2,\ \cdots,\ n)\end{cases}$$

类似可得到下面产销平衡数学模型：

$$\min f=\sum_{i=1}^{m+1}\sum_{j=1}^{n}c_{ij}x_{ij}$$

$$\text{s. t.}\begin{cases}\sum_{j=1}^{n}x_{ij}=a_i\,(i=1,\ 2,\ \cdots,\ m+1)\\ \sum_{i=1}^{m+1}x_{ij}=b_j\,(j=1,\ 2,\ \cdots,\ n)\\ x_{ij}\geqslant 0\,(i=1,\ 2,\ \cdots,\ m+1;\ j=1,\ 2,\ \cdots,\ n)\end{cases}$$

例 4-2：求下面问题的最优化调运方案（见表 4-31、表 4-32）。

表 4-31 产销平衡表 （单位：t）

销地 产地	B_1	B_2	B_3	B_4	产量
A_1					7
A_2					5

续 表

产地＼销地	B_1	B_2	B_3	B_4	产量
A_3					7
销量	2	3	4	6	

表 4-32　　单位运价表　　（单位：元/t）

产地＼销地	B_1	B_2	B_3	B_4
A_1	2	11	3	4
A_2	10	3	5	9
A_3	7	8	1	2

解：首先化为产销平衡的运输问题。假设一个库存地 B_5，产销平衡表见表 4-33，其中 $b_5=19-15=4$t。

表 4-33　　产销平衡表

产地＼销地	B_1	B_2	B_3	B_4	B_5	产量
A_1	2	11	3	4	0	7
A_2	10	3	5	9	0	5
A_3	7	8	1	2	0	7
销量	2	3	4	6	4	

由 Vogel 法求初始调运方案（见表 4-34、表 4-35）：

表 4-34

	B_1	B_2	B_3	B_4	B_5	产量	行差			
							①	②	③	④
A_1	2	11	3	4	0	7	2	3	3	1
A_2	10	3	5	9	0	5	3	3	5	√
A_3	7	8	1	2	0	7	1	1	1	1
销量	2	3	4	6	4					

续 表

		B_1	B_2	B_3	B_4	B_5	产量	行差			
								①	②	③	④
列差	5	5	5		2	0					
	√	√	√		2	0					
					√	√					

表 4-35　　Vogel 法得运量表

产地＼销地	B_1	B_2	B_3	B_4	B_5	产量
A_1	2			3	2	7
A_2		3			2	5
A_3			4	3		7
销量	2	3	4	6	4	

用位势法求表 4-35（Vogel 法得初始运量表）是否为最优调运方案，其位势表和检验数表见表 4-36 和表 4-37。

表 4-36　　位势表

	B_1	B_2	B_3		B_4	产量
A_1	2			4	0	0
A_2		3			0	0
A_3			1	2		−2
v_j	2	3	3	4	0	

表 4-37　　检验数表

	B_1	B_2	B_3		B_4
A_1	(0)	8	0	(0)	(0)
A_2	8	(0)	2	5	(0)
A_3	7	7	(0)	(0)	2

由表 4-37 可知，所有检验数都大于或等于 0，所以最优方案如 Vogel 法得运量表 4-35，最优值 $f_{\min}=2\times2+4\times3+3\times3+4\times1+2\times3=35$。

例 4－3：设有三个化肥厂供应四个地区的农用化肥。假定等量的化肥在这些地区使用效果相同，已知各化肥厂年产量、各地区年需要量及从化肥厂到各地区单位化肥的运价如表 4－38 所示，试决定使总的运费最低的化肥调运方案。

表 4－38 （单位：万元/万吨）

化肥厂 / 需求地	B_1	B_2	B_3	B_4	产量（万吨）
A_1	16	13	22	17	50
A_2	14	13	19	15	60
A_3	19	20	23	—	50
最低需求（万吨）	30	70	0	10	
最高需求（万吨）	50	70	30	不限	

解：这是一个产销不平衡的运输问题，总产量为 160 万吨，四个地区的最低需求为 110 万吨，最高需求为无限。根据现有产量，第 B_4 个地区每年最多能分配到 60 万吨（（50＋60＋50）－（30＋70）＝60），这样最高需求为 210 万吨，大于产量。为了求得平衡，在产销平衡表中增加一个假想的化肥厂 D，其年产量为 50 万吨。由于各地区的需求量包含两部分，如需求地 B_1，其中 30 万吨是最低需求，故不能由假想化肥厂 D 供给。令相应运价为 M（任意大正数），而另一部分 20 万吨满足或不满足均可以，因此可以由假想化肥厂 D 供给，按前面讲的，令相应运价为 0。对凡是需求分两种情况的地区，实际上可按照两个地区看待。这样可以写出这个问题的产销平衡表（表 4－39）和单位运价表（表 4－40）。

表 4－39 **产销平衡表**

产地 / 销地	B_1	B'_1	B_2	B_3	B_4	B'_4	产量（万吨）
A_1							50
A_2							60
A_3							50
D							50
销量（万吨）	30	20	70	30	10	50	

表 4-40　　单位运价表

产地 / 销地	B_1	B'_1	B_2	B_3	B_4	B'_4
A_1	16	16	13	22	17	17
A_2	14	14	13	19	15	15
A_3	19	19	20	23	M	M
D	M	0	M	0	M	0

根据表上作业法计算，可得该问题的最优结果，见表 4-41。

表 4-41　　最优分配表

产地 / 销地	B_1	B'_1	B_2	B_3	B_4	B'_4	产量（万吨）
A_1			50				50
A_2			20		10	30	60
A_3	30	20	0				50
D				30		20	50
销量（万吨）	30	20	70	30	10	50	

例 4-4：设有如表 4-42 所示的运输问题，试确定下面问题最优调运方案。

表 4-42　　单位运价表　　单位：元/吨

产地 / 销地	B_1	B_2	B_3	B_4	产量
A_1	10	2	20	11	15
A_2	12	7	9	20	25
A_3	2	14	16	18	5
销量	5	15	15	10	

解：对表 4-42 用最小元素法确定初始方案；用闭回路法求检验数。此题需要添 0 补位，方法是在画去的行或列上，添上的 0 元素不能与前面的数格构成闭合回路。见表 4-43、表 4-44、表 4-45。

表 4-43　　初始方案表

销地＼产地	B_1	B_2	B_3	B_4	产量
A_1	0	15			15
A_2		0	15	10	25
A_3	5				5
销量	5	15	15	10	

表 4-44　　检验数表

销地＼产地	B_1	B_2	B_3	B_4	产量
A_1			16	−4	15
A_2	−3				25
A_3		20	20	11	5
销量	5	15	15	10	

表 4-45　　改进方案及检验数表

销地＼产地	B_1	B_2	B_3	B_4	产量
A_1	0	5	(16)	10	15
A_2	(−3)	10	15	(4)	25
A_3	5	(20)	(20)	(15)	5
销量	5	15	15	10	

注：括号内的数字为检验数。

表 4-45 中仍存在负检验数，继续调整方案并计算检验数，得到最优的调运方案，见表 4-46。最小的运输费用为：$f_{\min}=2\times5+10\times11+10\times7+15\times9+2\times5=335$。

表 4-46　　最优方案及检验数表

销地＼产地	B_1	B_2	B_3	B_4	产量
A_1	(3)	5	(16)	10	15
A_2	0	10	15	(4)	25
A_3	5	(17)	(17)	(12)	5
销量	5	15	15	10	

例 4-5：生产存储问题（表上作业法不仅可以解决物流运输问题，还可以解决生产存储问题）。

某厂按合同规定须于当年每个季度末分别提供10台、15台、25台、20台统一规格的柴油机。已知该厂各季度的生产能力及生产每台柴油机的成本见表4-47，又如果生产出来的柴油机当季不交货，每台每积压一个季度需储存、维护等费用0.15万元。要求在完成合同的情况下，做出使该厂全年生产（包括储存、维护）费用最小的决策，见表4-47。

表 4-47

季度	生产能力（台）	单位成本（万元）
Ⅰ	25	10.8
Ⅱ	35	11.1
Ⅲ	30	11.0
Ⅳ	10	11.3

解：运输问题的产地与销地也可以看作发地与收地，该问题可将各季度的生产能力看作是相应发点的发货量；同样把按合同交付柴油机的四个季度的数量看作是收货点的收货量。这样总发货量为：25＋35＋30＋10＝100（台），总收货量为：10＋15＋25＋20＝70（台）。于是该问题就可以看作是一个产大于销的运输问题。引进虚设收货点D，其收货量为30（台），即转化为产销平衡问题，见表4-48。

表 4-48 产销平衡表

发地 收地	1	2	3	4	D	发量（台）
Ⅰ						25
Ⅱ						35
Ⅲ						30
Ⅳ						10
收量（台）	10	15	25	20	30	

这时单位运价可取作：c_{ij}＝第i季度每台柴油机的生产成本＋$(j-i)$个季度每台柴油机的存储费（$j\geqslant i$）

如：
$$c_{12}=10.80+(2-1)\times 0.15=10.95$$
$$c_{13}=10.80+(3-1)\times 0.15=11.10$$

当$j<i$时，实际上i季度生产的柴油机不可能在j季度销售，所以这时将费用记为M

（任意大正数）；各发点到虚设收点 D 的单位运价均为 0，于是单位运价表见表 4－49。

表 4－49 单位运价表

收地 \ 发地	1	2	3	4	D	发量（台）
Ⅰ	10.8	10.95	11.10	11.25	0	25
Ⅱ	M	11.10	11.25	11.40	0	35
Ⅲ	M	M	11.00	11.15	0	30
Ⅳ	M	M	M	11.30	0	10
收量（台）	10	15	25	20	30	

经用表上作业法求解，可得多个最优解，表 4－50 给出最优方案之一。

表 4－50 最优调运方案

收地 \ 发地	1	2	3	4	D	发量（台）
Ⅰ	10	15	0			25
Ⅱ				5	30	35
Ⅲ			25	5		30
Ⅳ				10		10
收量（台）	10	15	25	20	30	

即第一季度生产 25 台，10 台当季度交货，10 台二季度交货，5 台三季度交货；第二季度 5 台，当季度交货；第三季度生产 30 台，20 台当季度交货，10 台四季度交货；第四季度生产 10 台，于当季度交货。按此方案生产，该厂消耗的生产与存贮总费用最少为 773 万台。

第四节　运输问题的灵敏度分析

例 4－6：以例 4－1 为例，问 c_{21}，c_{13} 在什么范围内变化，最优解不变？

解：由最优调运方案位势表，把对应运价 3 改为 c_{13}，1 改为 c_{21}，求新的 u_i，v_j，得表 4－51。

表 4-51

	B_1	B_2	B_3	B_4	u_i
A_1			c_{13}	10	0
A_2	c_{21}			8	-2
A_3		4		5	-5
v_j	$c_{21}+2$	9	c_{13}	10	

检验数满足不等式组：

$$\begin{cases} c_{21}+2-3\leqslant 0 \\ c_{13}-2-2\leqslant 0 \\ c_{13}-5-10\leqslant 0 \\ (c_{21}+2)-5-7\leqslant 0 \end{cases}$$

解得：$c_{21}\in[0,\ 1]$；$c_{13}\in[0,\ 4]$；$c_{ij}\geqslant 0$ 时，原最优解不变。

第五节　案例分析（集装箱运输问题）

某公司首次承揽到三个集装箱运输业务，时间较紧，从上海到大连铁路 1200 千米，公路 1500 千米，水路 1000 千米。该公司自有 10 辆 10 吨普通卡车和一个自动化立体仓库，附近的一家联运公司虽无集装箱卡车，但却有专业人才和货代经验，只是要价比较高，至于零星集装箱安排落实车皮和船舱，实在心中无底，你认为采取什么措施比较妥当？①自己购买若干辆集装箱卡车然后组织运输；②想法请铁路部门安排运输但心中无底；③水路最短路程，请航运公司来解决运输；④联运公司虽无集卡，但可叫其租车完成此项运输；⑤没有合适运输工具，辞掉该项业务。

答：(1) 以请联运公司来承担此项任务为好，比较稳妥，联运公司是第三方物流服务企业。

(2) 第三方物流服务供应商，根据是否拥有资产可分为资产基础供应商和非资产基础供应商，衡量的标准绝不是它有无实际的物流资产而是看专业人才和货代经验，有资产价格可低些，但灵活性差；而非资产基础供应商，则可根据不同需要“量体裁衣”非常灵活。

(3) 邀请第三方物流服务供应商，应该做好以下工作：① 对该联运公司做必要调查，看看信誉度如何。②进行必要的合同磋商，解决好合同的执行标准、衡量标准、违约责任以及价格等。③努力避免双方合作失败，既交货又派专人关心此事。④讲明如果服务质量好，可考虑长期合作的可能性，其他方案欠稳妥，无把握，风险很大。西南仓储公司是一家地处四川省成都市的国有商业储运公司，随着市场经济的深入发展，原有的业务资源逐渐减少，在企业的生存和发展过程中，也经历了由专业储运公司到非专业储运公司再到专业储运公司的发展历程。在业务资源和客户资源不足的情况下，这个以仓储为主营业务的企业其仓储服务是有什么就储存什么。以前是以五金交电为主，后来也储存过钢材、水泥和建筑涂料等生产资料。这种经营方式解决了企业仓库的出租问题。

那么，这家企业是如何发展区域物流的呢？

（1）专业化。当仓储资源又重新得到充分利用的时候，这家企业并没有得到更多利益，经过市场调查和分析研究，这家企业最后确定了立足自己的老本行，发展以家用电器为主的仓储业务。一方面，在家用电器仓储上，加大投入和加强管理，加强与国内外知名家用电器厂商的联系，向这些客户和潜在客户介绍企业确定的面向家用电器企业的专业化发展方向，吸引家电企业进入。另一方面，与原有的非家用电器企业用户协商，建议其转库，同时将自己的非家用电器用户主动地介绍给其他同行。

（2）延伸服务。在家用电器的运输和使用过程中，不断出现损坏的家用电器。以往，每家生产商都是自己进行维修，办公场所和人力方面的成本很高。经过与用户协商，在得到大多数生产商认可的情况下，这家企业在库内开始了家用电器的维修业务，既解决了生产商的售后服务的实际问题，也节省了维修品往返运输的成本和时间，并分流了企业内部的富余人员，一举两得。

（3）多样化。除了为用户提供仓储服务之外，这家企业还为一个最大的客户提供办公服务，向这个客户的市场销售部门提供办公场所，为客户提供了前店后厂的工作环境，大大地提高了客户的满意度。

（4）区域性物流配送。通过几年的发展，企业经营管理水平不断提高，企业内部的资源得到了充分的挖掘。同样，企业的仓储资源和其他资源也已经处于饱和状态，资源饱和了，收入的增加从何而来？在国内发展现代物流的形势下，这家企业认识到只有走出库区，走向社会，发展物流，才能提高企业的经济效益，提高企业的实力。发展物流从何处做起？经过调查和分析，决定从学习入手，向比自己先进的企业学习，逐步进入现代物流领域。经过多方努力，他们找到一家第三方物流企业，在这个第三方物流企业的指导下，通过与几家当地的运输企业合作（外包运输），开始了区域内的家用电器物流配送，为一家跨国公司提供物流服务。现在这家企业的家用电器的物流配送已经覆盖了四川（成都市）、贵州和云南。

思考题

1. 判断表 4－52、表 4－53 中给出的调运方案能否作为表上作业法求解的初始基可行解？为什么？

表 4-52

销地 产地	B_1	B_2	B_3	B_4	供应量
A_1	50		150		200
A_2	0	100		0	100
A_3				50	50
需求量	50	100	150	50	—

表 4-53

销地 产地	B_1	B_2	B_3	B_4	供应量
A_1	60		140		200
A_2		100			100
A_3	10		10	50	70
需求量	70	100	150	50	—

2. 用表上作业法求解如表 4-54 所示的运输问题。

表 4-54

销地 单价 产地	B_1	B_2	B_3	B_4	供应量
A_1	3	9	8	6	600
A_2	12	20	7	10	1000
A_3	6	11	13	14	700
需求量	300	500	900	600	—

3. 产地 A_1、A_2、A_3 及销地 B_1、B_2、B_3、B_4 的有关数据如表 4-55 所示。销地 B_1、B_2、B_3、B_4 允许缺货，产地 A_1、A_2、A_3 允许储存。问怎样调配，才能使总费用最小？建立其数学模型，并用表上作业法求解。

表 4-55

单价 销地 / 产地	B_1	B_2	B_3	B_4	供应量
A_1	4	6	8	200	5
A_2	6	2	4	200	4
A_3	50	100	100		
需求量	3	8	5		

4. 某百货公司去外地采购A、B、C、D四种规格的服装，数量分别为A——1500套，B——2000套，C——3000套，D——3500套。有三个城市可供应上述规格的服装，供应数量为甲——2500套，乙——2500套，丙——5000套。由于这些城市的服务质量、运价等销售情况不一，预计售出后的利润（元/套）也不同，详见表4-56。

表 4-56

	A	B	C	D
甲	10	5	6	7
乙	8	2	7	6
丙	9	3	4	8

请帮助该公司确定一个预期盈利最大的采购方案。

5. 甲、乙、丙三个城市每年分别需煤炭320万吨、250万吨、350万吨，由A、B两处煤矿负责供应。已知煤炭年供应量为A——400万吨，B——450万吨。由煤矿至各城市的单位运价（万元/万吨）见表4-57。

表 4-57

	甲	乙	丙
A	15	18	22
B	12	25	16

由于需大于供，经研究平衡决定，甲城市供应量不少于280万吨，乙城市需要量应全部满足，丙城市供应量不少于270万吨。此外甲城市每缺1万吨煤损失10万元，丙城市每缺1万吨煤损失12万元。试计算将供应量分配完又使总费用（包括缺货费）最低的调运方案。

6. 某厂要完成合同规定的三个时期的某产品订货任务，现已知各时期工厂的生产能力、合同任务、生产单位产品的成本等数据如表 4-58 所示。又已知单位产品每时期的储存费为 1，现要求：建立该问题的线性规划数学模型；将其化为运输问题，并用表上作业法求解该问题。

表 4-58

时期	生产能力	订货量	生产成本
1	30	20	8
2	20	15	12
3	25	20	11

7. 宏达配送有三个配送中心，其主要业务是为某电子制造公司的 7 个主要客户提供电子产品的配送服务。该公司现有两个生产地点 A_1 和 A_2，每月各产地的生产能力、各客户的需求量以及从生产地点到配送中心、配送中心到各客户的运价等数据见表 4-59 和表 4-60。

表 4-59

配送中心 生产地点	P_1	P_2	P_3	生产能力
A_1	4.5	4.0	—	13000
A_2	—	5.2	5.4	6000
配送能力	10000	10000	9000	

表 4-60

客户 配送中心	B_1	B_2	B_3	B_4	B_5	B_6	B_7	配送能力
P_1	3.2	3.0	4.3	3.6	—	—	—	10000
P_2	3.6	4.1	3.3	3.5	3.2	4.2	3.4	10000
P_3	—	—	3.4	4.3	3.5	4.2	3.1	9000
需求量	1400	1800	1900	2900	2300	2200	2700	

(1) 建立该问题的线性规划数学模型，并用软件求解。

(2) 用运输问题的表上作业法求解（用计算机软件求解）。

(3) 若不考虑配送中心的配送能力，运输成本会增加还是会减少？

(4) 若生产地点的生产成本有较大差别（A_1 单位生产成本为 5，A_2 单位生产成本为 4)，运输方案是否会改变？

(5) A_1 可向 B_2 直接配送，A_2 可向 B_6 直接配送，且单位运价分别为 5 和 6，求新的运输方案。

第五章　整数规划

在前面所讨论的线性规划中，一般情况对决策变量只是提出非负的要求（$x_j \geqslant 0$），如果进一步要求决策变量是整数（全部变量或部分变量是整数），这样的线性规划叫作整数线性规划。由于经济管理中许多优化问题可以归结为整数线性规划，因此，对这类问题的讨论十分重要。整数线性规划有很现实的实际意义，因为在很多线性规划问题中，决策变量往往代表的是人数、机器台数等，这时非整数解显然是不合乎要求的。对于处理这一类要求有整数解的线性规划问题，通常人们首先想到的是先不管整数条件的限制，直接使用单纯形法求解，然后将所得到的非整数解，经四舍五入化为整数。但是这种办法往往是行不通的，这是由于化整所得到的整数解不一定是可行解，有时即使是可行解，也不一定是最优解。为此需要探讨如何解决整数最优解的方法。

整数规划问题一般可以分为以下几类：所有变量都取整数的规划称为纯整数规划，有时，也称全整数规划；部分变量取整数的规划称为混合整数规劃；所有变量都取 0、1 两个值的规划称为 0－1 规划，部分变量取 0、1 两个值的规划称为 0－1 混合规划。线性规划和整数规划的关系，我们用以下例子说明。

例 5－1：设线性规划问题为：

$$\max f = x_1 + 4x_2$$

$$\text{s. t.} \begin{cases} 14x_1 + 42x_2 \leqslant 196 \\ -x_1 + 2x_2 \leqslant 5 \\ x_1 \geqslant 0，x_2 \geqslant 0 \end{cases}$$

相应的整数规划问题的约束为：

$$\text{s. t.} \begin{cases} 14x_1 + 42x_2 \leqslant 196 \\ -x_1 + 2x_2 \leqslant 5 \\ x_1 \geqslant 0，x_2 \geqslant 0\text{，且为整数} \end{cases}$$

由图解法可得线性规划问题的最优解为$(x_1，x_2)^{\mathrm{T}} = (13/5，19/5)^{\mathrm{T}} = (2.6，3.8)^{\mathrm{T}}$，线性规划最优解的目标函数值为 $f_{\max} = 89/5 = 17.8$。

而相应的整数规划的可行解是图解法中线性规划可行域中整数网格的交点。整数规划的最优解为$(x_1，x_2)^{\mathrm{T}} = (5，3)^{\mathrm{T}}$ 整数规划最优解的目标函数值为 $f_{\max} = 17$。由以上例子可以看到，简单地将线性规划的非整数的最优解，用四舍五入或舍去尾数的办法得到整数解，一般情况下并不能得到整数规划的最优解。整数规划的求解方法要比线性规划复杂得多。下面先介绍一下整数规划问题及其数学模型。

第一节　整数规划问题及其数学模型

例 5-1：投资问题：设总资金 b 个单位，有 n 项投资，各项投资的投入金额为 a_j（$j=1$，2，…，n），利润为 c_j（$j=1$，2，…，n），问如何投资使利润最大？

解：

设 x_j（$j=1$，2，…，n）$=\begin{cases}1 & \text{对第 } j \text{ 个项目投资}\\ 0 & \text{对第 } j \text{ 个项目不投资}\end{cases}$

则，建立线性规划模型为：

$$\max f=\sum_{j=1}^{n} c_j x_j$$

$$\text{s. t.}\begin{cases}\sum\limits_{j=1}^{n} a_j x_j \leqslant b\\ x_j=0 \text{ 或 } 1(j=1,\ 2,\ \cdots,\ n)\end{cases}$$

这是一个 0—1 规划问题。

例 5-2：某服务部门各时段（每 2 个小时为 1 时段）需要的服务员人数见表 5-1。按规定，服务员连续工作 8h（即 4 个时段）为一班。现要求安排服务员的工作时间，使服务部门服务员总数最少。

表 5-1

时段	1	2	3	4	5	6	7	8
服务员最少数目	10	8	9	11	13	8	5	3

解：设在第 j 时段开始上班的服务员人数为 x_j。由于第 j 时段开始上班的服务员将在第（$j+3$）时段结束时下班。所以，决策变量 x_j 只需考虑：x_1，x_2，x_3，x_4，x_5。

由此，可得问题的线性规划模型为：

$$\max f=x_1+x_2+x_3+x_4+x_5$$

$$
\text{s.t.}\begin{cases}x_1\geqslant 10\\ x_1+x_2\geqslant 8\\ x_1+x_2+x_3\geqslant 9\\ x_1+x_2+x_3+x_4\geqslant 11\\ x_2+x_3+x_4+x_5\geqslant 13\\ x_3+x_4+x_5\geqslant 8\\ x_4+x_5\geqslant 5\\ x_5\geqslant 3\\ x_j\geqslant 0,\ (j=1,\ 2,\ \cdots,\ 5)\text{且为整数}\end{cases}
$$

这是一个纯整数规划问题。

例 5-3：选址问题：有 m 个地区 n 个销地，每个地区最多建一个工厂。已知产地到销地的运价为 c_{ij}（$i=1$，…，m；$j=1$，…，n），各厂产量为 a_i（$i=1$，…，m），销量为 b_j（$j=1$，…，n），各地建厂费为 f_i（$i=1$，…，m），若建厂后各厂的年成产能力、各地的年需求量、产地到销地的运价见表 5-2，问如何建厂可使总费用最少？

表 5-2

产地 \ 销地	B_1	B_2	…	B_n	供应量（万吨）
A_1	c_{11}	c_{12}	…	c_{1n}	a_1
A_2	c_{21}	c_{22}	…	c_{2n}	a_2
⋮	⋮	⋮		⋮	⋮
A_m	c_{m1}	c_{m2}	…	c_{mn}	a_m
需求量（万吨）	b_1	b_2	…	b_n	

解：这是一个物流运输问题，其特点是事先不能确定应该在 A_1，A_2，…，A_m 中的哪几处建厂，因而不知道新厂投产后的实际生产费用。为此，引入 0-1 变量：

$$
y_i\ (i=1,\ \cdots,\ m)=\begin{cases}1 & \text{表示要在 } A_i \text{ 处建厂}\\ 0 & \text{表示不在 } A_i \text{ 处建厂}\end{cases}
$$

再设 x_{ij}（$i=1$，…，m；$j=1$，…，n）表示从 A_i 产地运往 B_j 销地的运量，单位是万吨，Z 表示总费用，单位是万元。

其相应的数学模型为：

$$
\min Z=\sum_{i=1}^{m}\sum_{j=1}^{n}c_{ij}x_{ij}+\sum_{j=1}^{m}f_iy_i
$$

$$
\text{s. t.}\begin{cases}\sum_{j=1}^{n} x_{ij} \leqslant a_i y_i\ (i=1,\ \cdots,\ m) \\ \sum_{i=1}^{m} x_{ij} = b_j\ (j=1,\ \cdots,\ n) \\ y_i=\begin{cases}1 & \text{表示要在 } A_i \text{ 处建厂} \\ 0 & \text{表示不在 } A_i \text{ 处建厂}\end{cases} \\ x_{ij}\geqslant 0,\ y_i=0 \text{ 或 } 1 (i=1,\ \cdots,\ m;\ j=1,\ \cdots,\ n)\end{cases}
$$

上述数学模型中，目标函数有两个部分组成：一部分为由各工厂运往各需求地的物资总运费，另一部分为建工厂的费用。约束条件中，若 $y_i=1$，表示要在 A_i处建厂，对 A_i处的供应 t 就有约束。反之，若 $y_i=0$，表示不在 A_i处建厂，对 A_i处的供应量就无约束。显然，这是一个混合整数规划问题。

第二节　分支定界法

分支定界法是由 Land Doing 和 Dakin 等人在 20 世纪 60 年代初提出来的一种部分枚举方法，这种方法是目前为止求解整数规划最有效的方法之一。分支定界法的基本思想如下：首先不考虑变量的整数约束，标准化后，求解该问题相应的松弛问题（无整数约束），得到线性规划的最优解。如果这个最优解中所有的变量都是整数，则已经得到整数规划的最优解。如果其中某一个变量不是整数，则在可行域中除去一块包含这个最优解但不包含任何整数解的区域，线性规划的可行域被划分成不相交的两部分，分别以这两部分区域作为可行域。用原来的目标函数，构造两个子问题。由于这两个子问题的可行域都是原线性规划问题可行域的子集，这两个子问题的最优解的目标函数值都不会比原线性规划问题的最优解的目标函数值更优。如果这两个问题的最优解仍不是整数解，则继续选择一个非整数的变量，继续将这个子问题分解为两个更下一级的子问题。这个过程称为“分支”。在分支过程中，每一次分支得到的子问题最优解的目标函数值，都小于或等于分支前问题的最优解的目标函数值。

如果某一个子问题的最优解是整数解，就获得了一个整数可行解，这个子问题的目标函数值要记录下来，作为整数规划最优目标函数值的下界。如果某一个子问题的解还不是整数解，但这个非整数解的目标函数值已经小于这个下界，那么这个子问题就不必再进行分支，因为继续分支即使得到整数解，这个整数解的目标函数值必定要小于（或等于分支以前问题的目标函数值，也小于（或等于）已经获得的整数规划的目标函数值，因此不可能是最优的整数解。如果在分支过程中得到新的整数解且该整数解的目标函数值大于已记录的下界，则用较大的整数解的目标函数值代替原来的下界。下界的值越大，就可以避免更多不必要的分支。这个确定整数解目标函数值下界，并不断更新下界，并且不断“剪除”目标函数值小于下界的分支的过程，称为定界。

当最低一层子问题出现以下三种情况之一时，分支定界算法终止；

子问题无可行解；

子问题已获得整数解；

子问题的目标函数值小于下界。

下面举例说明。

例 5-4：用分支定界法求解下面线性规划问题。

$$\max f=3x_1+2x_2$$

$$\text{s.t.}\begin{cases}2x_1+3x_2\leqslant 14\\ x_1+0.5x_2\leqslant 4.5\\ x_1\geqslant 0,\ x_2\geqslant 0,\ \text{且为整数}\end{cases}$$

解：先求出其松弛问题（P'）的最优解：

$$\max f=3x_1+2x_2$$

$$(P')\ \text{s.t.}\begin{cases}2x_1+3x_2\leqslant 14\\ x_1+0.5x_2\leqslant 4.5\\ x_1\geqslant 0,\ x_2\geqslant 0\end{cases}$$

由图解法可知松弛问题（P'）的最优解 $x_1=3.25$，$x_2=2.5$，最优值 $f_{\max}=14.75$。这两个变量中应该是整数，所以，我们选定先对 x_2 进行分支，构造出约束条件，$x_2\leqslant[2.5]=2$，$x_2\geqslant[2.5]+1=3$，（$[a]$ 表示小于 a 的最大整数），分别加入松弛问题（P'），形成两个子问题（P_1）和（P_2）：

$$\max f=3x_1+2x_2$$

$$(P_1)\ \text{s.t.}\begin{cases}2x_1+3x_2\leqslant 14\\ x_1+0.5x_2\leqslant 4.5\\ x_2\leqslant 2\\ x_1\geqslant 0,\ x_2\geqslant 0\end{cases}$$

$$\max f=3x_1+2x_2$$

$$(P_2)\ \text{s.t.}\begin{cases}2x_1+3x_2\leqslant 14\\ x_1+0.5x_2\leqslant 4.5\\ x_2\geqslant 3\\ x_1\geqslant 0,\ x_2\geqslant 0\end{cases}$$

从图解法中可看出，两个子问题（P_1）和（P_2）把松弛问题（P'）的可行域分成两部分（阴影部分），通过分支可以排除 $2<x<3$ 之间的部分。子问题（P_1）的最优解：$x_1=3.5$，$x_2=2$，最优值：$f_{\max}=14.5$；子问题（P_2）的最优解：$x_1=2.5$，$x_2=3$，最优值：$f_{\max}=13.5$。

两个子问题（P_1）和（P_2）的最优解中仍然有非整数部分，但由于子问题（P_1）的最优值比子问题（P_2）的最优值大，同时目标函数求极大，所以选择子问题（P_1）继续分支，形成子问题（P_3）和（P_4）。

$$\max f = 3x_1 + 2x_2$$
$$(P_3)\ \text{s.t.}\begin{cases}2x_1+3x_2\leqslant 14\\ x_1+0.5x_2\leqslant 4.5\\ x_2\leqslant 2\\ x_1\leqslant 3\\ x_1\geqslant 0,\ x_2\geqslant 0\end{cases}$$

$$\max f = 3x_1 + 2x_2$$
$$(P_4)\ \text{s.t.}\begin{cases}2x_1+3x_2\leqslant 14\\ x_1+0.5x_2\leqslant 4.5\\ x_2\leqslant 2\\ x_1\geqslant 4\\ x_1\geqslant 0,\ x_2\geqslant 0\end{cases}$$

两个子问题（P_3）和（P_4）对可行域进行分割（阴影部分），通过分支可以排除 $3<x_1<4$ 之间的部分。子问题（P_3）的最优解：$x_1=3$，$x_2=2$，最优 $f_{\max}=13$，子问题（P_4）的最优解：$x_1=4$，$x_2=1$，最优值：$f_{\max}=14$。两个子问题（P_3）和（P_4）的最优解都为整数，即对原问题（P）来说是可行解，取得极大值的子问题（P_4）的解为参考点（即下界），而把子问题（P_3）剪枝。同时，子问题（P_4）的最优值也大于子问题（P_2）的最优值。因此松弛问题（P'）只剩下一个子问题（P_4）。子问题（P_4）的解即为原问题（P）的最优解。

至此，我们可以用数形列举图来列举当前的计算结果，见图 5－1。

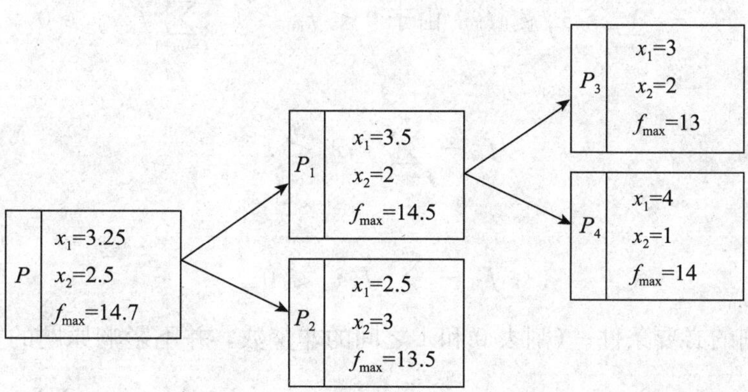

图 5－1

第三节 割平面法

割平面法又称 Gornory 割平面法，它是由 R. E. Gomory 提出来的另一种求解纯整数规划的方法。割平面法的基本思想是：首先放弃变量的整数要求，求得线性规划的最优解。如果最优解恰是一个整数解，则线性规划的最优解就是相应的整数规划的最优解。如果线性规划的最优解不是整数解，则要求构造一个新的约束，对线性规划问题的可行域进行切割，切除已经得到的线性规划的最优解，但保留原可行域中所有的整数解，求解新的线性规划问题。如果最优解仍不是整数解，再增加附加的约束将其切除，但仍保持最初可行域中所有的整数解。如此一直进行，直至得到一个整数的最优解为止。

设：有原问题（P）和松弛问题（P'）：

$$\max f=\boldsymbol{CX} \qquad\qquad \max f=\boldsymbol{CX}$$

$$(P)\,\text{s. t.}\begin{cases}\boldsymbol{AX}\leqslant b\\ \boldsymbol{X}\geqslant 0\text{，且为整数}\end{cases} \qquad (P')\,\text{s. t.}\begin{cases}\boldsymbol{AX}\leqslant b\\ \boldsymbol{X}\geqslant 0\end{cases}$$

若松弛问题（P'）的最优解不全是整数，则至少有一个 x_i 基变量的值是非整数，在（P'）最优解单纯形表中的第 i 行，可以写为：

$$b_{i0}=x_i+\sum_{j=m+1}^{n}b_{ij}x_j$$

令：$b_{i0}=[\,b_{i0}\,]+f_{i0}$ $[b_{i0}]$ 是不超过 b_{i0} 的最大整数部分，$0< f_{i0}<1$；

$b_{ij}=[\,b_{ij}\,]+f_{ij}$，其中 $[\,b_{ij}\,]$ 是不超过 b_{ij} 的最大整数部分，0，$0< f_{ij}<1$。

由上，重新表达（*）为：

$$x_i=[b_{i0}]-\sum_{j=m+1}^{n}[b_{ij}]x_j+f_{i0}-\sum_{j=m+1}^{n}f_{ij}x_j$$

上式左端若是整数，右端必为整数，可推得：

$$f_{i0}-\sum_{j=m+1}^{n}f_{ij}x_j\leqslant f_{i0}\text{，由于 }0<f_{i0}<1\text{，}\sum_{j=m+1}^{n}f_{ij}x_j\geqslant 0$$

则

$$f_{i0}-\sum_{j=m+1}^{n}f_{ij}x_j<1$$

进而推出

$$f_{i0}-\sum_{j=m+1}^{n}f_{ij}x_j\leqslant 0$$

为整数规划的必要条件。(割去 0 和 1 之间的非整数，并不影响原题的整数解)，称上述必要条件为 Gomory 约束，可把 Gomory 约束化为等式：$-f_{i0}=-\sum_{j=m+1}^{n}f_{ij}x_j+x_{n+1}$

增加一个约束，称其为割平面方程。只割去一些非整数部分，不影响原问题的整数解。割平面法是历史上最先被证明可以通过有限的步骤收敛的求解纯整数规划问题的算法，尽管这一算法在求解整数规划问题时很多方面不如分支定界法，比如它在执行过程中会遇到收敛很慢的情况，但如果将它和分支定界法结合起来使用，能够收到比较好的效果。割平面法的思想十分具有启发性，有助于找到其他能高效地求解整数规划问题的算法。

例 5－5：用割平面法求解以下整数规划。

$$\max f = x_1 + x_2$$

$$(P)\text{s.t.}\begin{cases} -x_1 + x_2 \leqslant 1 \\ 3x_1 + x_2 \leqslant 4 \\ x_1 \geqslant 0,\ x_2 \geqslant 0,\ \text{且为整数} \end{cases}$$

解：先求解其松弛问题（P'）

$$\max f = x_1 + x_2$$

$$(P)\text{s.t.}\begin{cases} -x_1 + x_2 \leqslant 1 \\ 3x_1 + x_2 \leqslant 4 \\ x_1 \geqslant 0,\ x_2 \geqslant 0 \end{cases}$$

标准型得：

$$\max f = x_1 + x_2$$

$$(P)\text{s.t.}\begin{cases} -x_1 + x_2 + x_3 = 1 \\ 3x_1 + x_2 + x_4 = 4 \\ x_1 \geqslant 0,\ x_2 \geqslant 0,\ x_3 \geqslant 0,\ x_4 \geqslant 0 \end{cases}$$

其最优单纯形表为（见表 5－3）：

表 5－3

C_j			1	1	0	0
$\boldsymbol{C}_B$	X_B	$\boldsymbol{B}^{-1}b$	x_1	x_2	x_3	x_4
1	x_2	7/4	0	1	3/4	1/4
1	x_1	3/4	1	0	−1/4	1/4
C_j-Z_j			0	0	−1/2	−1/2

C_j			1	1	0	0	0
$\boldsymbol{C}_B$	X_B	$\boldsymbol{B}^{-1}b$	x_1	x_2	x_3	x_4	x_5
1	x_2	7/4	0	1	3/4	1/4	0
1	x_1	3/4	1	0	−1/4	1/4	0
0	x_5	−3/4	0	0	−3/4	−1/4	1
C_j-Z_j			0	0	−1/2	−1/2	0

续 表

C_j			1	1	0	0	0
1	x_2	1	0	1	0	0	1
1	x_1	1	1	0	0	1/3	−1/3
0	x_3	1	0	0	1	1/3	−4/3
C_j-Z_j			0	0	0	−1/3	−2/3

最优解：$x^*=(3/4,\ 7/4,\ 0,\ 0)^T$（任选）取来源行为第二行。找出非整数解变量中分数部分最大的一个基变量），进行整数部分与非整数部分分割。

由：$-f_{i0}=-\sum_{j=m+1}^{n}f_{ij}x_j$

知：$-f_{i0}=-\sum_{j=m+1}^{n}f_{ij}x_j+x_{n+1}$

又，3/4=0+3/4；−1/4=−1+3/4；1/4=0+1/4；套用上面等式得：

$-3/4=-3/4x_3-1/4x_4+x_5$则最优单纯形表如表 5-4 所示。

表 5-4

C_j			1	1	0	0	0
$\boldsymbol{C}_B$	X_B	$\boldsymbol{B}^{-1}b$	x_1	x_2	x_3	x_4	x_5
1	x_2	7/4	0	1	3/4	1/4	0
1	x_1	3/4	1	0	−1/4	1/4	0
0	x_5	−3/4	0	0	−3/4	−1/4	1
C_j-Z_j			0	0	−1/2	−1/2	0
1	x_2	1	0	1	0	0	1
1	x_1	1	1	0	0	1/3	−1/3
0	x_3	1	0	0	1	1/3	−4/3
C_j-Z_j			0	0	0	−1/3	−2/3

最优解 $x^*=(1,\ 1,\ 0,\ 0)^T$；最优值 $f_{\max}=2$。

此题只割一次，实际题可能割几次。我们可以从相应的图解法中，看得更清楚。由标准型可知：$\begin{cases}x_3=1+x_1-x_2\\x_4=4-3x_1-x_2\end{cases}$带入 Gomory 约束：

$-3x_3-4x_4\leqslant-3$，得 $x_2\leqslant1$ 把它加入松弛问题（P'）的约束条件中，然后在新的可行域中求出最优解。由于它是整数解，就是原问题（P）的最优解：$x^*=$（1，1，0，

$0)^T$；最优值 $f_{\max}=2$。

最后，给出 Gomory 约束的两个性质：

性质 1：Gomory 约束割去了松弛问题（P′）的一个基本最优解。

性质 2：Gomory 约束未割去原问题（P）的任一（整数）可行解。

第四节　0－1 规划与隐枚举法

一、0－1 规划的应用

1. 选择约束

有 m 个约束，$\sum_{j=1}^{n} a_{ij}x_j \leqslant b_i (i=1, 2, \cdots, m)$ 选择其中 k 个成立，可以将 0－1 规划写成如下形式：

$$\begin{cases} \sum_{j=1}^{n} a_{ij}x_j \leqslant b_i + My_i (i=1, 2, \cdots, m) \\ \sum_{i=1}^{m} y_i = m-k \ (j=1, 2, \cdots, n) \\ x_j \geqslant 0, \ y_i=0 \text{ 或 } 1 (i=1, 2, \cdots, m)(j=1, 2, \cdots, n) \end{cases}$$

k 个 0；$(m-k)$ 个 1

$$y_i=\begin{cases} 1 & \text{表示第 } i \text{ 个约束不起作用} \\ 0 & \text{表示第 } i \text{ 个约束起作用} \end{cases}$$

2. 条件约束

若 $x_1<3$，$x_2>4$，否则 $x_2<1$ 可将 0－1 规划写成如下形式：

$$\begin{cases} x_1 < 3+My \\ x_2 \geqslant 4-My \\ \text{否则} \\ x_1 \geqslant 3+M(1-y) \\ x_2 < 1+My(1-y) \end{cases}$$

当 $y=0$ 时，事件 1 成立，事件 2 无约束；

当 $y=1$ 时，事件 2 成立，事件 1 无约束。

3. 分段函数可用 0－1 规划表示为线性函数

设成本函数 $\min f = \sum_{j=1}^{n} c_j(x_j)$，其中

$$c_j(x_j)=\begin{cases} k_j + c_j x_j & x_j \geqslant 0 \\ 0 & x_j = 0 \end{cases}$$

x_j表示产品j的生产数量；k_j表示产品j的固定成本；c_j表示产品j的可变成本。用0-1规划表示为：

$$\min f=\sum_{j=1}^{n}(k_j y_j+c_j x_j)$$

$$\text{s.t.}\begin{cases}0\leqslant x_j\leqslant My_j\ (j=1,2,\cdots,n)\\ y_j=1\text{ 或 }0\ (j=1,2,\cdots,n)\\ y_j=0\text{ 时，迫使 }x_j=0\\ y_j=1\text{ 时，迫使 }\min f\sum_{j=1}^{n}(k_j+c_j x_j)\end{cases}$$

4. 整数规划可用0-1规划表示

设：$0\leqslant x\leqslant a$的整数，则x可表示为$\sum_{j=1}^{k+1}2^{(j-1)}y_i$，其中$y_i=1$或0，

k由$2^k\leqslant a\leqslant a^{k+1}$确定（整数可由2的幂形式表示）

$$x=\sum_{j=1}^{3+1}2^{j-1}y_i=2^0y_1+2^1y_2+2^2y_3+2^3y_4$$

例如：$9=1\times1+2^1\times0+2^2\times0+2^3\times1=9\quad Y=(1,0,0,1)^T$

$8=1\times0+2^1\times0+2^2\times0+2^3\times1=8\quad Y=(0,0,0,1)^T$

$0=1\times0+2^1\times0+2^2\times0+2^3\times0=0\quad Y=(0,0,0,0)^T$

例5-6：把下列整数规划化为0-1规划。

$$\max f=x_1+x_2$$

$$\text{s.t.}\begin{cases}6x_1+2x_2\leqslant6\\ x_1\geqslant0,\ x_2\geqslant0\text{，且为整数}\end{cases}$$

解：由题意$0\leqslant x_1\leqslant1$，$0\leqslant x_2\leqslant3$且x_1, x_2可表示为：

$x_1=2^0y_1$；$x_2=2^0y_2+2^1y_3$

即：

$$\max f=y_1+y_2+2y_3$$

$$\text{s.t.}\begin{cases}6y_1+2y_2+4y_3\leqslant6\\ y_1,\ y_2,\ y_3=0\text{ 或 }1\end{cases}$$

例5-7：一个登山队员做登山准备，他需要携带的物品有食品、氧气、冰镐、绳索、帐篷、照相器材和通信设备，每种物品的重量及重要性系数见表5-5。设登山队员可携带的最大重量为25kg，试选择该队员应携带的物品。

表 5-5

序号	1	2	3	4	5	6	7
物品	食品	氧气	冰镐	绳索	帐篷	照相器材	通信设备
重量（kg）	5	5	2	6	12	2	4
重要性系数	20	15	18	14	8	4	10

解：如果令 $x_j=1$ 表示登山队员携带物品 j，$x_j=0$ 表示登山队员不携带物品 j，则问题表示成 0-1 规划为：

$$\max f=20x_1+15x_2+18x_3+14x_4+8x_5+4x_6+10x_7$$

$$\text{s.t.}\begin{cases}5x_2+5x_2+2x_3+6x_4+12x_5+2x_6+4x_7\leqslant 25\\ x_j=0\text{ 或 }1\ (j=1,2,3,4,5,6,7)\end{cases}$$

例 5-8：一个旅行者，为了准备旅行的必需品，要在背包内装一些最有用的东西，但有数量限制，最多只能装 b（单位：kg）的物品，而每件物品只能整个携带。这样旅行者给每件物品规定了一个“价值”，以表示其有用的程度。如果共有 n 件物品，第 j 件物 a_j（单位：kg），其价值为 c_j。问题是：在携带的物品总重量不超过 b 的条件下，携带哪些物品，对旅行者来说，可使总价值最大？

解：令 $x_j=1$ 表示旅行者携带物品 j，$x_j=0$ 表示旅行者不携带物品 j，则问题表示成 0-1 规划为：

$$\min f=\sum_{j=1}^{n}c_jx_j$$

$$\text{s.t.}\begin{cases}\sum_{j=1}^{n}a_jx_j\leqslant b\\ x_j=0\text{ 或 }1\end{cases}$$

例 5-9：圣美公司有 5 个项目被列入投资计划。各项目的投资额和希望的投资收益见表 5-6。

表 5-6

项目	1	2	3	4	5
投资额（万元）	210	300	100	130	260
投资收益（万元）	150	210	60	80	180

该公司只有 600 万元资金可用于投资，由于技术原因，投资受到以下约束：

(1) 在项目 1、项目 2、项目 3 中必须有一项被选中；

(2) 项目 3 和项目 4 只能选中一项；

(3) 项目 5 被选中的前提是项目 1 必须被选中。

问：如何在上述条件下，选择一个最好的投资方案，使总收益最大？

解： 令 $x_j=1$ 表示选中项目 j，$x_j=0$ 表示没有选中项目 j，则问题表示成 0-1 规划为：

$$\max f=150x_1+210x_2+60x_3+80x_4+180x_5$$

$$\text{s. t.}\begin{cases}210x_1+300x_2+100x_3+130x_4+260x_5\leqslant 600\\ x_1+x_2+x_3=1\\ x_3+x_4\leqslant 1\\ x_5\leqslant x_1\\ x_j=0\text{ 或 }1\ (j=1,2,3,4,5)\end{cases}$$

二、隐枚举法求解 0-1 规划

隐枚举法（隐含着进行枚举法，比枚举法计算工作量小，约束若有一个不满足，其余不必求，称为剪支）。0-1 规划的隐枚举法基本上可以从所有变量等于零出发（初始点），然后依次制定一些变量取值为 1，直到获得一个可行解，于是把第一个可行解记作迄今为止最好的可行解；再重复，依次检查变量为 0，1 的各种组合，对迄今为止最好的可行解加以改进直到获得最优解。

例 5-10： 求解下列问题。

$$\max f=3x_1-2x_2+5x_3$$

$$\text{s. t.}\begin{cases}x_1+2x_2-x_3\leqslant 2 & (1)\\ x_1+2x_2+x_3\leqslant 4 & (2)\\ x_1+x_2\leqslant 3 & (3)\\ 4x_2-x_3\leqslant 6 & (4)\\ x_1,\ x_2,\ x_3=0\text{ 或 }1\end{cases}$$

解： 用隐枚举法求解，先找出一个试探解，作为过滤条件，容易看出，如 $(1,0,0)^T$ 满足约束条件，代入目标函数中

$$f=3x_1-2x_2+5x_3\geqslant 3 \quad (0)$$

作为过滤条件，目标函数至少不小于 3。初看起来，增加约束条件需增加计算量，实际减少计算量。原题需要进行 $2^3\times 4=32$ 次计算（3 个变量，4 个约束条件），增加约束条件（0）式 $f\geqslant 3$ 后，实际运算做了 24 次，详细过程见表 5-7。

表 5-7

序号	$x=(x_1, x_2, x_3)^T$	(1) (2) (3) (4)	可行否	f 值
1	$(0, 0, 0)^T$	0	×	
2	$(0, 0, 1)^T$	5 −1 0 0 −1	√	5
3	$(0, 1, 0)^T$	−2	×	
4	$(0, 1, 1)^T$	3 1 5	×	
5	$(1, 0, 0)^T$	3 1 1 1 0	√	3
6	$(1, 0, 1)^T$	8 0 2 1 1	√	8
7	$(1, 1, 0)^T$	1	×	
8	$(1, 1, 1)^T$	6 2 6	×	

最优解 $(1, 0, 1)^T$，最优值 $f_{min}=8$，若及时更新过滤条件能减少计算次数。在计算过程中及时调整右边常数，见表 5-8。

表 5-8

序号	$x=(x_1, x_2, x_3)^T$	(0) (1) (2) (3) (4)	可行否	f 值
1	$(0, 0, 0)^T$	0	×	
2	$(0, 0, 1)^T$	5 −1 0 0 −1	√	5

更新过滤条件 $f \geqslant 5$，见表 5-9。

表 5-9

序号	$x=(x_1, x_2, x_3)^T$	(0) (1) (2) (3) (4)	可行否	f 值
3	$(0, 1, 0)^T$	−2	×	
4	$(0, 1, 1)^T$	3 1 5	×	
5	$(1, 0, 0)^T$	3 1 1 1 0	√	3
6	$(1, 0, 1)^T$	8 0 2 1 1	√	8

更新过滤条件 $f \geqslant 5$，见表 5-10。

表 5-10

序号	$x=(x_1, x_2, x_3)^T$	(0) (1) (2) (3) (4)	可行否	f 值
7	$(1, 1, 0)^T$	1	×	
8	$(1, 1, 1)^T$	6 2 6	×	

同样，最优解（1，0，1）^{T}，最优值 $f_{\min}=8$，实际只计算 16 次。

0－1 规划在整数规划中占有重要地位，一方面因为许多实际问题，例如指派问题、选地问题、送货问题都可归结为此类规划，另一方面任何有界变量的整数规划都与 0－1 规划等价，用 0－1 规划方法还可以把多种非线性规划问题表示成整数规划问题，所以不少人致力于这个方向的研究。求解 0－1 规划的常用方法是分支定界法，对各种特殊问题还有一些特殊方法。

第五节　指派问题与匈牙利法

一、指派问题及其数学模型

在现实生活中，有各种性质的指派问题。例如，有若干项工作需要分配给若干人（或部门）来完成；有若干项合同需要选择若干个投标者来承包；有若干班级需要安排在各教室里上课；等等。诸如此类问题，它们的基本要求是在满足特定的指派要求条件下，使指派方案的总体效果最佳。由于指派问题的多样性，有必要定义指派问题的标准形式。

指派问题的标准形式（以人和事为例）是：有 n 个人去完成 n 项工作，每人只能完成一项作业，每项工作只能一个人完成，已知第 i 人做第 j 项工作的效率矩阵，$c=(c_{ij})\ m\times n$（$i=1, 2, \cdots, n$）（$j=1, 2, \cdots, n$），要求确定人和事之间的一一对应的指派方案，应如何分配使总的效率为最高?

根据 C_{ij} 的具体意义，矩阵 C 可以有不同的含义，如费用、成本、时间等。系数矩阵 C 中，第 1 行中各元素表示第 1 人做各种事务的费用，第 j 列各元素表示第 i 事由各人做的费用。为了建立标准指派问题的数学模型，引入 n^2 个 0－1 变量：

$$x_{ij}\ (i=1, 2, \cdots, m)(j=1, 2, \cdots, n)=\begin{cases}1 & \text{第 } i \text{ 个人去完成第 } j \text{ 项工作}\\ 0 & \text{第 } i \text{ 个人不去完成第 } j \text{ 项工作}\end{cases}$$

这样，问题的数学模型可写成：

$$\min Z=\sum_{i=1}^{m}\sum_{j=1}^{n}c_{ij}x_{ij}$$

$$\text{s. t.}\begin{cases}\sum\limits_{j=1}^{n}x_{ij}=1\\ \sum\limits_{i=1}^{n}x_{ij}=1\\ x_{ij}=0 \text{ 或 } 1(i=1, 2, \cdots, m)(j=1, 2, \cdots, n)\end{cases}$$

对于问题的每一个可行解，可用解矩阵 $\boldsymbol{X}=(x_{ij})_{m\times n}$ 来表示。当然，作为可行解，每列各元素中都只有一个 1，每行各元素中也都只有一个 1，指派问题有 $n!$ 个可行解。

$$X=\begin{pmatrix} x_{11} & \cdots & x_{1n} \\ \vdots & & \vdots \\ x_{n1} & \cdots & x_{nn} \end{pmatrix}$$

二、匈牙利法

由于指派问题的0特别多，是高度退化的运输问题。每调整一次空格与数格使迭代次数增加很多，可能调整多次仍无效益。因此，提出一种新的方法——匈牙利算法。

匈牙利算法又称直线覆盖法，用最少的直线覆盖所有的0元素。下面以例子详细说明其计算步骤。

例5-11：已知：A、B、C、D、E项工作由张、王、赵、李、刘5人完成，5人做5项工作的时间如效率矩阵 $\boldsymbol{C}=(\boldsymbol{C}_{ij})_{5\times5}$ $(i=1,2,\cdots,5)$ $(j=1,2,\cdots,5)$，$\boldsymbol{C}_{ij}$ 为时间，问如何指派，使5人花费总时间最少？

$$\begin{array}{cc} & \begin{array}{ccccc} A & B & C & D & E \end{array} \\ \boldsymbol{C}=\begin{array}{c} 张 \\ 王 \\ 赵 \\ 李 \\ 刘 \end{array} & \begin{pmatrix} 12 & 7 & 9 & 7 & 9 \\ 8 & 9 & 6 & 6 & 6 \\ 7 & 17 & 12 & 14 & 12 \\ 15 & 14 & 6 & 6 & 10 \\ 4 & 10 & 7 & 10 & 6 \end{pmatrix} \end{array}$$

解：$\boldsymbol{C}$ 矩阵每行/每列减对应每行/每列中的最小元素，使 $\boldsymbol{C}$ 矩阵每行/每列均出现0元素，得 $\boldsymbol{C}'$ 矩阵，若行或列中已有0元素，不必再减。

$$\boldsymbol{C}'=\begin{pmatrix} 5 & 0 & 2 & 0 & 2 \\ 2 & 3 & 0 & 0 & 0 \\ 0 & 10 & 5 & 7 & 5 \\ 9 & 8 & 0 & 0 & 4 \\ 0 & 6 & 3 & 6 & 2 \end{pmatrix}$$

步骤1：框0

(1) 选0元素最少的行/列进行$\boxed{0}$，且画去该行/列其他0元素，重复进行，直到不能框0为止。若0元素相同，按字典法进行。

(2) 若框的0元素的个数等于矩阵的阶数时，已获最优解；否则（若框的0元素的个数少于矩阵的阶数时），转到步骤2。

步骤2：增加0元素

(1) 打√。

①没有$\boxed{0}$的行打√；

②打√的行中，有画 0 的列打√；

③打√的列中，有框 0 的行打；

④重复①②③直到不能打√止。

(2)（画线）即用最少的直线覆盖所有的 0 元素（无论是框 0 还是非框 0）。

①有打√的行画直线；

②打√的列画直线。

(3) 增加 0 元素。

①在没有画去的元素中取最小的元素；

②在没有画去的行（打√）减 2；

③画去的列（打√）加 2；

④由上得 $\boldsymbol{C}''$ 矩阵，转到②，（框 0）重复进行，直到 $\boxed{0}$ 元素的个数等于矩阵的阶数为止。

$$\boldsymbol{C}'=\begin{pmatrix} 5 & \boxed{0} & 2 & 0 & 2 \\ 2 & 3 & 0 & 0 & \boxed{0} \\ \boxed{0} & 10 & 5 & 7 & 5 \\ 9 & 8 & \boxed{0} & 0 & 4 \\ 0 & 6 & 3 & 6 & 2 \end{pmatrix}\begin{matrix} \\ \\ \surd \\ \\ \surd \end{matrix}$$
$$\begin{matrix} \surd & & & & \end{matrix}$$

因为，框 0 元素的个数等于矩阵的阶数，所以已获最优解。

$$\boldsymbol{C}''=\begin{pmatrix} 7 & \boxed{0} & 2 & \phi & 2 \\ 4 & 3 & \phi & \boxed{0} & \phi \\ \boxed{0} & 8 & 3 & 5 & 3 \\ 11 & 8 & \boxed{0} & \phi & 4 \\ 0 & 6 & 3 & 6 & \boxed{0} \end{pmatrix}$$

即，最优的指派方案为：张完成 B，王完成 D，赵完成 A，李完成 C，刘完成 E。最优值：$f_{\min}=7+6+7+6+6=32$，此指派问题最优解不唯一，但不能无穷多，因为 n 个独立 0 元素为有限个。

三、非标准指派问题

在实际问题中，经常会遇到各种非标准指派问题，通常的处理方法是先将它们化为标准形式，然后再用匈牙利法求解。非标准指派问题的求解方法类似于产销不平的运输问题，其具体情况如下。

1. 目标函数求极大的指派问题。

已知收益矩阵，求总收益最大：$\max f-\min f'$。若用在单纯形法中化标准形时的方法则

$$\max f=\sum_{i=1}^{n}\sum_{j=1}^{m}c_{ij}x_{ij},\ \min f'=-\sum_{i=1}^{n}\sum_{j=1}^{m}-c_{ij}x_{ij}$$

系数为负，匈牙利算法条件不满足，考虑加上一个常数，解不变。即，令：$c'_{ij}=$

c_{ij}（max）$-c_{ij}$（$i=1，2，\cdots，n；j=1，2，\cdots，m$），其中 c_{ij}（max）为 c_{ij} 中的最大元素。

$$\min f'' = \sum_{i=1}^{n}\sum_{j=1}^{m}(c_{ij(max)} - c_{ij})x_{ij} = nc_{ij(max)} - \sum_{i=1}^{m}\sum_{j=1}^{n}c_{ij}x_{ij}$$

就具体问题来说 nc_{ij}（max）是常数 $\min f''$ 与 $\max f$ 同解。

如例 5－11 中对指效率矩阵指单位时间的工作效率，如何指派总效率最大？

$$C=\begin{matrix} & A & B & C & D & E \\ 张 \\ 王 \\ 赵 \\ 李 \\ 刘 \end{matrix}\begin{pmatrix} 12 & 7 & 9 & 7 & 9 \\ 8 & 9 & 6 & 6 & 6 \\ 7 & 17 & 12 & 14 & 12 \\ 15 & 14 & 6 & 6 & 10 \\ 4 & 10 & 7 & 10 & 6 \end{pmatrix}$$

c_{ij}（max）$=17$，$c'_{ij}=17-c_{ij}$（$i=1，2，\cdots，5$）（$j=1，2，\cdots，5$）

$$C'=\begin{matrix} & A & B & C & D & E \\ 张 \\ 王 \\ 赵 \\ 李 \\ 刘 \end{matrix}\begin{pmatrix} 5 & 10 & 8 & 10 & 8 \\ 9 & 8 & 11 & 11 & 11 \\ 10 & 0 & 5 & 3 & 5 \\ 2 & 3 & 11 & 11 & 7 \\ 13 & 7 & 10 & 7 & 11 \end{pmatrix}$$

2. 工作数并人数的指派问题。

（1）工作数＞人数：虚设人数，转化为工作数＝人数（包含虚设的人），其对应效率矩阵的 $c_{ij}=0$（$j=1，2，\cdots，n$）行（有项工作不做）。

（2）工作数＜人数：虚设工作数，转化为工作数＝人数（包含虚设的工作），其对应效率矩阵的 $c_{ij}=0$（$i=1，2，\cdots，n$）行（有人不工作）

3. 指定某人可以完成两项工作或指定某项工作可有两人完成。

（1）可把指定某人的 c_{ij} 化为相同的两行；

（2）可把指定某项工作的 c_{ij} 化为相同的两列。

4. 指定某人不去完成某项工作，可令其对应的 $c_{ij}=M$（很大的正数）。

5. 由 $n-1$ 个人去完成 n 项工作，其中挑选 1 个人完成两项工作，其余每人仍只完成一项工作：虚设人的 c_{ij} 选每列中最小的。

例 5－12：某设备公司有 3 台设备可以租给 A、B、C、D 四项工程使用，各设备用于各工程创造的利润如表 5－11 所示，问将哪一台设备租给哪一项工程，才能使创造的总利润最大？

表 5-11

	A	B	C	D
设备 1	4	10	8	5
设备 2	9	8	0	2
设备 3	12	3	7	4

解：设决策变量 $x_{ij}=0$ 或 1（$i=1, 2, 3$；$j=1, 2, 3, 4$），$x_{ij}=1$ 表示第 i 个设备租给第 j 项工程；$x_{ij}=0$ 表示第 i 个设备不租给第 j 项工程。求解步骤如下：

（1）先虚设一台设备 4，并把上面的效率矩阵改为：

$$\begin{matrix} & \begin{matrix} A & B & C & D \end{matrix} \\ (c'_{ij}) & \begin{pmatrix} 4 & 10 & 8 & 5 \\ 9 & 8 & 0 & 2 \\ 12 & 3 & 7 & 4 \\ 0 & 0 & 0 & 0 \end{pmatrix} \end{matrix}$$

（2）选取（c'_{ij}）中的最大者 12 减去 c'_{ij} 中的各元素，从而得到一个新的效率矩阵（c''_{ij}）如下：

$$\begin{matrix} & \begin{matrix} A & B & C & D \end{matrix} \\ (c''_{ij}) & \begin{pmatrix} 8 & 2 & 4 & 7 \\ 3 & 4 & 12 & 10 \\ 0 & 9 & 5 & 8 \\ 12 & 12 & 12 & 12 \end{pmatrix} \end{matrix}$$

（3）利用匈牙利法求最优解。

$$\begin{matrix} & \begin{matrix} A & B & C & D \end{matrix} \\ (c'''_{ij}) & \begin{pmatrix} 0 & 0 & 1 & 0 \\ 0 & 1 & 0 & 0 \\ 1 & 0 & 0 & 0 \\ 0 & 0 & 0 & 1 \end{pmatrix} \end{matrix}$$

从而得到原问题的最优指派方案为：$x_{13}=1$，$x_{22}=1$，$x_{31}=1$，$x_{44}=1$，其余都为：$x_{ij}=0$。

（4）回到原问题：可知最优指派方案为：

设备 1 用于工程 C；设备 2 用于工程 B；设备 3 用于工程 A；不给工程 D 提供设备，其原问题最大利润为：$f_{\max}=c_{13}+c_{22}+c_{31}=8+8+12=28$。

第六节　案例分析（用 LINGO 求解整数规划的例子）

某钢管零售商从钢管厂进货，将钢管按照顾客要求的长度进行切割，称为下料。假定进货时得到的原料钢管长度都是 19m。

（1）现有一客户需要 50 根长 4m、20 根长 6m 和 15 根长 8m 的钢管。应如何下料最节省？

（2）零售商如果采用不同的切割模式太多，将会导致生产过程的复杂化，从而增加生产和管理成本。所以该零售商规定采用不同的切割模式不能超过 3 种。此外。该客户除需要（1）中的 3 种钢管外，还要 10 根长 5m 的钢管。应如何下料最节省？

分析：对于下料问题，首先要确定采用哪些切割模式。所谓切割模式，是指按照顾客要求的长度在原料钢管上安排切割的一种组合。例如，我们可以将 19m 的钢管切割成 3 根长 4m 的钢管，余料为 7m；或者将长 19m 的钢管切割成长 4m、6m 和 8m 的钢管各 1 根，余料为 1m。显然，可行的切割模式是很多的。

其次，应当明确哪些切割模式是合理的。合理的切割模式通常还假设余料不应大于或等于客户需要钢管的最小尺寸。例如，可以将长 19m 的钢管切割成 3 根 4m 的钢管是可行的，但余料为 7m，可进一步将 7m 的余料切割成 4m 钢管（余料为 3m），或者将 7m 的余料切割成 6m 钢管（余料为 1m）。经过简单的计算可知，问题（1）的合理切割模式一共有 7 种，见表 5-12。

表 5-12　　钢管下料问题（1）的合理切割模式

模式	4m 的钢管根数	6m 的钢管根数	8m 的钢管根数	余料（m）
1	4	0	0	3
2	3	1	0	1
3	2	0	1	3
4	1	2	0	3
5	1	1	1	1
6	0	3	0	1
7	0	0	2	2

于是问题转化为在满足客户需要的条件下，按照哪几种合理的模式，每种模式切割多少根原料钢管最为节省。而所谓节省，可以有两种标准：一是切割后剩余的总余料量最小，二是切割原料钢管的总根数最少。下面将对这两个目标分别讨论。

问题（1）　用 x_i 表示按照表 1 第 i 种模式（$i=1, 2, \cdots, 7$）切割的原料钢管的根数，

若以切割后剩余的总余料量最小为目标，则按照表 5 - 12 最后一列可得：

$$\min Z_1 = 3x_1 + x_2 + 3x_3 + 3x_4 + x_5 + x_6 + 3x_7$$

若以切割原料钢管的总根数最少为目标，则有

$$\min Z_2 = x_1 + x_2 + x_3 + x_4 + x_5 + x_6 + x_7$$

约束条件为客户的需求，按照表 5 - 12 应有：

$$4x_1 + 3x_2 + 2x_3 + x_4 + x_5 \geqslant 50$$

$$x_2 + 2x_4 + x_5 + 3x_6 \geqslant 20$$

$$x_3 + x_5 + 2x_7 \geqslant 15$$

最后，切割的原料钢管的根数 x_i 显然应当是非负整数（用 Z 表示整数集合，Z^+ 表示非负整数集合）：

$$x_i \in Z^+,\ i=1,\ 2,\ \cdots,\ 7$$

于是，问题（1）归结为在约束条件下，使目标达到最小。显然这是线性整数规划模型。

问题（2） 如果按照问题（1）的办法处理，首先要通过枚举法确定哪些切割模式是合理的，并从中选出不超过 3 种模式。而由于需求的钢管规格增加到 4 种，所以枚举法的工作量较大。下面介绍一种带有普遍性的方法，可以同时确定切割模式和切割数量。

同问题（1）一样，只使用合理的切割模式，其余料不应大于 3m（因为客户需要的钢管最小尺寸为 4m，而本题中参数都是整数）。

由于不同切割模式不能超过 3 种，可以用 x_i 表示按照第 i 种模式（$i=1$，2，3）切割的原料钢管的根数。又设使用第 i 种切割模式下每根原料钢管生产长 4m、5m、6m 和 8m 的钢管数量分别为 r_{1i}，r_{2i}，r_{3i}，r_{4i}。

仅以使用的原料总根数最少为目标，即：

$$\min\ x_1 + x_2 + x_3$$

满足客户需求的约束条件为：

$$r_{11}x_1 + r_{12}x_2 + r_{13}x_3 \geqslant 50$$

$$r_{21}x_1 + r_{22}x_2 + r_{23}x_3 \geqslant 10$$

$$r_{31}x_1 + r_{32}x_2 + r_{33}x_3 \geqslant 20$$

$$r_{41}x_1 + r_{42}x_2 + r_{43}x_3 \geqslant 15$$

每一种切割模式必须可行、合理，所以每根原料钢管的成品量不能超过 19m，也不能少于 16m（余料不能大于 3m），于是：

$$16 \leqslant 4r_{11} + 5r_{21} + 6r_{31} + 8r_{41} \leqslant 19$$

$$16 \leqslant 4r_{12} + 5r_{22} + 6r_{32} + 8r_{42} \leqslant 19$$

$$16 \leqslant 4r_{13} + 5r_{23} + 6r_{33} + 8r_{43} \leqslant 19$$

最后，加上非负整数约束：

$$x_i,\ r_{ji} \in Z^+,\ i=1,\ 2,\ 3,\ j=1,\ 2,\ 3,\ 4$$

于是，问题（2）归结为在约束条件下，求 x_i 和 r_{1i}，r_{2i}，r_{3i}，r_{4i}（$i=1,\ 2,\ 3$）使目标达到最小。当然，这是一个整数非线性规划模型。

用 LINGO 求解整数规划

LINGO 软件用于线性或非线性规划（无论是连续规划还是整数规划），因此包含了 LINDO 的功能。在 LINGO 中，所有的函数均以“@”符号开始，如约束中@gin（x_1）表示 x_1 为整数，用 bin（x_1）表示 x_1 为 0－1 整数。

钢管下料问题（1）的求解

以切割后剩余的总余料量最小为目标，建立 LINGO 模型：

```
min= 3*x1+x2+3*x3+3*x4+x5+x6+3*x7;
4*x1+3*x2+2*x3+x4+x5>=50;
x2+2*x4+x5+3*x6>= 20;
x3+x5+2*x7>= 15;
@gin (x1);
@gin (x2);
@gin (x3);
```

求解可以得到最优解如下：

```
OBJECTIVE FUNCTION VALUE
(1)              27.00000
VARIABLE         VALUE           REDUCED COST
    X1           0.000000        3.000000
    X2           12.000000       1.000000
    X3           0.000000        3.000000
    X4           0.000000        3.000000
    X5           15.000000       1.000000
    X6           0.000000        1.000000
    X7           0.000000        3.000000
```

即按照模式 2 切割 12 根原料钢管，按照模式 5 切割 15 根原料钢管，共 27 根，总余料量 27m。显然，在总余料量最小的目标下，最优解将是使用余料尽可能小的切割模式（模式 2 和模式 5 的余料为 1m），这会导致切割原料钢管的总根数较多。

以切割原料钢管的总根数最少为目标，建立 LINGO 模型：

```
min= x1+x2+x3+x4+x5+x6+x7;
4*x1+3*x2+2*x3+x4+x5>=50;
x2+2*x4+x5+3*x6>=20;
```

$x_3+x_5+2*x_7>=15$;

@gin (x_1);

@gin (x_2);

@gin (x_3);

@gin (x_4);

@gin (x_5);

@gin (x_6);

@gin (x7);

求解可以得到最优解如下:

OBJECTIVE FUNCTION VALUE

(1) 25.00000

VARIABLE	VALUE	REDUCED COST
X_1	0.000000	1.000000
X_2	15.000000	1.000000
X_3	0.000000	1.000000
X_4	0.000000	1.000000
X_5	5.000000	1.000000
X_6	0.000000	1.000000
X_7	5.000000	1.000000

即按照模式2切割15根原料钢管，按照模式5切割5根原料钢管，按照模式7切割5根原料钢管，共25根，总余料量35m。与上面得到的结果相比，总余料量增加了8m，但是所用的原料钢管的总根数减少了2根，在余料没有什么用途的情况下，通常选择总根数最少为目标。

钢管下料问题(2)的求解

非线性整数规划模型虽然用LINGO软件可以直接求解，但为了减少运行时间，可以增加一些显然的约束条件，从而缩小可行解的搜索范围。

例如，由于3种切割模式的排列顺序是无关要紧的，所以不妨增加以下约束:

$$x_1 \geqslant x_2 \geqslant x_3$$

又如，注意到所需原料钢管的总根数有明显的上界和下界。首先，原料钢管的根数不可能少于$\frac{4\times50+5\times10+6\times20+8\times15}{19}=26$(根)。其次，考虑一种非常特殊的生产计划:第一种切割模式下只生产4m钢管，一根原料钢管切割成4根4m的钢管，为满足50根4m的钢管的需求，需要13根原料钢管;第二种切割模式下只生产5m和6m的钢管，一根原料钢管切割成1根5m的钢管和2根6m的钢管，为满足10根5m和20根6m钢管的需求，需要 10 根原料钢管；第三种切割模式下只生产 8m 的钢管，一根原料钢管切割成 2 根 8m 的钢管，为满足 15 根 8m 的钢管的需求，需要 8 根原料钢管。于是满足要求的这种生产计划共需要 13+10+8=31 根原料钢管，这就得到了最优解的一个上界，所以可增加以下约束：

$$26 \leqslant x_1 + x_2 + x_3 \leqslant 31$$

LINGO 模型为：

min$=x_1+x_2+x_3$;

$r_{11}*x_1+r_{12}*x_2+r_{13}*x_3>=50$;

$r_{21}*x_1+r_{22}*x_2+r_{23}*x_3>=10$;

$r_{31}*x_1+r_{32}*x_2+r_{33}*x_3>=20$;

$r_{41}*x_1+r_{42}*x_2+r_{43}*x_3>=15$;

$4*r_{11}+5*r_{21}+6*r_{31}+8*r_{41}<=19$;

$4*r_{12}+5*r_{22}+6*r_{32}+8*r_{42}<=19$;

$4*r_{13}+5*r_{23}+6*r_{33}+8*r_{43}<=19$;

$4*r_{11}+5*r_{21}+6*r_{31}+8*r_{41}>=16$;

$4*r_{12}+5*r_{22}+6*r_{32}+8*r_{42}>=16$;

$4*r_{13}+5*r_{23}+6*r_{33}+8*r_{43}>=16$;

$x_1+x_2+x_3>=26$;

$x_1+x_2+x_3<=31$;

$x_1>=x_2$;

$x_2>=x_3$;

@gin（x_1）；@gin（x_2）；@gin（x_3）；

@gin（r_{11}）；@gin（r_{12}）；@gin（r_{13}）；

@gin（r_{21}）；@gin（r_{22}）；@gin（r_{23}）；

@gin（r_{31}）；@gin（r_{32}）；@gin（r_{33}）；

@gin（r_{41}）；@gin（r_{42}）；@gin（r_{43}）；

得到输出如下：

Local optimal solution found at iteration： 12211

Objective value： 28.00000

Variable	Value	Reduced Cost
X1	10.00000	0.000000
X2	10.00000	2.000000
X3	8.000000	1.000000
r11	3.000000	0.000000

$r12$	2.000000	0.000000
$r13$	0.000000	0.000000
$r21$	0.000000	0.000000
$r22$	1.000000	0.000000
$r23$	0.000000	0.000000
$r31$	1.000000	0.000000
$r32$	1.000000	0.000000
$r33$	0.000000	0.000000
$r41$	0.000000	0.000000
$r42$	0.000000	0.000000
$r43$	2.000000	0.000000

即按照模式 1、2、3 分别切割 10 根、10 根、8 根原料钢管，使用原料钢管总根数为 28 根。第一种切割模式下一根原料钢管切割成 3 根 4m 的钢管和 1 根 6m 的钢管；第二种切割模式下一根原料钢管切割成 2 根 4m 的钢管、1 根 5m 的钢管和 1 根 6m 的钢管；第三种切割模式下一根原料钢管切割成 2 根 8m 的钢管。

思考题

1. 用分支定界法求解下列整数规划。

$$\max Z = x_1 + x_2$$

$$\text{s.t.}\begin{cases} x_1 + \dfrac{9}{14}x_2 \leqslant \dfrac{51}{14} \\ -2x_1 + x_2 \leqslant \dfrac{1}{3} \\ x_1、x_2 \geqslant 0，\text{且为整数} \end{cases}$$

2. 用割平面法求解。

$$\max Z = 3x_1 + x_2$$

$$\text{s.t.}\begin{cases} 2x_1 + x_2 \leqslant 6 \\ 4x_1 + 5x_2 \leqslant 6 \\ x_1、x_2 \geqslant 0，\text{且为整数} \end{cases}$$

$$\max Z = 10x_1 + 20x_2$$

$$\text{s.t.}\begin{cases} 0.25x_1 + 0.4x_2 \leqslant 3 \\ x_1 \leqslant 8 \\ x_2 \leqslant 4 \\ x_1、x_2 \geqslant 0，\text{且为整数} \end{cases}$$

3. 求解 0－1 规划。

$$\max Z=3x_1-2x_2+5x_3$$

$$\text{s.t.}\begin{cases}x_1+2x_2-x_3\leqslant 2\\x_1+4x_2+x_3\leqslant 4\\x_1+x_2\leqslant 3\\4x_1+x_3\leqslant 6\\x_1、x_2、x_3=0\text{ 或 }1\end{cases}$$

$$\max Z=4x_1+3x_2+2x_3$$

$$\text{s.t.}\begin{cases}2x_1-5x_2+3x_3\leqslant 4\\4x_1+x_2+3x_3\geqslant 4\\x_2+x_3\geqslant 1\\x_1、x_2、x_3=0\text{ 或 }1\end{cases}$$

4. 现要将一些不同类型的货物装到一条货船上，这些货物的重量、单位体积、冷藏要求、可燃性指数都不相同，有关数据见表 5－13。

表 5－13　　货物部分指标

货号	单位重量	单位体积	冷藏要求	可燃性指数	价值
1	20	1	需要	0.1	5
2	5	2	不需要	0.2	10
3	10	3	不需要	0.4	15
4	12	4	需要	0.1	18
5	25	5	不需要	0.2	25

该船可以装载的重量为 400000kg，总体积为 50000m^3，可以冷藏的总体积为 10000m^3，允许的可燃性指数的总和不能超过 750。目标是希望装载的货物取得最大的价值（注：装到船上的各种货物的件数只能是整数）。

5. 假定在今后三年内有五项工程要考虑施工，每项工程的期望收入和年度费用（千元）见表 5－14，假定每一项已经批准的工程要在三年内完成，目标是要选出使总收入达到最大的那些工程。

表 5－14　　五项工程的费用与收入　　单位：千元

工程	费用			收入
	第 1 年	第 2 年	第 3 年	
1	5	1	8	20
2	4	7	10	40
3	3	9	2	20
4	7	4	1	15
5	8	6	10	30
最大的可用资金数	25	25	25	

6. 某公司需要制造2000件某种产品，这种产品可利用A、B、C设备的任意一个设备进行加工，有关数据见表5-15。

表5-15　某公司生产数据

设备	生产设备费	耗电度（度/件）	生产成本（元/件）	生产能力（件）
A	100	0.5	7	800
B	300	1.8	2	1200
C	200	1.0	5	1400

(1) 如果总用电量限制在2000度时，请制订一个成本最低的方案。

(2) 如果总用电量限制在2800度时，请制订一个成本最低的方案。

(3) 如果总用电量没有限制，请制订一个成本最低的方案。

7. 有三种资源可用来生产三种产品。有关数据见表5-16，由于不同产品的生产组织不同，因而涉及的固定费用也不同，问如何制订一个生产计划使总收益最大？

表5-16　三种产品生产数据

资源种类 / 单耗量 / 产品	1	2	3	资源量
A	2	4	8	500
B	2	3	4	300
C	1	2	3	100
单件利润	4	5	6	
固定费用	100	150	200	

8. 用四台机器加工四种不同的零件，由于各机床性能不同，在加工每一零件时，单位时间获得的利润也不同，其效率如表5-17所示，请建立利润最大的指派问题的模型。

表5-17　加工零件效率表

机床 / 零件	B_1	B_2	B_3	B_4
A_1	35	27	28	37

续 表

零件 \ 机床	B_1	B_2	B_3	B_4
A_2	28	34	29	40
A_3	35	24	32	33
A_4	24	32	25	28

第六章　目标规划

线性规划问题是讨论一个给定的线性目标函数在一组线性约束条件下的最大值或最小值问题。但在很多实际问题中，例如经济、管理、军事、科学和工程设计等领域，衡量一个方案的好坏往往难以用一个指标来判断，而需要用多个目标来比较。而这些目标有时不甚协调，甚至是矛盾的，且模型中有可能存在一些互相矛盾的约束条件的情况，用已有的线性规划的理论和方法无法解决这些问题。因此我们把同时考虑多个决策目标的规划问题，称为多目标规划问题。

下面我们将通过几个例子来说明在实际应用中线性规划存在一系列的局限性。

例 6-1：6 个人工某厂生产 A、B 两种产品，每件所需的劳动力分别为 4 个人工和所需设备的单位机器台时均为 1。已知该厂有 10 个单位机器台时提供制造这两种产品，并且至少能提供 70 个人工。另外，A、B 产品的利润每件分别为 300 元和 500 元。试问：该厂应生产 A、B 产品各多少件，才能使其利润最大？

解：设该厂能生产 A、B 产品的数量分别为 x_1、x_2 件，则有：

$$\max f=300x_1+500x_2$$

$$\text{s.t.}\begin{cases}x_1+x_2\leqslant 10\\4x_1+6x_2\geqslant 70\\x_1\geqslant 0,\ x_2\geqslant 0\end{cases}$$

由约束条件可知，该题的可行解集为 ϕ，即机时约束和人工约束之间产生矛盾，因而该问题无解。但在实际中，该厂要增加利润，不可能不生产 A、B 两种产品，而由线性规划模型无法为其找到一个合适的方案。

例 6-2：某厂为进行生产需采购 A、B 两种原材料，单价分别为 70 元/千克和 50 元/千克。现要求购买资金不超过 5000 元，总购买量不少于 80 千克，而 A 原材料不少于 20 千克。问如何确定最好的采购方案（即花掉的资金最少，购买的总量最大）？

解：这是一个含有两个目标的数学规划问题。设 x_1、x_2 分别为购买两种原材料的千克数，f（x_1，x_2）为采购 A、B 两种原材料而花费的资金，f_2（x_1，x_2）为购买两种原材料的总量。建立该问题的数学模型形式如下：

$$\min f_1(x_1,\ x_2)=70x_1+50x_2$$

$$\min f_2(x_1,\ x_2)=x_1+x_2$$

$$\text{s. t.}\begin{cases}70x_1+50x_2\leqslant 5000\\x_1+x_2\geqslant 80\\x_1\geqslant 20\\x_1\geqslant 0,\ x_2\geqslant 0\end{cases}$$

对于这样的多目标问题，线性规划很难为其找到最优方案。极可能的结果是，第一个方案使第一个目标的结果值优于第二个方案，同时第二个方案使第二个目标的结果值优于第一个方案。也就是说很难找到一个最优方案，使两个目标的函数值同时达到最优。另外，对于多目标问题，还存在有多个目标存在有不同重要程度的因素，而这也是线性规划所无法解决的。

在线性规划的基础上，建立了一种新的数学规划方法——目标规划法，用于弥补线性规划的上述局限性。总的来说，目标规划和线性规划的不同之处可以从以下几点反映出来：

线性规划只研究在满足一定条件下，单一目标函数取得最优解。而在企业管理中，经常遇到多目标决策问题，如拟订生产计划时，不仅考虑总产值，同时要考虑利润、产品质量和设备利用率等。这些指标之间的重要程度（即优先顺序）也不相同，有些目标之间往往相互发生矛盾。因此，目标规划能统筹兼顾地处理多个目标的关系，求得切合实际需求的解。

线性规划致力于去求满足所有约束条件的最优解。这个最优解若是超过了实际的需要，很可能是以过分地消耗约束条件中的某些资源作为代价。而在实际问题中，可能存在相互矛盾的约束条件而导致无可行解，但此时生产还得继续进行。即使存在可行解，实际问题中也未必一定需要求出最优解。目标规划是要找一个满意解，即使在相互矛盾的约束条件下也找到尽量满足约束的满意解，即满意方案。

线性规划把各个约束条件重要性都不分主次地等同看待，这也不符合实际情况。而目标规划可根据实际需要给予轻重缓急的考虑。

求解线性规划问题，首先要求约束条件必须相容。如果约束条件中，由于人力、设备等资源条件的限制，使约束条件之间出现了矛盾，就得不到问题的可行解。但生产还得继续进行，这将给人们进一步应用线性规划方法带来困难。

为了弥补线性规划问题的局限性，解决有限资源和计划指标之间的矛盾，在线性规划基础上，建立目标规划方法，从而使一些线性规划无法解决的问题得到满意的解答。

实际问题中，可能会同时考虑几个方面都达到最优：产量最高，成本最低，质量最好，利润最大，环境达标，运输满足等。多目标规划能更好地兼顾统筹处理多种目标的关系，求得更切合实际要求的解。多目标规划可根据实际情况，分主次和轻重缓急地考虑问题。

第一节　目标规划问题及其数学模型

目标规划方法，是在线性规划的基础上逐步发展起来的一种多目标规划方法。这一方法是由美国学者查恩斯（A. Charnes）和库伯（W. W. Cooper）于1961年首先提出来的。后来，查斯基莱恩（U. Jaashelainen）和李（Sang. Lee）等人在查恩斯和库伯研究工作的基础上，给出了求解目标规划问题的一般性方法。

目标规划的基本思想是，给定若干目标以及实现这些目标的优先顺序，在有限的资源条件下，使总的偏离目标值的偏差最小。

为了具体说明目标规划与线性规划在处理问题的方法上的区别，我们首先通过下面的例子来介绍目标规划的有关概念及其数学模型。

例6-3：假设某一企业利用某种原材料和现有设备可生产甲、乙两种产品，其中，甲、乙两种产品的单价分别为8元和1元；生产单位甲、乙两种产品需要消耗的原材料分别为2个单位和1个单位，需要占用的设备分别为1台时和2台时；原材料拥有量为11个单位；可利用的设备总台时为10台时。试问：该企业领导者应如何确定其生产方案？

如果决策者所追求的唯一目标是使总产值达到最大，则这个企业的生产方案可以由如下的线性规划模型给出：设 x_1，x_2 分别为计划生产甲、乙两种产品的数量。使得：

$$\max Z=8x_1+10x_2 \tag{1}$$

$$\text{s. t.}\begin{cases}2x_1+x_2\leqslant 11\\ x_1+2x_2\geqslant 10\\ x_1\geqslant 0,\ x_2\geqslant 0\end{cases} \tag{2}$$

x_1，x_2 为决策变量，Z 为目标函数。将上述问题标准化后，用单纯形法求解得最佳决策方案为 $x_1^*=4$，$x_2^*=3$，$Z_{\max}=62$。

但是，在实际决策时件，企业领导者必须考虑市场等一系列其他条件，如：

(a) 根据市场信息，甲种产品的需求量有下降的趋势，故甲种产品的产量不应大于乙种产品的产量。

(b) 应尽可能地充分利用设备的有效台时，但不希望加班。

(c) 应尽可能达到并超过计划产值指标56元。这样，该企业生产方案的确定，便成为一个多目标决策问题，这一问题可用目标规划方法进行求解。

下面，我们引入与建立目标规划数学模型有关的一些概念。

1. 偏差变量

在目标规划数学模型中，除了决策变量外，还需要引入正、负偏差变量。其中，正偏差变量记作 $d_i^+\geqslant 0$，表示决策值超过目标值的部分；负偏差变量记作 $d_i^-\geqslant 0$，表示决策值未达到目标值的部分。因为决策值不可能既超过目标值同时又未达到目标值，故恒有

$d_i^+ \cdot d_i^- = 0$成立。

2. 系统约束和目标约束

系统约束，是指必须严格满足的等式约束和不等式约束，譬如，线性规划问题的所有约束条件都是系统约束，不能满足这些约束条件的解称为非可行解，所以它们是硬约束。

目标约束，是指目标规划所特有的。我们可以将约束方程右端项看作是追求的目标值，在达到此目标值时允许发生正或负偏差，因此在这些约束条件中加入正、负偏差变量，它们是软约束。线性规划问题的目标函数，在给定目标值和加入正、负偏差变量后可变换为目标约束，也可以根据问题的需要将绝对约束变换为目标约束。例如，线性问题中的目标函数 $z=8x_1+10x_2$ 可变换为目标约束 $8x_1+10x_2+d_1^- - d_1^+ = 56$，绝对约束 $2x_1+x_2 \leqslant 11$ 可变换为 $2x_1+x_2+d_2^- - d_2^+ = 11$，$x_1+2x_2 \geqslant 10$ 可变换为 $x_1+2x_2+d_3^- - d_3^+ = 10$。

3. 优先因子（优先等级）与权系数

一个规划问题常常有若干个目标，决策者对这些目标的考虑是有主次或轻重缓急的不同。凡要求第一位达到的目标赋予优先因子 p_1，次位的目标赋予优先因子 p_2，…，表示 p_1 级比 p_2 级有至高无上的权力。只有在 p_1 级满足时，才考虑 p_2 级，依此类推。若要区别具有相同优先因子 p_k 的目标的差别，这时可分别赋予它们不同的权系数 ω_{kl}（$l=1, 2, \cdots, L$）。这些都由决策者按具体情况而定。

4. 目标规划的目标函数

目标规划的目标函数（准则函数）是按各目标约束的正、负偏差变量和赋予相应的优先因子而构造的。当每一目标值确定后，决策者的要求是尽可能缩小偏离目标值。因此，目标规划的目标函数只能是：$\min Z = f(d^-, d^+)$

5. 目标函数基本形式

（1）要求恰好达到目标值，即正、负偏差变量都要尽可能地小。这时，$\min Z = f(d^- + d^+)$。

（2）要求不超过目标值，即允许达不到目标值，就是正偏差变经要尽可能地小。这时，$\min Z = f(d^+)$。

（3）要求超过目标值，即超过量不限，但必须使负偏差变数要尽可能地小。这时，$\min Z = f(d^-)$。

对于每一个具体的目标规划问题，可根据决策者的要求和赋予各目标的优先因子来构造目标函数。对例 6 - 3 所描述的生产方案的决策问题，如果决策者在原材料供应受严格限制的基础上考虑：首先是甲种产品的产量不超过乙种产品的产量；其次是充分利用设备的有效台时，不加班；最后是产值不小于 56 元，并分别赋予这三个目标 p_1、p_2、p_3 优先因子，那么，这一决策问题的目标规划模型就是：

$$\min Z = p_1 d_1^{+} + p_2 (d_2^{-} + d_2^{+}) + p_3 d_3^{-}$$

$$
\text{s. t.}\begin{cases}2x_1+x_2\leqslant 10\\ x_1-x_2+d_1{}^- -d_1{}^+=0\\ x_1+2x_2+d_2{}^- -d_2{}^+=10\\ 8x_1+10x_2+d_3{}^- -d_3{}^+=56\\ x_1,\ x_2,\ d_i{}^-,\ d_i{}^+\geqslant 0(i=1,\ 2,\ 3)\end{cases}
$$

目标规划的一般性数学模型如下：

$$
\min Z=\sum_{k=1}^{K}\left[p_k\sum_{l=1}^{L}(\omega_{kl}^- d_k^- +\omega_{kl}^+ d_k^+)\right]
$$

$$
\text{s. t.}\begin{cases}\sum_{j=1}^{n}a_{ij}x_j\leqslant(\geqslant\text{或}=)b_i(i=1,2,\cdots,m)\text{绝对约束}\\ \sum_{j=1}^{n}c_{ij}x_j+d_l^- -d_l^- =g_l(l=1,2,\cdots,L)\text{目标约束}\\ x_j\geqslant 0,\ d_l{}^-,\ d_l{}^+\geqslant 0\text{ 非负约束}\end{cases}
$$

例 6－4：在例 1 中，假定目标利润不少于 15000 元，为第一目标；占用的人力可以少于 70 人，为第二目标。求决策方案。

解：按决策者的要求分别赋予两个目标为 p_1、p_2 级，列出模型如下：

$$
\min Z=p_1d_1^- +p_2d_2^+
$$

$$
\text{s. t.}\begin{cases}300x_1+500x_2+d_1^- -d_1^+ =15000\\ 4x_1+6x_1+d_2^- -d_2^+ =70\\ x_1+x_2\leqslant 10\\ x_1,x_2,d_i^+,d_i^- \geqslant 0(i=1,\ 2,\ 3)\end{cases}
$$

例 6－5：某纺织厂生产 A、B 两种布料，平均生产能力均为 1km/h。工厂正常生产能力是 80h/周。另外，A 布料每千米获利 2500 元，B 布料每千米获利 1500 元。已知 A、B 两种布料每周的市场需求量分别是 70km 和 45km。现该厂确定一周内的目标为：

第一优先级：避免生产开工不足。

第二优先级：加班时间不超过 10h。

第三优先级：根据市场需求达到最大销售量。

第四优先级：尽可能减少加班时间。

试求该问题的最优方案。

解：设 x_1，x_2 分别为生产甲、乙布料的小时数。对于第三优先级目标，根据 A、B 布料利润 2500∶1500＝5∶3 的比值，取二者达到较大销量的权系数分别为 5 和 3。该问题的目标规划模型为：

$$
\min Z=p_1d_1^- +p_2d_2^+ +p_3\ (5d_3^- +3d_4^-)\ +p_4d_1^+
$$

$$
\text{s.t.}\begin{cases}x_1+x_2+d_1^- - d_1^+ = 80\\ d_1^+ + d_2^- - d_2^+ = 10\\ x_1+d_3^- - d_4^+ = 70\\ x_2+d_4^- - d_4^+ = 45\\ x_1,\ x_2,\ d_i^-,\ d_i^+ \geqslant 0\ (i=1,\ 2,\ 3,\ 4)\end{cases}
$$

综上所述，目标规划建立模型的步骤为：

（1）根据问题所提出的各目标与条件，确定目标值，列出目标约束与绝对约束。

（2）根据决策者的需要将某些或全部绝对约束转换为目标约束，方法是绝对约束的左式加上负偏差变量和减去正偏差变量。

（3）给各级目标赋予相应的优先因子。

（4）对同一优先级的各目标，再按其重要程度不同，赋予相应的权系数。

（5）根据决策者的要求，各目标按三种情况取值。

第二节　目标规划的解法

一、图解法求解目标规划

只有两个决策变量的目标规划数学模型，可以使用简单直观的图解法求解。其方法与线性规划图解法类似，先在平面直角坐标系第一象限内做出各约束等式或不等式的图像，然后由绝对约束确定了可行域，由目标约束和目标函数确定最优解或满意解。

对于绝对约束，与线性规划中的约束条件画法完全相同。对于目标约束方程，除做出直线外，还要在直线上标出正负偏差变量的方向，其可行域方向取决于目标函数中对应目标。另外，目标规划是在前一级目标满足的情况下再来考虑下一级目标，很有可能尽可能满足目标的解不是可行解（即非可行解），而是权衡以后得出的最优解——满意解。因而在目标规划里称求得的解为满意解。

注意在求解的时候，把绝对约束做最高级别考虑。

例 6-6：用图解法求解目标规划问题的满意解。

某厂生产 A、B 两种产品。已知 A：需求 20 件/周，生产 2h/件，获利 30 元/件；已知 B：需求 10 件/周，生产 4h/件，获利 60 元/件；每周工作 44h，决策者要求：

（a）不过量生产 A、B;

（b）以求较大利润，尽量多生产 A，B;

（c）要求尽量少加班。

解：依题意设 A、B 两种产品的产量分别为 x_1，x_2，对于第二优先级目标，根据 A、B 两种产品的利润 30∶60=1∶2 的比值，取二者的权系数分别为 1 和 2。建模型为：

$$\min Z = p_1(d_1^+ + d_2^+) + p_2(d_1^- + 2d_2^-) + p_3 d_3^+$$

$$\text{s.t.}\begin{cases} x_1 + d_1^+ - d_1^- = 20 \\ x_2 + d_2^+ - d_2^- = 10 \\ 2x_1 + 4x_2 + d_3^- - d_3^+ = 44 \\ x_1,\ x_2,\ d_i^-,\ d_i^+ \geqslant 0 (i=1,\ 2,\ 3) \end{cases}$$

• 建立 x_1Ox_2 直角坐标系；

• 作 $x_1 = 20$，$x_2 = 20$，直线 $2x_1 + 4x_2 = 44$；

• 把上述方程带上其正负偏差箭线；

• 逐级考虑实现目标函数，见图 6－1。

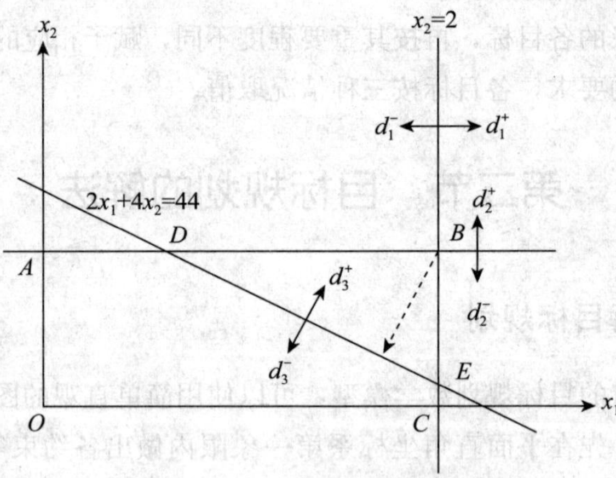

图 6－1　例 6－6 的图解法

p_1 级：$\min(d_1^+ + d_2^+)$满足 p_1 级的区域为 $OABC$ 矩形。

p_2 级：$\min(d_1^- + 2d_2^-)$优先实现（考虑）$\min(d_2^-)$（因为 d_2^-、d_1^- 的权系数分别为 1 和 2，d_2^- 的权系数大），把 $OABC$ 压缩为 AB 线段，再考虑 $\min(d_2^-)$把 AB 线段压缩为 B 点。

p_3 级：$\min(d_3^+)$，因为不破坏第二级，所以第三级无法实现。满意解还是 B 点。即：该目标规划的满意解 $x^* = (20,\ 10)^{\mathrm{T}}$。

满意程度，用偏差向量描述：

$$a = (a_1, a_2, a_3) = (d_1^+ + d_2^+,\ d_1^- + 2d_2^-,\ d_3^+) = (0,\ 0,\ 36)$$

所以第三级偏差 36，即超工时 36 小时。

例 6－7： 用图解法求解以下目标规划问题的满意解。

$$\min Z = p_1(d_3^+ + d_4^+) + p_2 d_1^+ + p_3 d_2^- + p_4(d_3^+ + 1.5d_4^-)$$

$$\text{s.t.}\begin{cases}x_1+x_2+d_1^- - d_1^+ = 40\\ x_1+x_2+d_2^- - d_2^+ = 100\\ x_1+d_3^- - d_3^+ = 30\\ x_2+d_4^- - d_4^+ = 15\\ x_1,\ x_2,\ d_i^-,\ d_i^+ \geqslant 0(i=1,\ 2,\ 3,\ 4)\end{cases}$$

解：建立 x_1Ox_2 直角坐标系，作约束条件直线，把上述方程带上其正负偏差箭线，逐级考虑实现目标函数。

p_1 级：$\min(d_3^+ + d_4^+)$ 满足 p_1 级的区域是矩形 $OMNP$；

p_2 级：$\min(d_1^+)$ 满足 p_2 级的区域是多边形 $OMQSP$；

p_3 级：$\min(d_2^-)$ 满足 p_3 级的区域是 QS 段；

p_4 级：$\min(d_3^+ + 1.5d_4^-)$ 优先考虑 $\min(d_4^-)$，所以满意解是 Q 点，再考虑 $\min(d_3^+)$，无法实现。(尽量满足)

详细过程见图 6-2。满意解：$x^*=(25,\ 15)^{\mathrm{T}}$。

偏差向量：$a=(a_1, a_2, a_3,\ a_4)=(0,\ 0,\ 60,\ 5)$。

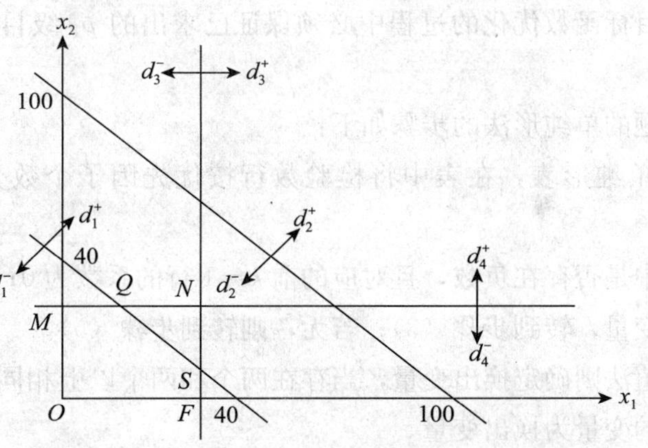

图 6-2 例 6-7 的图解法

图解法简单直观，在平面上作图适用于求解只有两个决策变量的问题。目标规划与线性规划不同，它一般是寻求一个区域，这个区域提供了相互矛盾的目标集的折中方案。总结图解法求解步骤如下。

(1) 在直角坐标系的第一象限做出绝对约束和目标约束的图像，绝对约束确定出可行解的区域，在目标约束直线上用箭头标出正负偏差变量值增大的方向（正、负偏差变量增大的方向相反）。

(2) 在可行解的区域内，求满足最高优先等级目标的解。

(3) 转到下一个优先等级的目标，在满足上一个优先等级目标的前提下，求出满足该等级目标的解。

(4) 重复步骤 (3)，直到所有优先等级目标都审查完毕。

(5) 确定最优解或满意解。

二、单纯形法求解目标规划

目标规划的数学模型结构，与线性规划的数学模型结构没有本质的区别，所以可用单纯形法求解目标规划问题。但考虑到目标规划模型的特点，在用单纯形法求解目标规划时，应做以下规定：

因为目标规划问题的目标函数都是求最小值，所以检验数 $\sigma=\boldsymbol{C}_N-\boldsymbol{C}_B\boldsymbol{B}^{-1}\boldsymbol{A}\geqslant 0$ 时，为最优。目标规划具有多个目标函数，且它们分属于不同的优先级。因此，其各级目标函数的系数中，各非基变量的检验数中都含有优先因子，故各检验数的正、负首先取决于 $P_K(K=1,2,\cdots,K)$ 系数的正、负。

基于上述基本特点，在求解线性目标规划的单纯形法中，把每个检验数按 K 级优先因子分解成 K 项，在单纯形表中依次成 K 行，进行最优性检验时，先根据各非基变量检验数中 p_1 项的系数判断 p_1 级目标函数是否已达到最优。若是，则再考虑 p_2 级目标函数的优化，且在几级目标函数优化的过程中必须保证已求出的 p_1 级目标函数最优值不被劣化，…，依此类推。

解目标规划问题的单纯形法的步骤如下：

(1) 建立初始单纯形表，在表中将检验数行按优先因子个数分别排成 k 行，且置 $k=1$。

(2) 检查该行中是否存在负数，且对应的前 $k-1$ 行的系数为 0；若有，取其中最小者对应的变量为换入变量，转到步骤 (3)；若无，则转到步骤 (5)。

(3) 按最小比值法则确定换出变量，当存在两个和两个以上相同的最小比值时，选取具有较高优先级别的变量为换出变量。

(4) 按单纯形法进行基变换运算，建立新的计算表，返回步骤 (2)。

(5) 当 $k=K$ 时，计算停止，表中的解即为满意解；否则，置 $K=k+l$，返回步骤 (2)。

例 6-8：试用单纯形法求解上节例 6-7 所描述的目标规划问题。

解：检验数：$\sigma_j=\boldsymbol{C}_N-\boldsymbol{C}_B\boldsymbol{B}^{-1}p_j\ (j=1, 2, \cdots, 10)$ 如：

$$\sigma_1=\boldsymbol{C}_N-\boldsymbol{C}_B\boldsymbol{B}^{-1}p_1=0-(0,\ p_3,\ p_4,\ 1.5p_4)\begin{pmatrix}1\\1\\1\\0\end{pmatrix}=-p_3-p_4\text{(分级写)}$$

单纯形法求解的详细过程见表 6-1。

表 6-1　　　　例 6-8 单纯形法求解过程

C_j			0	0	0	p_2	p_3	0	p_4	p_1	$1.5p_4$	p_1
$\boldsymbol{C}_B$	X_B	$\boldsymbol{B}^{-1}b$	x_1	x_2	d_1^-	d_1^+	d_2^-	d_2^+	d_3^-	d_3^+	d_4^-	d_4^+
0	d_1^-	40	1	1	1	−1	0	0	0	0	0	0
p_3	d_2^-	100	1	1	0	0	1	−1	0	0	0	0
p_4	d_3^-	30	1	0	0	0	0	0	1	−1	0	0
$1.5p_4$	d_4^-	15	0	1^*	0	0	0	0	0	0	1	−1
C_j-Z_j		p_1								1		1
		p_2				1						
		p_3	−1	−1				1				
		p_4	−1	−1.5						1		1.5
0	d_1^-	25	1^*	0	1	−1	0	0	0	0	−1	1
p_3	d_2^-	85	1	0	0	0	1	−1	0	0	−1	1
p_4	d_3^-	30	1	0	0	0	0	0	1	−1	0	0
0	x_2	15	0	1	0	0	0	0	0	0	1	−1
C_j-Z_j		p_1								1		1
		p_2			1							
		p_3	−1					1			1	−1
		p_4	−1							1	1.5	
0	x_1	25	1	0	1	−1	0	0	0	0	−1	1
p_3	d_2^-	60	0	0	−1	1	1	−1	0	0	0	0
p_4	d_3^-	5	0	0	−1	1	0	0	1	−1	1	−1
0	x_2	15	0	1	0	0	0	0	0	0	1	−1
C_j-Z_j		p_1								1		1
		p_2				1						
		p_3			1	−1		1				
		p_4			1	−1				1	0.5	1

所以，满意解为 $x^*=(25，15)^T$。

偏差向量：$\boldsymbol{a}=(a_1,a_2,a_3，a_4)=(0，0，60，5)$。

第三节　目标规划的灵敏度分析

目标规划的灵敏度分析方法与前面介绍一般线性规划的灵敏度分析方法相同。举例分析如下。

一、目标优先级次序变化的灵敏度分析

例 6-9：已知下述目标规划问题：

$$\min f = p_1 d_1^- + p_2 d_4^+ + p_3(5d_2^- + 3d_3^-) + p_3(5d_3^+ + 3d_2^+)$$

$$\text{s.t.}\begin{cases} x_1 + x_2 + d_1^- - d_1^+ = 80 \\ x_1 + d_2^- - d_2^+ = 70 \\ x_2 + d_3^- - d_3^+ = 45 \\ d_1^- + d_4^- - d_4^+ = 10 \\ x_1,\ x_2,\ d_i^-,\ d_i^+ \geqslant 0 (i=1,\ 2,\ 3,\ 4) \end{cases}$$

要求：(1) 试用单纯形法求最优解；

(2) 交换优先级 p_1 与 p_2 级，满意解是否改变，即

$$\min f = p_1 d_4^+ + p_2 d_1^- + p_3(5d_2^- + 3d_3^-) + p_3(5d_3^+ + 3d_2^+)$$

(3) 交换优先级 p_2 与 p_3 级，满意解是否改变，即

$$\min f = p_1 d_1^- + p_3 d_4^+ + p_2(5d_2^- + 3d_3^-) + p_2(5d_3^+ + 3d_2^+)$$

解：迭代最优单纯形表如表 6-2 所示。

表 6-2　　**例 6-9 单纯形表 (1)**

C_j			0	0	p_1	0	$5p_3$	$3p_3$	$3p_3$	$5p_3$	0	p_2
$\boldsymbol{C}_B$	X_B	$\boldsymbol{B}^{-1}b$	x_1	x_2	d_1^-	d_1^+	d_2^-	d_2^+	d_3^-	d_3^+	d_4^-	d_4^+
0	x_2	20		1	1		−1	1			1	−1
0	x_1	70	1				1	−1				
$3p_3$	d_3^-	25			−1		1	−1	1	−1	−1	1
0	d_1^+	10				1					1	−1
$C_j - Z_j$		p_1			1							
		p_2										1
		p_3			3	2	6			8	3	−3

即满意解：$x^* = (70,\ 20)^{\mathrm{T}}$；偏差向量：$\boldsymbol{a} = (0,\ 0,\ 75)$。

因为 p_1 行和 p_2 行所有检验数均为非负，如交换 p_1 级与 p_2 级，满意解不变。

交换 p_2 级与 p_3 级，重新求满意解，如表 6－3 所示。

表 6－3　　　　　　　　　例 6－9 单纯形表（2）

	C_j		0	0	p_1	0	$5p_2$	$3p_2$	$3p_2$	$5p_2$	0	p_3
$\boldsymbol{C}_B$	X_B	$\boldsymbol{B}^{-1}b$	x_1	x_2	d_1^-	d_1^+	d_2^-	d_2^+	d_3^-	d_3^+	d_4^-	d_4^+
0	x_2	20		1	1		−1	1			1	−1
0	x_1	70	1				1	−1				
$3p_2$	d_3^-	25			−1		1	−1	1	−1	−1	1^*
0	d_1^+	10				1					1	−1
C_j-Z_j		p_1			1							
		p_2			3	2	6			8	3	−3
		p_3										1
0	x_2	45		1					1	−1		
0	x_1	70	1				1	−1				
p_3	d_4^+	25			−1		1	−1	1	−1	−1	1
0	d_1^+	35			−1	1	1	−1	1	−1		
C_j-Z_j		p_1			1							
		p_2					5	3	3	5		
		p_3			1		−1	1	−1	1	1	

即，满意解：$x^*=(70,\ 45)^{\mathrm{T}}$；偏差向量：$\boldsymbol{a}=(0,\ 0,\ 25)$，满意解改善。

二、约束条件右端项变化的灵敏度分析

例 6－10：对上例 6－9 中约束方程右端常数进行改变；

（1）第一个约束方程右端常数 80 变为 100；（2）第一个约束方程右端常数 80 变为 120，进行灵敏度分析。

解：（1）
$$\boldsymbol{B}^{-1}b'=\begin{bmatrix}1 & -1 & 0 & 1\\ 0 & 1 & 0 & 0\\ -1 & 1 & 1 & -1\\ 0 & 0 & 0 & 1\end{bmatrix}\begin{bmatrix}100\\ 70\\ 50\\ 45\\ 10\end{bmatrix}=\begin{bmatrix}40\\ 70\\ 5\\ 10\end{bmatrix}\geqslant 0$$

最优基不变，满意解不变（方案不变），或

$$B^{-1}b'=B^{-1}b+p_1\Delta b_1=\begin{bmatrix}20\\70\\25\\10\end{bmatrix}+\begin{bmatrix}1\\0\\-1\\0\end{bmatrix}\times 20=\begin{bmatrix}40\\70\\5\\10\end{bmatrix}\geqslant 0$$

(2) $$B^{-1}b'=B^{-1}b+p_1\Delta b_1=\begin{bmatrix}20\\70\\25\\10\end{bmatrix}+\begin{bmatrix}1\\0\\-1\\0\end{bmatrix}\times 40=\begin{bmatrix}60\\70\\-15\\10\end{bmatrix}$$

表明最优基改变，需对 d_3^- 这一行全部乘（-1），并取 d_3^+ 为基变量继续迭代，求最优解，如表 6-4 所示。

表 6-4　　例 6-10 迭代求最优解

	C_j		0	0	p_1	0	$5p_3$	$3p_3$	$3p_3$	$5p_3$	0	p_2
C_B	X_B	$B^{-1}b$	x_1	x_2	d_1^-	d_1^+	d_2^-	d_2^+	d_3^-	d_3^+	d_4^-	d_4^+
0	x_2	60		1	1		-1	1			1	-1
0	x_1	70	1				1	-1				
$5p_3$	d_3^+	15			1		-1	1	-1	1	1	-1
0	d_1^+	10				1					1*	-1
C_j-Z_j		p_1			1							
		p_2										1
		p_3			-5		10	-2	8		-5	5
0	x_2	50		1	1	-1	-1	1				
0	x_1	70	1				1	-1				
$5p_3$	d_3^+	5			1	-1	-1	1*	-1	1		
0	d_4^-	10				1					1	-1
C_j-Z_j		p_1			1							
		p_2										1
		p_3			-5	5	10	-2	8			
0	x_2	45		1					1	-1		
0	x_1	75	1		1	-1			-1	1		
$3p_3$	d_2^+	5			1	-1	-1	1	-1	1	1	-1
0	d_4^-	10				1						
C_j-Z_j		p_1			1							
		p_2										1
		p_3			-3	3	8		6	2		

即，满意解：$x^*=(70, 45)^T$；偏差向量：$\boldsymbol{a}=(0, 0, 15)$，满意解改善。

第四节　案例分析（冷链物流配送中心选址的多目标优化模型）

背景介绍：由于冷链中所配送物品易腐坏的特性，使得冷链物流配送中心选址与其他一般配送中心选址方法有所不同。我国的物流发展本身就比较迟缓，而冷链物流又是物流中比较棘手的难题，建立冷链物流配送中心选址的多目标规划模型，在考虑了服务可靠性的情况下，使得物流总成本最小。

1. 冷链配送中心服务可靠性及计算方法

冷链配送中心服务可靠性是物流服务水平的一个度量。在冷链物流中，物流系统服务可靠性显得尤为重要。配送中心系统的可靠性是配送中心内部所有有关联的物流作业可靠性的逻辑组合。在这里，假设其他物流作业的可靠性均为1，服务可靠性只由配送过程决定。在一定的条件下，在客户规定的时间内将产品送到客户手中的概率用 p_{ij} 表示，则：

$$p_{ij}=p(T_{ij}\leqslant t_j)=p(s_{ij}/V_{ij}\leqslant t_j)=p(V_{ij}\geqslant s_{ij}/t_j)=1-FV_{ij}(s_{ij}/t_j) \tag{1}$$

T_{ij}——货物从配送中心 i 送到客户 j 所需要的时间；

t_j——客户要求的送货时间；

s_{ij}——配送中心 i 与客户 j 之间的距离；

v_{ij}——车辆从配送中心 i 到客户 j 的速度分布函数，车辆的行驶速度因车辆性能和交通状况的不同而不同，具有一定的统计规律，呈现正态分布的特征。

由式（1）推出配送中心对多个客户服务时可靠性的计算公式为：

$$p_s=\frac{\sum_{i\in M}\sum_{j\in N}d_jp_{ij}}{\sum_{j\in N}d_j}=\frac{\sum_{i\in M}\sum_{j\in M}d_jp_{ij}[1-FV_{ij}(s_{ij}/t_{ij})]}{\sum_{j\in N}d_j} \tag{2}$$

p_s——配送中心系统的服务可靠性；

d_j——客户 j 的需求量；

p_{ij}——配送中心 i 为客户 j 提供服务的可靠性。

2. 冷链物流配送中心选址模型

这里所建立的冷链物流配送中心的选址模型为多个配送中心到多个需求点，在运输过程中配备有冷冻或冷藏设备的货车为运输工具，配送单一类型生鲜产品。客户的需求量和地理位置已知，从一组备选地址中选出若干个地址进行配送中心的建设，使得这些配送中心向顾客运送货物的总成本最小，同时满足整个系统的服务可靠度最大。在考虑相关成本的同时可假设：

（1）系统总费用不考虑仓库的存储费用；

(2) 产品运送过程中能保持恒定的运送温度，因而在不考虑其他影响因素的条件下，可假设配送生鲜产品的腐坏率是恒定的。

决策变量：

x_{ij}——从配送中心 i 到客户 j 的运输量；

$$z_i=\begin{cases}0，不在候选地\ i\ 设立配送中心\\1，在候选地\ i\ 设立配送中心\end{cases}$$

参数定义：

F_i——备选配送中心 i 的固定费用；

h_{ij}——从配送中心 i 到客户 j 的运输单价；

s_{ij}——配送中心 i 到客户 j 的距离；

p——运输物品的单位价值；

θ——运输途中物品的腐坏率系数；

g——单位产品的中转成本；

q——配送中心的建设容量上限；

假设企业预先设定的服务可靠性最小值为 P_0，以系统总成本（固定成本、配送中心到需求点的运输成本，货损成本与加工包装成本之和）最小，物流配送中心系统的服务可靠性最大为目标函数，可建立以下数学模型：

$$\min U=\left[\sum_{i=1}^{m}F_i+\sum_{i=1}^{m}\sum_{j=1}^{n}h_{ij}x_{ij}s_{ij}+\sum_{i=1}^{m}\sum_{j=1}^{n}px_{ij}(1-e^{-\theta s_{ij}/v_{ij}})+\sum_{j=1}^{n}\sum_{i=1}^{m}g_ix_{ij}\right]z_i \quad (3)$$

$$p_s=\frac{\sum_{i\in M}\sum_{j\in N}d_j[1-FV_{ij}(s_{ij}/t_j)]}{\sum_{j\in N}d_j}\geqslant p_0 \quad (4)$$

$$\sum_{i=1}^{m}Z_i\leqslant q \quad (5)$$

$$\sum_{j=1}^{n}x_{ij}\leqslant a_i,\ i=1,2,\cdots,m \quad (6)$$

$$\sum_{i=1}^{m}x_{ij}\geqslant d_j,\ j=1,2,\cdots,n$$

式（3）、式（4）为目标函数，分别表示物流总成本最小和物流服务可靠性最大。式（3）中的第一项为建立设施的固定成本，第二项为从配送中心 i 到客户 j 的运输成本，第三项为运输过程中由于货物腐坏和破损引起的货损成本，最后一项表示货物加工包装引起的中转成本。

式（4）是对配送中心系统服务可靠性的限制。

式（5）表示所建配送中心数量不得超过 q。

式（6）表示配送中心向客户配送产品的总量不得超过自身的容量，a_i 表示配送中心 i 的容量。

式（7）表示配送中心 i 到需求点 j 的配送总量不小于其需求量。

案例研究

设有 4 个备选冷链配送中心地址，6 家客户需要产品，最多可建立 3 个冷链物流配送中心。假设配送的产品为超市所出售的海鲜产品，配送温度为－5℃，售价均为 18 元/件。车辆平均行驶速率为 30km/h，单位的运输成本为 0.3 元/（km·kg）。各个配送中心到客户的距离见表 6－5，客户的需求量见表 6－6，模型中相关系数见表 6－7，备选配送中心的设施成本、中转费用和容量见表 6－8。

表 6－5　配送中心到客户的距离

距离 / 客户 / 配送中心	C_1	C_2	C_3	C_4	C_5	C_6
W_1	8	20	17	34	27	15
W_2	26	15	24	20	58	31
W_3	12	24	35	13	46	28
W_4	15	16	13	37	24	26

表 6－6　客户的需求量

客户	C_1	C_2	C_3	C_4	C_5	C_6
需求 d（kg）	20000	15000	20000	10000	10000	30000

表 6－7　相关系数的设定值

h	p	θ	v	t	F_0
0.3 元/kg	18 元/kg	0.035	30km/h	24h	0.85

表 6－8　备选配送中心的设施成本、中转成本、容量

配送中心	W_1	W_2	W_3	W_4
设施成本 f（元）	300000	300000	500000	400000
容量 a（kg）	30000	30000	50000	40000
中转成本 g（元）	2	1	3	2

根据冷链物流配送中心选址的多目标优化模型，运用 LINGO 软件进行求解，由已知

数据编写的 LINGO 程序如图 6－3 所示。

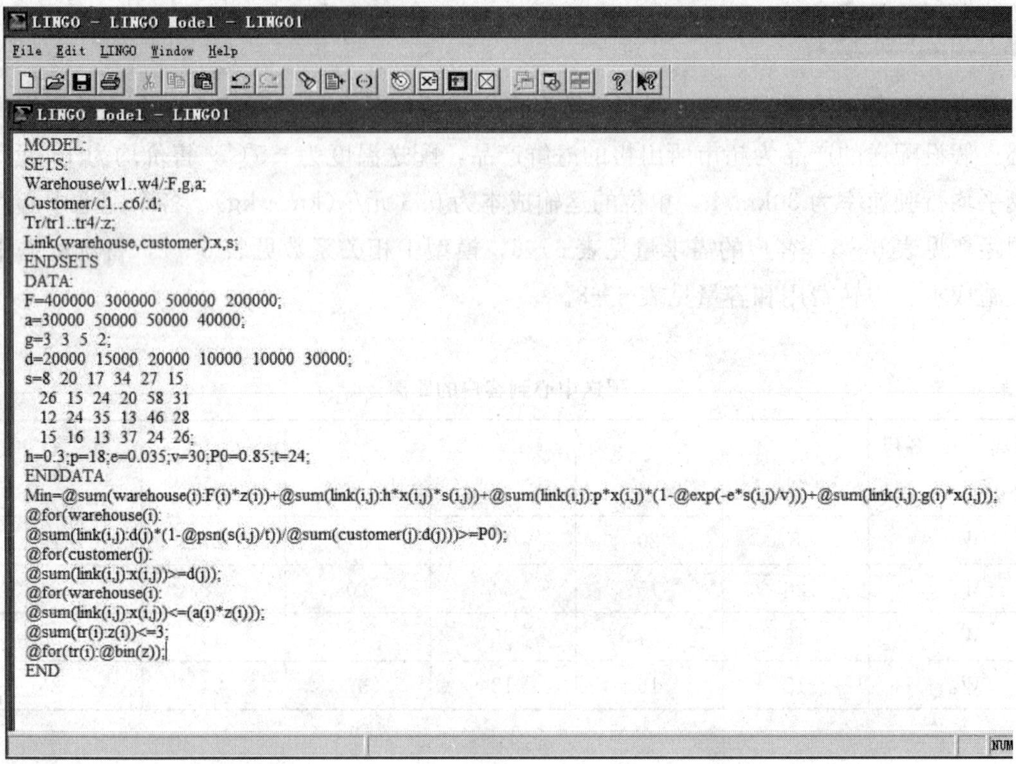

图 6－3　由已知数据编写 LINGO 程序界面

求解过程如图 6－4 所示：

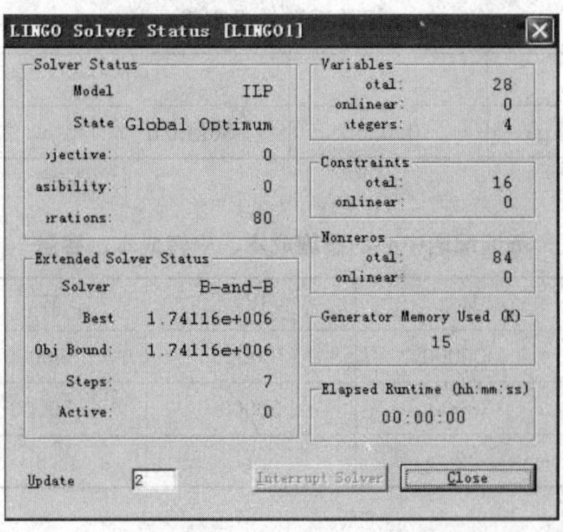

图 6－4　LINGO 求解状态

从图 6-4 中可以看到，此模型为整数线性规划问题，当前解为全局最优解，当前得到的目标函数值为 1.74116e+0.06。

从图 6-5 可以看出，选择备选地 1、2、4 建立冷链配送中心可使得企业的物流总成本最小，并且服务满意度满足企业策划者的要求。所得最小成本为 1741158 元。各配送中心所负责的客户及其示意图如图 6-5 所示。

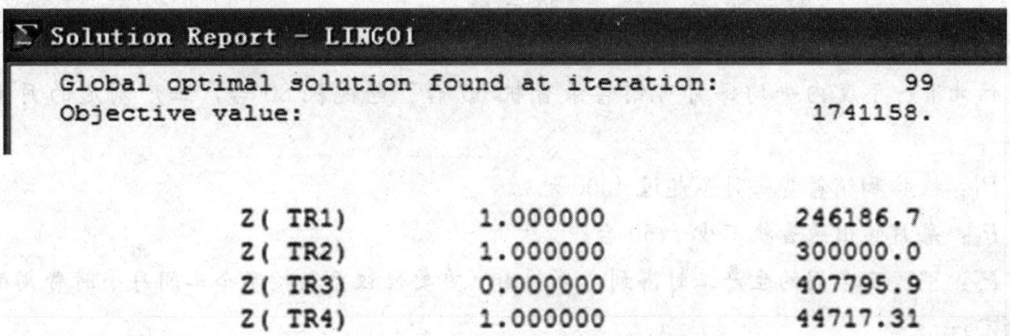

图 6-5　各配送中心所负责的客户

根据冷链物流物品易腐坏的特性，在冷链配送中心选址的过程中，不仅要考虑物流总成本，而且要考虑配送中心的服务可靠性。以物流总成本最小和服务可靠性最大为目标，提出了冷链物流配送中心多目标优化模型，并结合 lingo 软件对给定算例进行了求解，结果表明，此模型能有效地解决冷链物流系统分析与设计中的配送中心选址问题。

思考题

1. 某企业生产 A、B、C 三种产品，装配工作在同一生产线上完成，三种产品装配时的工作消耗分别为 6 小时、8 小时和 10 小时，生产线每月正常工作时间为 200 小时，三种产品销售后每件可分别获利 500 元、650 元和 800 元，每月预计销量为 12 台、10 台和 6 台，有关经营目标如下：

P_1：利润指标不少于每月 16000 元；

P_2：充分利用生产能力；

P_3：加班时间不超过 24 小时；

P_4：产量以预计销量为标准。

为确定生产计划，试建立该问题的相关模型。

2. 某工厂生产录音机和电视机两种产品，在甲、乙两车间的单件工时及其他相关资料见表 6-9。

表 6-9

车间＼产品	录音机	电视机	每月可用工时	车间管理费
甲	2h	1h	120h	80 元/h
乙	1h	3h	150h	20 元/h
单位利润	100 元/台	75 元/台		
检验销售费	50 元/台	30 元/台		

估计下一年度内平均每月可销售录音机 50 台、电视机 80 台，工厂制定的月度目标为：

P_1：检验和销售费每月不超过 4600 元；

P_2：每月售出录音机不少于 50 台；

P_3：甲、乙车间的生产工时得到充分利用（重要性权系数按两个车间每小时费用的比例确定）；

P_4：甲车间加班不超过 20h。

问：试确定该厂为达到以上目标的月度计划生产数是多少？（要求建立相关的运筹学模型，不需求解）

3. 某厂拟生产甲、乙两种产品，每件利润分别为 20 元、30 元。这两种产品都要在 A、B、C、D 四种设备上加工，每件甲产品需占用各设备依次为 2h、1h、4h、0h，每件乙产品需占用各设备依次为 2h、2h、0h、4h，而这四种设备正常生产能力依次为 12h、8h、16h、12h。此外，A、B 两种设备每天还可加班运行。试拟订一个满足下列目标的生产计划：

P_1：两种产品每天总利润指标不低于 120 元；

P_2：两种产品的产量尽可能均衡；

P_3：A、B 设备都应不超负荷，其中 A 设备能力还应充分利用（A 的重要程度是 B 的 3 倍）。

4. 企业计划生产甲、乙两种产品，这些产品需要使用两种材料，要在两种不同设备上加工。每加工单件产品甲和乙的工艺资料见表 6-10，在生产甲、乙两种产品时，材料不能超用。

表 6-10

资源＼产品	产品甲	产品乙	现有资源
材料 1	3	0	12 (kg)

续 表

资源 \ 产品	产品甲	产品乙	现有资源
材料 2	0	4	14（kg）
设备 A	2	2	12（h）
设备 B	5	3	15（h）
单位利润（元/件）	20	40	

企业怎样安排生产计划，尽可能满足下列目标：

P_1：力求使利润指标不低于 80 元；

P_2：考虑到市场需求，甲、乙两种产品的生产量需保持 1∶1 比例；

P_3：设备 A 既要求充分利用，又尽可能不加班；

P_4：设备 B 必要时可以加班，但加班时间尽可能少。

（要求只建立模型，不需求解）

第七章 动态规划

动态规划是运筹学的一个分支，它是解决多阶段决策过程最优化的一种数学方法，大约产生于20世纪50年代。1951年美国数学家贝尔曼（R. Bellman）等人根据一类多阶段决策问题的特点，把多阶段决策问题变换为一系列互相联系的单阶段问题，然后逐个加以解决。与此同时，他提出了解决这类问题的“最优性原理”，研究了许多实际问题，从而创建了解决最优化问题的一种新方法——动态规划。动态规划方法在工程技术、企业管理、工农业生产及军事部门中都有广泛的应用。

所谓多阶段决策过程是指这样的一类过程：它可以按时间分为若干阶段（称为“时段”），每一个阶段都需要做出决策，以便在过程的最终阶段得到最优结局。由于在每个阶段采取的决策是与时间有关的，而且前一阶段采取的决策如何，不但与该阶段经济效益相关，更直接影响以后各阶段的经济效果，可见这类多阶段决策问题是一个动态的问题。因此，处理的方法称为动态规划方法。

根据多阶段决策过程的时间参量是离散的还是连续的，决策过程可分为离散决策过程和连续决策过程。根据决策过程的演变是确定性的还是随机性的，决策过程又可分为确定性决策过程和随机性决策过程，组合起来就有离散确定性、离散随机性、连续确定性、连续随机性四种决策过程模型。

本章主要研究离散型决策过程，介绍动态规划的基本概念、理论和方法，并着重介绍动态规划的一些主要应用。

第一节 多阶段决策问题

一、多阶段问题的描述

一个决策问题常与时间联系，将时间作为变量的决策问题称为动态决策问题。在动态决策问题中，研究对象——系统所处的状态和时点都是进行决策的重要因素。决策者要在系统发展的不同时点，根据系统的当前状态，不断地做出决策。因此，多次决策是动态决策的一个基本特点。

多阶段决策问题是一类特殊形式的动态决策问题。在多阶段决策过程中，系统的动态过程可以按照时间的进程分为若干个相互联系的阶段，而在每一个阶段中，具有一个状态或多个状态，在每一个阶段中都要针对每一个状态做出决策。这样，在各个阶段的决策确定以后，就顺序构成了一个决策序列，称为一个策略。由于每个阶段有多种决策，因此，形成有多种策略可供选择。策略不同，经济效果也不一定相同。多阶段决策问题，就是在允许选择的策略集内选择一个最优策略，使在预定的标准下，达到最好的经济效果。

二、最短路问题的动态规划解法

最短路问题是指给定始点及终点，并且已知由始点到终点的各种可能途径。需要找出由始点到终点的最短路线。本章中的“最短路线”可以是一般意义下的“距离”，也可以是运输时间或运输费用等。而且有些与运输无关的问题也可以转化为最短路线的动态规划模型求解，例如工序网络图中的最长路线问题，等等。

例 7-1：最短路问题。如图 7-1 所示，某公司要从 A 地出发将某类货物经过 B_i（$i=1, 2, 3$），C_j（$j=1, 2$）最后运达 D 地。其中上“→”的数字表示两地之间的距离。问如何走才能使总运输路程最短，最短路线是多少？

解：由始点 A 到终点 D 可以分为三个阶段。由 A 到 B_i 是第一阶段；由某 B_i 到 C_j 是第二阶段；由某 C_j 到 D 为第三阶段。动态规划一般是终点 D 出发逐渐进行反推，这种算法称为逆序法。

设 k 表示阶段数（$k=1, 2, 3$）；$f_k(u_k)$ 表示从第 k 阶段的起点 u_k 到终点 D 的最短子路线的长度；$d(u_i, v_j)$ 表示 u_i 点到 v_j 点的距离。

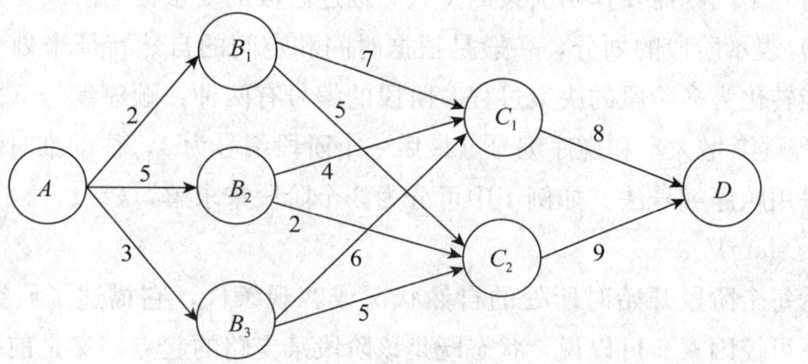

图 7-1　例 7-1 示意图

当 $k=3$ 时，$f_3(C_1)$，$f_3(C_2)$ 分别表示 C_1、C_2 到 D 的最短距离。

$$f_3(C_1)=8$$

$$f_3(C_2)=9$$

当 $k=2$ 时，分别从 B_1、B_2、B_3 来计算：

$$f_2(B_1)=\min\left\{\begin{matrix}d(B_1, C_1)+f_3(C_1)\\ d(B_1, C_2)+f_3(C_2)\end{matrix}\right\}=\min\left\{\begin{matrix}7+8\\ 5+9\end{matrix}\right\}=14$$

$$f_2(B_2)=\min\left\{\begin{matrix}d(B_2, C_1)+f_3(C_1)\\ d(B_2, C_2)+f_3(C_2)\end{matrix}\right\}=\min\left\{\begin{matrix}4+8\\ 2+9\end{matrix}\right\}=11$$

$$f_2(B_3)=\min\left\{\begin{matrix}d(B_3, C_1)+f_3(C_1)\\ d(B_3, C_2)+f_3(C_2)\end{matrix}\right\}=\min\left\{\begin{matrix}6+8\\ 5+9\end{matrix}\right\}=14$$

当 $k=1$ 时，从 A 点到 D 点的最短距离为：

$$f_1(A)=\min\left\{\begin{matrix}d(A, B_1)+f_2(B_1)\\ d(A, B_2)+f_2(B_2)\\ d(A, B_3)+f_2(B_3)\end{matrix}\right\}=\min\left\{\begin{matrix}2+14\\ 5+11\\ 3+14\end{matrix}\right\}=16$$

即从 A 点到 D 点的最短路线为 $A\rightarrow B_1\rightarrow C_1\rightarrow D$ 或 $A\rightarrow B_2\rightarrow C_2\rightarrow D$，最短路线长度为 16。

从上面求解的过程可知，将一个多阶段的决策问题转化为依次求解多个单阶段的决策问题时，一个重要特征是将前面的解传递并纳入下一阶段。为了将上述解题的思路、步骤推广于比较复杂的多阶段决策问题中，本章引入了动态规划的一些基本概念。

第二节　动态规划的基本概念及最优化原理

一、动态规划的基本概念

1. 阶段（stage）

阶段是指一个问题需要作出决策的步数。描述阶段的变量称为阶段变量，常用 k（$k=1, 2, \cdots, n$）表示阶段的划分，一般是根据时间和空间的自然特征来划分，但要便于把问题的过程能转化为多阶段的决策过程。阶段的编号有两种：顺序编号（初始阶段编号为 l，以后随进程逐渐增大）和逆序编号（最后一个阶段编号为 1，往前推时编号逐渐增大），通常我们都采用顺序编号法。如例 1 中可分为 3 个阶段来求解，$k=1, 2, 3$。

2. 状态（slate）

状态表示每个阶段开始时所处的自然状况或客观条件，它描述了研究问题过程的状况，又称为不可控因素。可以说，状态既是该阶段某支路的起点，又是前一阶段某支路的终点。状态通常用状态变量来描述，把第 k 阶段状态变量记作。U_k（$k=1, 2, \cdots, n$）。通常一个阶段有若干个状态，称由这些状态所组成的集合为可达状态集合，记作 S_k，如在例 1 中，$S_1=\{A\}$，$S_2=\{B_1, B_2, B_3\}$，$S_3=\{C_1, C_2\}$。

这里所说的状态应具有下面的性质：如果某阶段的状态变量给定后，在这阶段以后过程的发展不受这阶段以前各阶段状态的影响。也就是说，过去的历史只能通过当前的状态去影响它未来的发展，当前的状态是以往历史的一个总结，这个性质称为无后效性（即马尔可夫性）。

如果状态仅仅是描述过程的具体特征，则并不是任何实际过程都能满足无后效性的要求。所以，在构造决策过程的动态规划模型时，不但要由描述过程的具体特征去规定状态变量，而且要充分注意是否满足无后效性的要求。

3. 决策（decision）

决策表示当过程处于某一阶段的某个状态时，可以作出不同的决策（或选择），从而确定下一阶段的状态，这种决定称为决策。在最优控制中，也称为控制。描述决策的变量，称为决策变量，它可以用一个数、一组数或一向量来描述，通常记作 x_k（u_k）（$k=1$，2，…，n）。当第 k 阶段的状态确定之后，可能作出的决策范围还要受到这一状态的影响，从数学角度解释，就是决策变量 x_k 是状态变量 u_k 的函数。此外，某一决策变量的取值范围一般会在某一范围内受到限制，称该范围为允许决策集合，记作 D_k（u_k）（$k=1$，2，…，n）。显然 x_k（u_k）$\in D_k$（u_k）。如在例 l 中，$D_2=\{B_1, B_2, B_3\}$表示第一阶段可有三种不同的决策。

4. 策略（policy）

在一个多阶段决策过程中，如果各个阶段的决策变量 x_k（u_k）（$k=1$，2，…，n）均已确定，则整个过程也就完全确定。称决策变量序列

$$\{x_1(u_1), x_2(u_2), \cdots, x_n(u_n)\}$$

为该过程的一个策略，记作 $P_{1,n}$（u_1）。如例 1 中，选取 $A\to B_3\to C_3\to D$ 就是一个策略。同样，若第 k 阶段状态已确定为 u_k，则称决策变量序列

$$\{x_k(u_k), x_k(u_{k+1}), \cdots, x_n(u_n)\}$$

为从 u_k 出发的一个子策略，记作 $P_{k,n}$（u_k）。

在实际问题中，由于阶段都有若干个可能的状态和多种不同的决策，因而一个多阶段决策的实际问题存在许多策略可供选择，由这些策略组成的集合称为可达策略集合，用 P 表示。称其中能够满足预期目标的策略为最优策略。同样，按其目标最优的子策略称为最优子策略。

5. 状态转移方程（state transition function）

状态转移方程是指确定过程有一个状态到另一个状态的演变过程。在多阶段决策过程中，若给定第 k 阶段状态变量 u_k 和决策变量 x_k 的值，则第 $k+1$ 阶段的状态变量 u_{k+1} 的值也会随之确定。也就是说，u_{k+1} 将依某种函数关系与（u_k，$x_k(u_k)$）相对应，这种关系可记为 $u_{k+1}=T_k(u_k, x_k(u_k))$。

6. 指标函数（index function）

在多阶段决策过程中，每一阶段决策的效果可以用一个恰当的数量指标来衡量，这个数量指标就称为该阶段的阶段指标函数，记作 $v_k(u_k, x_k)$。而从 k 阶段状态 u_k 出发，选择决策所产生的过程指标，称为 k 子过程指标函数或简称过程指标函数，记作 v_k（u_k，x_k，x_{k+1}，…，x_n）或 $u_{k,n}$，n 为阶段数。从 k 阶段状态 u_k 出发，对所有的子策略，最优的过程指标函数称为最优指标函数，记作 $f_k(u_k)$，通常取 v_k 的最大值（max）或最小值（min）。

$$f_k(u_k)=optu_{k,n}$$

指标函数通常采用以下两种形式：

（1）指标函数为连和形式，即

$$u_{k,n}=\sum_{j=k}^{n}v_j(u_j,\ x_j)=v_k(u_k,\ x_k)+\sum_{j=k+1}^{n}v_j(u_j,x_j)$$

（2）指数函数为连乘形式，即

$$u_{k,n}=\prod_{j=k}^{n}v_j(u_j,x_j)=v_k(u_k,x_k)\prod_{j=k+1}^{n}v_j(u_j,x_j)$$

本章需要指出的是，当动态规划逆序法求解时，出现 f_{n+1}（u_{n+1}），这一项就称作问题的边界条件。f_{n+1}（u_{n+1}）这一项的值要根据问题的条件来确定，一般当指标函数值是各阶段指标函数值的和时，f_{n+1}（u_{n+1}）＝0；当指标函数是各阶段指标函数的乘积时，取 f_{n+1}（u_{n+1}）＝1，特殊情况可以例外。

二、最优化原理

最优化原理是由美国贝尔曼（Bellman）首先提出的，具体叙述为："作为整个过程的最优策略具有这样的性质：无论过去的状态和决策如何，对前面的决策所形成的状态而言，余下的诸决策必须构成最优策略。"利用这个原理，可以把多阶段决策问题的求解过程看成是一个连续的递推过程，后向前逐步推算。在求解时，在这个阶段以前的状态和决策，对其后面的子问题来说，只不过是相当于其初始条件而已，并不影响后面过程的最优策略。因此，可把一个问题按阶段分成许多相互关联的子问题，其中每一个子问题均是一个比原问题简单得多的优化问题，且每一个子问题的求解仅利用它的下一阶段子问题的优化结果。一次求解，最后即求得原问题的最优解。

根据上述结论给出的动态规划递推关系式，归纳出动态规划的基本方程如下：

对于任意的 k（$1\leqslant k\leqslant n$），当 $u_{k,n}=\prod_{j=k}^{n}v_j(u_j,x_j)$ 时，则有

$$f_k(u_k)=\mathop{opt}_{U_k\in S_k;X_k(U_k)\in D_k(U_k)}\{V_k\ (U_K,X_K)\ +f_{k+1}\ (U_{k+1})\}$$

又当 $u_{k,n}=\prod_{j=k}^{n}v_j(u_j,x_j)$ 时，则有

$$f_k(u_k)=\mathop{opt}_{U_k\in S_k;X_k(U_k)\in D_k(U_k)}\{V_k\ (U_K,X_K)\ f_{k+1}\ (U_{k+1})\}$$

一般来说，规划对实际问题进行求解的步骤如下：

（1）把一个优化问题按"时段"分成若干阶段。

（2）确定多阶段问题的状态变量。这是一步形成动态规划模型的关键。状态变量是动态规划模型中最重要的参数。通常状态变量应满足：①能描述问题的变化过程；②无后效性；③可知性。

（3）确定决策变量 x_k 及各阶段的可达决策集合 D_k（u_k）。

(4) 确定状态转移函数。根据阶段间的演变规律，给出状态转移函数 $u_{k+1}=T$（u_k，x_k（u_k））。

(5) 确定一个与阶段有关的状态变量的最优目标函数 f_k（u_k）以及阶段指标函数 v_k（u_k，x_k（u_k））。

(6) 由"最优化原理"确定相邻两个阶段之间的最优目标函数的递推关系式（动态规划基本方程)，并按建立的递推关系式以此计算，直至算出最终目标函数的最优值，并由此确定出动态规划问题的最优解。

第三节　常见的动态规划应用模型

一、背包问题

在实际问题中，有很多问题具有相同的数学模型。如背包问题（载货问题)、最优分配问题都可归结为只有一个约束条件（一维背包问题）的整数规划最优解，即背包只有重量或体积限制。

设数学模型为：

$$\max Z=c_1x_1+c_2x_2+\cdots+c_nx_n$$

$$\text{s. t.}\begin{cases}a_1x_1+a_2x_2+\cdots+a_nx_n\leqslant b\\ x_k\geqslant 0，\text{整数}，k=1，2，\cdots，n\end{cases}$$

式中 c_k 为第 k 种物品的单位使用价值，a_k 为 k 种物品的单位重量或体积；b 为背包所承受的重量或体积。

动态规划的有关要素如下：

阶段 k：第 k 次装载 k 第种物品（$k=1，2，\cdots，n$)；

状态变量 u_k：第 k 次装载时背包还可以装载的重量或体积；

决策变量 x_k：第 k 次装载第 k 种物品的件数；

可达决策集合：D_k（u_k）$=\{x_k|0\leqslant x_k\leqslant[u_k/a_k]$，且为整数$\}$，其中$[u_k/a_k]$表示不超过 u_k/a_k 的最大整数；

状态转移方程：$u_{k+1}=u_k-a_kx_k$；

阶段指标：$v_k=c_kx_k$；

边界条件：f_{n+1}（u_{n+1}）$=0$；

递推方程：f_k（u_k）$=\max\{c_kx_k+f_{k+1}$（u_{k+1}）$\}=\max\{c_kx_k+f_{k+1}$（$u_k-a_kx_k$）$\}$。

例 7-2：(一维背包问题）一旅行者欲进行登山旅行，所背旅行背包的最大承载量为 10kg，现有三种物品，每种物品的重量和价值见表 7-1，问如何装载使得旅行者总的使用价值最大?

表 7-1

物品编号	单位重量 a_k（kg）	单位使用价值 c_k
1	4	6
2	5	5
3	2	4

解：设 x_1、x_2、x_3 分别为三种物品的装载件数，则上述问题可建立如下数学规划模型：

$$\max f=6x_1+5x_2+4x_3$$

$$\text{s.t.}\begin{cases}4x_1+5x_2+2x_3\leqslant 10\\ x_k\geqslant 0，\text{整数}，j=1，2，3\end{cases}$$

利用动态规划逆序法求解：

x_k 为决策变量，它表示第 k 件物品装载的件数。

u_k 为状态变量，它表示第 k 件、$k+1$ 件，直至第三件物品的总的允许装载重量，每装一件物品为一个阶段，全过程分为三个阶段，按状态转移方程和边界条件有：

当 $k=3$ 时，递推方程为 $f_3(u_3)=\max_{0\leqslant x_3\leqslant[u_3/2]}\{4x_3+f_4(u_4)\}$

其中，$f_4(u_4)=0$；$D_3=\{0，1，\cdots，[u_3/2]\}$；$s_3=\{0，1，\cdots，10\}$

计算过程见表 7-2。

表 7-2

u_3 \ x_3	$4x_3+f_4(u_4)$ 0	1	2	3	4	5	$f_3(u_3)$	x_3	u_4
0	0						0	0	0
1	0						0	0	0
2	0	4					4	1	0
3	0	4					4	1	1
4	0	4	8				8	2	0
5	0	4	8				8	2	1
6	0	4	8	12			12	3	0
7	0	4	8	12			12	3	1
8	0	4	8	12	16		16	4	0
9	0	4	8	12	16		16	4	1
10	0	4	8	12	16	20	20	5	0

此时，对于 u_2 的每一个给定值，可求出 x_2 的取值范围 $D_2(u_2)$；然后对 x_2 的每一个可能值算出 $u_3=u_2-5x_2$，并在表 7-3 中查出相应的 $f_3(u_3)$，算出 $5x_2+f_3(u_3)$ 的值，最后确定其最大值，即为在给定 u_2 之下的 $f_2(u_2)$。其计算结果见表 7-3。

表 7-3

u_2 \ x_2	$5x_2+f_3(u_2-5x_2)$			$f_2(u_2)$	x_3	u_3
	0	1	2			
0	0+0			0	0	0
1	0+0			0	0	1
2	0+4			4	0	2
3	0+4			4	0	3
4	0+8			8	0	4
5	0+8	5+0		8	0	5
6	0+12	5+0		12	0	6
7	0+12	5+4		12	0	7
8	0+16	5+4		16	0	8
9	0+16	5+8		16	0	9
10	0+20	5+8	10+0	20	0	10

当 $k=1$ 时，

$$f_1(u_1)=f_1(10)=\max_{u_1=10_{i\times 1}=0,1,2}\{6x_1+f_2(10-4x_1)\}$$

对于不同的 x_1 取值，可计算出 $6x_1+f_2(10-4x_1)$ 之值，从中取一个最大值即为所求之值。其结果见表 7-4。

表 7-4

	$6x_1+f_2(10-4x_1)$			$f_1(u_1)$	x_1	u_2
	0	1	2			
10	0+20	6+12	12+4	20	0	10

由表 7-4 可知，当 $x_1=0$ 时，得最大值 20，由 $u_2=10$，查表 7-3 得 $x_2=0$，$u_3=10$，再查表 7-2 得 $x_3=5$。至此，得最优解为 $x_1=0$，$x_2=0$，$x_3=5$，最大值 $f_{max}=20$。即第一种物品和第二种物品装均不装，第三种物品装五件，此时使用价值最大。

以上讨论的是具有一种限制（重量限制）的背包问题，在用动态规划方法处理时，具有一个状态变量。如果背包问题除受重量的限制外，还存在其他的限制，如体积限制。也就是说，不但要求旅行者的背包重量不能超过 b（kg），还要求旅行者的背包体积不能超过 d（m^3），这样的问题成为二维背包问题。

所谓“二维”是指使用动态规划方法求解问题时，需要引进两个状态变量：重量与体积。

二维背包问题具有下面的形式：

$$\max f = c_1x_1 + c_2x_2 + \cdots + c_nx_n$$

$$\text{s. t.} \begin{cases} a_1x_1 + a_2x_2 + \cdots + a_nx_n \leqslant b \\ b_1x_1 + b_2x_2 + \cdots + b_nx_n \leqslant d \\ x_k \geqslant 0，\text{整数}，k=1，2，\cdots，n \end{cases}$$

b_k 为第 k 种物品的单位体积（m^3）（$k=1，2，\cdots，n$）。该问题可分为 n 个阶段，x_k 为第 k 阶段的决策变量；第 k 阶段的状态变量有两个：u_k 和 v_k，其中

$$u_k = a_kx_k + a_{k+1}x_{k+1} + \cdots + a_nx_n$$

$$v_k = b_kx_k + b_{k+1}x_{k+1} + \cdots + b_nx_n$$

递推关系式为：

$$\begin{aligned} f_k（u_k，v_k） &= \max_{0\leqslant x_k\leqslant\left[\frac{u_k}{a_k}\right],0\leqslant x_k\leqslant\left[\frac{v_k}{b_k}\right],x_k\text{为整数}} \{c_kx_k + f_{k+1}（u_{k+1}，v_{k+1}）\} \\ &= \max_{0\leqslant x_k\leqslant\left[\frac{u_k}{a_k}\right],0\leqslant x_k\leqslant\left[\frac{v_k}{b_k}\right],x_k\text{为整数}} \{c_kx_k + f_{k+1}（u_k - a_kx_k，v_kb_kx_k）\} \end{aligned}$$

状态转移函数为：

$$u_{k+1} = u_k - a_kx_k$$

$$v_{k+1} = v_k - b_kx_k$$

二、资源分配问题

所谓资源分配问题就是将一定数量的一种或者若干种资源（如原材料、资金、机器设备、劳动力等），适当地分配给若干个使用者，而使目标函数为最优。

例 7-3： 某公司有资金 a 万元，拟投资于 n 个项目，已知对第 i 个项目投资额为 x_i 万元，收益为 g_i（x_i），问应如何分配资金可使总收益最大？

解： 这是一个典型的多阶段的静态优化问题，可列出其静态模型如下：

$$\max f = g_1（x_1）+ g_2（x_2）+ \cdots + g_n（x_n）$$

$$\text{s. t.} \begin{cases} x_1 + x_2 + \cdots + x_n = n \\ x_i \geqslant 0，i=1，2，\cdots，n \end{cases}$$

如果 g_i（x_i）（$i=1，2，\cdots，n$）均为线性函数，上述问题是典型的线性规划问题，容易理解；如果 g_i（x_i）（$i=1，2，\cdots，n$）中至少有一个为非线性函数，该问题就属于非线性规划。当 n 很大时，具体求解非常烦琐。考虑到资源分配的特殊结构，可将它看作一个多阶段决策问题，用动态规划方法求解。

当 $i=1$ 时，已知该问题的初始状态 $u_1=a$，x_1 为分配于第一个项目的资金数。

当 $i=2$ 时，状态变量 u_2 为余下可投资于 $n-1$ 个项目的资金数，即：$u_2=u_1-x_1$，x_2 为投资于第二个项目的资金数。

以此类推，第 $k=n$ 阶段时，$u_n=u_{n-1}-x_{n-1}$。

于是有：阶段 $k=1, 2, \cdots, n$ 状态变量 u_k：第 k 个阶段可以投资于第 k 个项目到第 n 个项目的资金数。决策变量 x_k：应给 k 个项目投资的资金数。可达决策集合 $D_k(u_k)=\{0\leqslant x_k\leqslant u_k\}$。

状态转移方程：$u_{k+1}=u_k-x_k$

指标函数：$u_{k,n}=\sum_{i=k}^{n} g_i(x_i)$

最优值函数 $f_k(u_k)$ 当可投资资金数为 u_k 时，投资第 k 至 n 项所得的最大收益。

动态规划基本方程：

$$f_k(x_k)=\max_{0\leqslant x_k\leqslant u_k}\{g_k(x_k)+f_{k+1}(u_{k+1})\},\ k=n, n-1, \cdots, 2, 1$$

$$f_{n+1}(u_{n+1})=0$$

当 $g_i(x_i)$ 已知时，便可用动态规划方法逐段求解，得到 n 个项目的最佳投资资金数。$f_1(a)$ 就是所求的最大收益。

例 7-4：（一维资源分配问题）某工业部门根据国家计划的安排，拟将某种高效的设备五台分配给所属的甲、乙、丙三个工厂，各工厂若获得这种设备之后，可以为国家提供的赢利如表 7-5 所示。问这五台设备如何分配给工厂才能使国家得到的利益最大化？

表 7-5　　三个工厂可为国家提供的赢利

设备台数 \ 赢利 \ 工厂	甲	乙	丙
0	0	0	0
1	3	5	4
2～3	7	10	6
3～4	9	11	11
4～5	12	11	12
5～6	13	11	12

解：将问题按工厂分为三个阶段，甲、乙、丙三个工厂分别编号为 1、2、3。

s_k 表示为分配给第 k 个工厂到第 n 个工厂的设备台数。

x_k 表示为分配给第 k 个工厂的设备台数。

由 $s_k=s_k-x_k$ 为分配给第 $k+1$ 个工厂到第 n 个工厂的设备台数。

$p_k(x_k)$ 表示 x_k 台设备分到第 k 个工厂所得的赢利值。

$f_k(s_k)$ 表示 s_k 分配给第 k 个工厂到第 n 个工厂时所得到的最大赢利值。

因而可以写出递推关系式为：

$$\begin{cases} f_k(s_k) = \max_{0\leqslant x_k \leqslant u_k}[g_k(x_k)+f_{k+1}(s_k - x_k)] \\ f_4(s_4) = 0 \end{cases} \quad k=3,2,1$$

下面从最后一个阶段开始向前递推计算。

当 $k=3$ 时，设将 s_3 台设备 $\{S_3=0,1,2,3,4,5\}$ 全部分配给工厂丙时，则最大赢利为：

$$f_3(s_3) = \max_{0\leqslant x_3\leqslant s_3}[p_3(x_3)]$$

其中 $x_3=s_3=0$，1，2，3，4，5。

因为此时只有一个工厂，有多少台设备就全部分配给丙工厂，故它的赢利值就是该段的最大赢利值，其数值计算见表 7-6。

表 7-6

x_3 \ s_3	$p_3(x_3)$ 0	1	2	3	4	5	$f_3(s_3)$	x_3^*
0	0						0	0
1		4					4	1
2			6				6	2
3				11			11	3
4					12		12	4
5						12	12	5

当 $k=2$ 时，

把 x_2 台设备分配给工厂乙和工厂丙时，则对每个 x_2 值有一种最优的分配方案，使它最大赢利值为：

$$f_2(x_2) = \max_{0\leqslant x_2\leqslant s_2}[p_2(x_2)+f_3(s_2-x_2)]$$

其中 $x_2=0$，1，2，3，4，5

因为给乙工厂 x_2 台，其赢利为 $p_2(x_2)$，余下的 s_2-x_2 台就给工厂丙，则它的最大赢利值为 $f_3(s_2-x_2)$。现在要选择 x_2 的值，使 $p_2(x_2)+f_3(s_2-x_2)$ 取最大值。其数值计算见表 7-7。

表 7-7

s_2 \ x_2	$p_2(x_2)+f_3(s_2-x_2)$						$f_2(s_2)$	x_2^*
	0	1	2	3	4	5		
0	0+0						0	0
1	0+4	5+0					5	1
2	0+6	5+4	10+0				10	2
3	0+11	5+6	10+4	11+0			14	2
4	0+12	5+11	10+6	11+4	11+0		16	1.2
5	0+12	5+12	10+11	11+6	11+4	11+0	21	2

当 $k=1$ 时，

设把 S_1（这里只有 $S_1=5$ 的情况）设备分配给甲、乙、丙三个工厂时，则最大赢利值为

$$f_1(5)=\max_{0\leqslant x_1\leqslant s_1}[p_1(x_1)+f_2(5-x_1)]$$

其中，$x_1=0,1,2,3,4,5$

因为给甲 x_1 台其赢利为 $p_1(x_1)$，剩下的 $5-x_1$ 台分给乙和丙两个工厂，则它的最大赢利值为 $f_2(5-x_1)$。现在要选择 x_1 的值，使 $p_1(x_1)+f_2(5-x_1)$ 取最大值，它就是所求的总赢利 $f_2(5-x_1)$ 取最大值，其数值计算见表 7-8。

表 7-8

s_1 \ x_1	$p_1(x_1)+f_2(5-x_1)$						$f_1(5)$	x_1^*
	0	1	2	3	4	5		
5	0+21	3+16	7+14	9+10	12+5	13+0	21	0，2

然后按计算表格顺序反推算，可知最优分配方案有两个：

由于 $x_1^*=0$，根据 $S_2=S_1-x_1^*=5-0=5$，查表知 $x_2^*=2$；由 $S_3=S_2-x_2^*=5-2=3$，故 $x_3^*=S_3=1$，即得到甲工厂分配 0 台，乙工厂分配 2 台，丙工厂分配 3 台。

*由于 $x_1^*=2$，根据 $S_2=S_1-x_1^*=5-2=3$，查表知，$x_2^*=2$：由 $S_3=S_2-x_2^*=3-2=1$，故 $x_3^*=S_3=1$，即得到甲工厂分配 2 台，乙工厂分配 2 台，丙工厂分配 1 台。

以上两个分配方案所得到的赢利均为 21 万元。

三、多阶段生产安排问题

以上两节中的动态规划问题，由于约束条件简单，可以直接从约束条件得到状态转移

函数。但在另外一些问题中，只要选好了决策变量，划分好了阶段，能较为容易地写出状态转移函数。相反，约束条件却不易列出或即使可列出也较为烦琐。所以这类问题，需要更多的技巧和经验。本节就多阶段生产安排这类约束条件不明显的动态规划问题进行实例分析。

设有某种原料数量为 x 吨，用于生产两种不同类型的产品，记为类型 A 和类型 B。已知投入该原料进行生产后，还可以回收部分原料用于下一阶段再生产。假设：

$g(x)$为投入数量 x 的原料生产 A 型产品的收益值，并且 $g(0)$；

$h(x)$为投入数量 x 的原料生产 B 型产品的收益值，并且 $g(0)$。

a 为生产 A 型产品的回收率（$0\leqslant a\leqslant 1$）；

b 为生产 B 型产品的回收率（$0\leqslant b\leqslant 1$）。

该问题是：对总数量为 x 的原料进行 n 个阶段的生产，对每个阶段应如何分配原料用于生产 A 型产品及 B 型产品，使得经过 n 个阶段生产之后总的收益最大。

令：

$f_k(u_k)$为初始原料 u_k（t），进行 k 至 n 个阶段的生产，采取最优分配策略所获得的最大收益。

u_k 为状态变量，它表示为第 k 阶段初可供投入生产的原料总数量（t）。

x_k 为决策变量，它表示为进行第 k 阶段生产时，投入用于生产 A 型产品的原料数量（吨）（$0\leqslant x_k\leqslant u_k$）；投入用户生产 B 型产品的原料数量 u_k-x_k（t）。

进行第 K 阶段生产时，可得收益为：

$$g(x_k)+h(u_k-x_k)$$

第 k 阶段生产后，总的回收原料的数量为：

$$f_2(u_2)=\max_{0\leqslant x_2\leqslant u_2}\{g(x_3)+h(u_3-x_3)+f_3(u_3)\}$$
$$=\max_{0\leqslant x_3\leqslant u_3}\{0.2x_3+0.4u_3\}$$
$$=0.6u_3\ (x_3=u_3)$$

$$f_1(u_1)=\max_{0\leqslant x_1\leqslant u_1\leqslant 50}\{0.2x_1+0.4u_1+f_2(u_2)\}$$
$$=\max_{0\leqslant x_1\leqslant u_1\leqslant 50}\{0.2x_1+0.4u_1+0.72(u_2=0.5u_1-0.3x_1=0.5\times 50-0.3\times 0=25)\}$$
$$=\max_{0\leqslant x_1\leqslant u_1\leqslant 50}\{0.76u_1-0.016x_1\}=38\ (x_1=0)$$

第 k 至 n 阶段生产采取最优分配策略，所获得的最大收益为（递推关系式）

$$g(x_k)+h(u_k-x_k)=0.6x_k+0.4(u_k-x_k)=0.4u_k+0.2x_k$$

状态转移函数为：

$$u_{k+1}=a(x_k)+b(u_k-x_k)=bu_k+(a-b)x_k$$

则

$$f_k(u_k)=\max_{0\leqslant x_k\leqslant u_k}\{g(x_k)+h(u_k-x_k)+f_{k+1}(bu_k+(a-b)x_k)\},\ k=1,2,\cdots,n$$

显然

$$f_{n+1}(bu_n+(a-b)x_n)=0$$

例 7-5：设 $n=3$，$\bar{x}=50$（t），A 型产品的收益函数及回收率分别为：

A 型产品：$g(x)=0.6x \quad a=0.2$

B 型产品：$h(x)=0.4x \quad b=0.5$

问如何安排生产使总收益最大?

解：第 k 阶段的收益函数为：

$$g(x_k)+h(u_k-x_k)=0.6x_k+0.4(u_k-x_k)=0.4u_k+0.2x_k$$

状态转移函数为：

$$u_{k+1}=a(x_k)+b(u_k-x_k)=0.2x_k+0.5(u_k-x_k)=0.5u_k-0.3x_k$$

用动态规划的逆程序法求解上述问题。

当 $k=3$ 时，因 $f_4(u_4)=0$，得

$$\begin{aligned}f_3(u_3)&=\max_{0\leqslant x_3\leqslant u_3}\{g(x_3)+h(u_3-x_3)+f_3(u_3)\}\\&=\max_{0\leqslant x_3\leqslant u_3}\{0.2x_3+0.4u_3\}\\&=0.6u_3\ (x_3=u_3)\end{aligned}$$

当 $k=2$ 时，

$$\begin{aligned}f_2(u_2)&=\max_{0\leqslant x_2\leqslant u_2}\{0.2x_2+0.4u_2+f_3(u_3)\}\\&=\max_{0\leqslant x_2\leqslant u_2}\{0.2x_2+0.4u_2+0.6(0.5u_2-0.3x_2)\}\\&=\max_{0\leqslant x_2\leqslant u_2}\{0.02x_2+0.7u_2\}=0.72u_2\ (x_2=u_2)\end{aligned}$$

当 $k=1$ 时，

$$\begin{aligned}f_1(u_1)&=\max_{0\leqslant x_1\leqslant u_1\leqslant 50}\{0.2x_1+0.4u_1+f_2(u_2)\}\\&=\max_{0\leqslant x_1\leqslant u_1\leqslant 50}\{0.2x_1+0.4u_1+0.72(0.5u_1-0.3x_1)\}\\&=\max_{0\leqslant x_1\leqslant u_1\leqslant 50}\{0.76u_1-0.016x_1\}=38\ (x_1=0)\end{aligned}$$

由 $x_1=0$ 可知，$u_2=0.5u_1-0.3x_1=0.5\times50-0.3\times0=25$，则 $x_2=u_2=25$，

由 $x_2=25$ 可知，$u_3=0.5u_2-0.3x_2=0.5\times25-0.3\times25=5$，则 $x_3=u_3=5$。

最优生产安排为：第一阶段 A 型产品投入原料 0t（$x_1=0$）；B 型产品投入原料 50t（u_1-x_1）。第二阶段 A 型产品投入原料 25t（$x_2=25$）；B 型产品投入原料 0t（u_2-x_2）。第三阶段 A 型产品投入原料 5t（$x_3=5$）；B 型产品投入原料 0t（u_3-x_3）。这样使总收益最大，最大收益为 38。

因为 $g(x)$ 和 $h(x)$ 都为凸函数，并且满足 $g(0)=0$，$h(0)=0$，可以证明，最优生产策略是在每一阶段或者将全部原材料用于生产 A 型产品，或者将全部原料用于生产 B 型产品，即 $x_k=u_k$ 或是 $x_k=0$。

四、生产与存储问题

在生产和经营管理中，企业要获得较好的经济效益，必须正确合理地制订出生产（或采购）策略和计划，确定不同时期的生产量（或采购量）和库存量，使得考察期内总的生产成本费用和库存费用之和最小，这就是生产与库存问题。下面以生产计划问题为例来进行分析。

假定某公司对某种产品要制订一个 n 阶段的生产计划。已知该公司的初始库存量为 a，每阶段生产该产品的数量有一定上限，每阶段市场对产品的需求量是已知的，并且公司的生产能力能够保证供应；在 n 阶段结束后，期末库存为 b。问该公司应如何安排每阶段的生产计划，使其总成本（生产成本和库存成本）最小。建立如下动态规划模型：

令 d_k 为第 k 阶段市场对该产品的需求量，这是一个已知的或可预测的量。x_k 为决策变量，它表示第 k 阶段该产品的生产量。U_k 为状态变量，它表示第 k 阶段开始的库存量（不含在第 k 阶段内的生产量）。

显然有 $U_1=a$，$U_{n+1}=b$

状态转移函数为：

$$U_{k+1}=U_k+X_k-d_k \quad (k=1, 2, \cdots, n)$$

生产函数为 $C_K(X_K)$ 为第 k 阶段生产产品的数量为 X_k 时的费用，它包括生产准备成本 k 和产品 L_{X_K}（L 为单位产品的成本）两项费用。即：

$$C_K(X_K)=\begin{cases}0, & X_K=0\\ K+LX_K, & X_K=1, 2, \cdots\end{cases}$$

若生产能力有上限限制，生产函数可写成：

$$C_K(X_K)=\begin{cases}0, & X_K=0\\ K+LX_K, & X_K=1, 2, \cdots, \bar{m}\\ \infty, & X_K>\bar{m}\end{cases}$$

库存函数 $h_k(u_k+x_k-d_k)=h_k(u_{k+1})$ 为第 k 阶段末需要支付的库存费（即第 $k+1$ 阶段初库存为 u_{k+1}）。若考虑库存也有上限限制，这限量为 m，则 u_k 取 1，2，…，m。于是得到该问题的数学模型 $\min f=\sum_{k=1}^{n}c_k(x_k)+h_k(u_{k+1})$

$$\text{s.t.}\begin{cases}u_{k+1}=u_k+x_k-d_k\\ 0\leqslant u_k\leqslant m, \text{整数}, k=2, 3, \cdots, n\\ u_t=a, u_{n+1}=b\\ 0\leqslant x_k\leqslant m, \text{整数}, K=1, 2, \cdots, n\end{cases}$$

在分析状态变量 u_{k+1} 的取值范围时，即 $k+1$ 阶段的可达状态集合，可获得：

(1) 第 k 阶段末的库存量 $u_{k+1}\leqslant m$ 不要超过 k 阶段以后的总需求量，即 $u_{k+1}\leqslant\sum_{i=k+1}^{n}d_j+b$；

（2）库存不能超过仓库容量的上限，即 $u_{k+1} \leqslant m$；

（3）由于生产能力也受到限制，u_{k+1} 不能超过前 k 阶段发挥最大生产能力的产品数量和第 1 阶段初始库存量的和与前 k 个阶段需求的产品数量之差，即 $u_{(k+1)} \leqslant k\bar{m} + a - \sum_{i=1}^{k} d_i$。

由上述三个条件可知，u_{k+1} 取 0 到 θ_k 之间的整数。其中：

$$\theta_k = \min\{m, \sum_{j=k+1}^{n} d_j + b, k\bar{m} + a - \sum_{j=1}^{k} d_j\}$$

该 n 阶段的决策过程，始端状态 $u_1 = a$，终端状态 $u_{n+1} = b$ 均固定。采用顺序算法进行动态规划求解。

设最优值函数为 $f_k\{u_{k+1}\}$ 表示从第 1 阶段初始库存为 a 到第 k 阶段末，库存为 u_{k+1} 时的最小总费用，其递推关系式为：

$$f_k(u_{k+1}) = \max_{0 \leqslant x_k \leqslant \sigma_k, \text{整数}} \{c_k(x_k) + h_k(u_{k+1}) + f_{k-1}(u_k)\}, \ k=2, 3, \cdots, n$$

这里 σ_k 为第 k 阶段的决策上限，x_k 受以下两个因素的影响：

（4）x_k 不应超过每个阶段的生产上限 $\bar{m}$，即 $x_k \leqslant \bar{m}$；

（5）本模型的原始问题要求生产及库存能保证市场需求，不会出现缺货的情况，故第 k 阶段初的库存量 u_k 必须非负，即 $u_{k+1} + d_k - x_k \geqslant 0$，即 $x_k \leqslant u_{k+1} + d_k$，$k=2, 3, \cdots, n$

当 $k=1$ 时，要求 $u_2 + d_1 - x_1 = a$，即 $x_1 = u_2 + d_1 - a$

综合上述条件（4）和条件（5），对于 $k=1$，$x_1 = u_2 + d_1 - a$，对于 $k=2, 3, \cdots, n$，x_k 取 0 到 σ_k 间的整数。$\sigma_k = \min\{\bar{m}, u_{k+1} + d_k\}$。

边界条件 $f_0(u_1) = 0$ 则

$$f_1(u_2) = \max_{x_1 = u_2 + d_1 - a} \{c_1(x_1) + h_1(u_2)\}$$

利用该递推关系式，逐段求出 $f_1(u_2)$，$f_2(u_3)$，…，及其相应的最优决策，最后求出 $f_n(b)$，即为求出最小总费用。

例 7-6：某工厂要对一种产品制订今后四年的生产计划，根据估计，在今后四年内，市场对该产品的需求量见表 7-9。

表 7-9　　某工厂某产品市场需求量

时期（k）	1	2	3	4
需求量（d_k）	2	3	2	4

假定该厂生产每批产品的固定成本为 3（千元），若不生产即为 0；每单位产品成本为 1（千元）；每个时期生产能力所允许的最大生产批量不超过 5 个单位；每个时期未售出的

产品，每个单位需付存储费0.5（千元）。还假定在第一个时期的初始库存量为0，第四个时期末的库存量也为0。试问该厂应如何安排各个时期的生产与库存，才能在满足市场需要的条件下使总成本最小。

解：用动态规划顺序法求解，每个时期为一个阶段，分为四个阶段，第k阶段末的存储费用为：

$$h_k(u_{k+1})=0.5u_{k+1}$$

第k阶段的生产成本为：

$$c_k(x_k)=\begin{cases}0, & x_k=0\\ 3+x_k, & x_k=1, 2, \cdots, 5\\ \infty, & x_k\geqslant 6\end{cases}$$

故第k阶段的总成本为：

$$c_k(x_k)+h_k(u_{k+1})$$

状态转移函数为：

$$u_{k+1}=u_k+x_k-d_k,\ 0\leqslant u_{k+1}\leqslant \theta_k，整数$$

递推关系式为：

$$f_k(u_{k+1})=\min_{0\leqslant x_k\leqslant \sigma_k}\{c_k(x_k)+h_k(u_{k+1})+f_{k-1}(u_{k+1}+d_k-x_k)\},\ k=2, 3, 4$$

其中，$\sigma_k=\min\{u_{k+1}+d_k, 5\}$

$$f_1(u_2)=\max_{x_1=u_2+d_1}\{c_1(x_1)+h_1(u_2)\}$$

当$k=1$时，由

$$0\leqslant u_2\leqslant \min\sum\nolimits_{j=2}^{4}d_j,\ \bar{m}-d=\min\{9, 5, -2\}=3$$

$$x_2=u_2+d_1$$

由

$$f_1(u_2)=\min_{2\leqslant x_1\leqslant 5}\{c_1(x_1)+h_1(u_2)\}$$

计算得

$$f_1(0)=5+0=5(x_1=2)$$
$$f_1(1)=3+3+0.5=6.5(x_1=2)$$
$$f_1(2)=3+4+0.5\times 2=8(x_1=3)$$
$$f_1(3)=3+4+0.5\times 3=9(x_1=4)$$

当$k=2$时，由

$$f_2(u_3)=\min_{2\leqslant x_k\leqslant \sigma_k,\text{整数}}\{c_2(x_2)+h_2(u_3)+f_1(u_3+3-x_2)\}$$

其中，

$$0\leqslant u_3\leqslant \min\left\{\sum_{j=3}^{4}d_j,\ 2\bar{m}-d_1-d_2\right\}=\min\{6, 2\times 5-2-3\}=5，整数$$

$$0 \leqslant x_2 \leqslant \sigma_2 = \min\{u_3 + d_2, 5\} = \min\{u_3 + 3, 5\}，整数$$

计算得

$$f_2(0) = \min_{0 \leqslant x_2 \leqslant 3,整数} \{c_2(x_2) + h_2(0) + f_1(3 - x_2)\} = 9.5 \quad (x_2 = 0)$$

$$f_2(1) = \min_{0 \leqslant x_2 \leqslant 4,整数} \{c_2(x_2) + h_2(1) + f_1(4 - x_2)\} = 12.5 \quad (x_2 = 4)$$

$$f_2(2) = \min_{0 \leqslant x_2 \leqslant 5,整数} \{c_2(x_2) + h_2(2) + f_1(5 - x_2)\} = 14x_1 = 2，x_2 = 5，x_3 = 0，x_4 = 4，$$

$$f_2(3) = \min_{0 \leqslant x_2 \leqslant 5,整数} \{c_2(x_2) + h_2(3) + f_1(6 - x_2)\} = 16 \quad (x_2 = 3或5)$$

$$f_2(4) = \min_{0 \leqslant x_2 \leqslant 5,整数} \{c_2(x_2) + h_2(4) + f_1(7 - x_2)\} = 18 \quad (x_2 = 5)$$

$$f_2(5) = \min_{0 \leqslant x_2 \leqslant 5,整数} \{c_2(x_2) + h_2(5) + f_1(8 - x_2)\} = 20 \quad (x_2 = 5)$$

当 $k=3$，由

$$f_3(u_4) = \min_{0 \leqslant x_3 \leqslant \sigma_k,整数} \{c_3(x_3) + h_4(u_4) + f_4(u_4 + 2 - x_3)\}$$

其中 $0 \leqslant u_4 \leqslant \min\{d_4, 3\bar{m} - d_1 - d_2 - d_3\} = \min\{4, 3 \times 5 - 7\} = 4$，整数

$$0 \leqslant x_3 \leqslant \sigma_3 = \min\{u_3 + d_3, 5\} = \min\{u_4 + 2, 5\}，整数$$

计算得

$$f_3(0) = \min_{0 \leqslant x_3 \leqslant 2,整数} \{c_3(x_3) + h_3(0) + f_2(-x_3)\} = 14，(x_3 = 0)$$

$$f_3(1) = \min_{0 \leqslant x_3 \leqslant 3,整数} \{c_3(x_3) + h_3(1) + f_2(-x_3)\} = 16，(x_3 = 3)$$

$$f_3(2) = \min_{0 \leqslant x_3 \leqslant 4,整数} \{c_3(x_3) + h_3(2) + f_2(-x_3)\} = 17.5，(x_3 = 4)$$

$$f_3(3) = \min_{0 \leqslant x_3 \leqslant 5,整数} \{c_3(x_3) + h_3(3) + f_2(-x_3)\} = 19，(x_3 = 5)$$

$$f_3(4) = \min_{0 \leqslant x_3 \leqslant 5,整数} \{c_3(x_3) + h_3(4) + f_2(-x_3)\} = 22.5 \ (x_3 = 5)$$

当 $k=4$ 时，由 $U_5=0$ 得

$$f_4(0) = \min_{0 \leqslant x_4 \leqslant 4,整数} \{c_4(x_4) + h_4(0) + f_3(4 - x_4)\} = 21 \quad (x_4 = 4)$$

再由计算的顺序反推回去，即可得出每个阶段（时期）的最优生产决策为：$x_1=2$，$x_2=5$，$x_3=0$，$x_4=4$，总的最小成本为 21（千元）。

第四节　案例分析（动态规划模型解决物流配送中的最短路径问题）

物流配送是现代化物流系统的一个重要环节。它是指按用户的订货要求，在配送中心进行分货、配货，并将配好的货物及时送交收货人的活动。在物流配送业务中，合理选择配送路径，对加快配送速度、提高服务质量、降低配送成本及增加经济效益都有较大影响。物流配送最短路径是指物品由供给地向需求地的移动过程中，所经过的距离最短（或

运输的时间最少，或运输费用最低），因此，选定最短路径是提高物品时空价值的重要环节。

经典的Dijkstra（迪杰斯特拉）算法和Floyd（弗洛伊德）算法思路清晰，方法简便，但随着配送点数的增加，计算的复杂性以配送点数的平方增加，并具有一定的主观性。我国学者用模糊偏好解试图改善经典方法，取得了较好的效果。遗憾的是，模糊偏好解本身就不完全是客观的。

动态规划是解决多阶段决策过程最优化问题的一种数学方法。1951 年美国数学家 Bellman（贝尔曼）等人根据一类多阶段决策问题的特性，提出了解决这类问题的“最优性原理”，并研究了许多实际问题，从而创建了最优化问题的一种新方法——动态规划。

动态规划在工程技术、管理、经济、工业生产、军事及现代控制工程等方面都有广泛的应用，而且由于动态规划方法有其独特之处，在解决某些实际问题时，显得更加方便有效。由于决策过程的时间参数有离散的和连续的情况，故决策过程分为离散决策过程和连续决策过程。这种技术采用自底向上的方式递推求值，将待求解的问题分解成若干个子问题，先求解子问题，并把子问题的解存储起来以便以后用来计算所需要求的解。简言之，动态规划的基本思想就是把全局的问题化为局部的问题，为了全局最优必须局部最优。

多阶段决策问题是根据问题本身的特点，将其求解的过程划分为若干个相互独立又相互联系的阶段，在每个阶段都需要作出决策，并且在每个阶段的确定后再转移到下一个阶段，在每一个阶段选取其最优决策，从而实现整个过程总体决策最优的目的。适合用动态规划方法求解的问题是一类特殊的多阶段决策问题。具有“无后效性”的多阶段决策问题，一般具有以下特点：

（1）可以划分为若干个阶段，问题的求解过程就是对若干个阶段的一系列决策过程。

（2）每个阶段有若干个可能状态。

（3）一个决策将你从一个阶段的一种状态带到下一个阶段的某种状态。

（4）在任一个阶段，最佳的决策序列和该阶段以前的决策无关。

（5）各阶段状态之间的转换有明确定义的费用，而且在选择最佳决策时有递推关系（即动态转移方程）。

思考题

1. 考虑如图 7-2 所示网络图，箭头上的数字代表相连两个节点之间的距离。

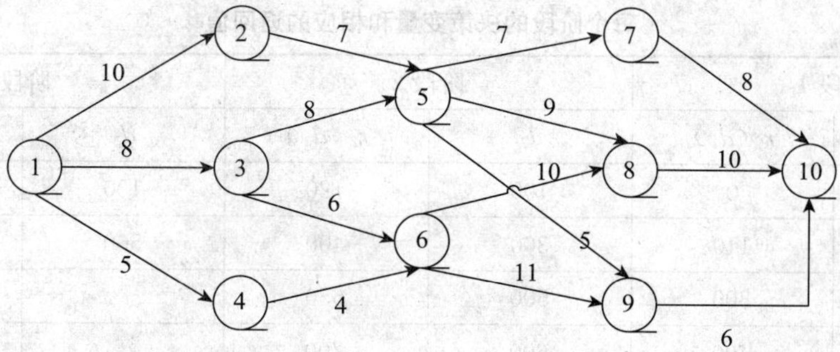

图 7-2 网络图

(1) 用动态规划找出从节点 1 到节点 10 的最短路径。

(2) 用动态规范找出从节点 4 到节点 10 的最短路径。

2. 从北京到上海的包机的剩余装载能力为 2000kg，某一运输公司现有 4 种货物需要从北京运输到上海。每种货物的单位、单位重量和单位运输费用见表 7-10。

表 7-10

货物类型	单位数	单位重量（100kg）	单位运费（元/kg）
1	2	8	22
2	2	5	12
3	4	3	7
4	3	2	3

(1) 用动态规划找出包机应该运输的每种货物的单位数。

(2) 假设包机同意装载另一批货物，剩余装载能力降为 1800kg，计算结果会怎样变化？

3. 假定有一个 3 阶段的过程，每一阶段的产量是需要作出决策的函数。使用数学符号，问题表述如下：

$$\text{s. t.}\begin{cases}\max r_1(d_1)+r_2(d_2)+r_3(d_3)\\ d_1+d_2+d_3\leqslant 1000\end{cases}$$

每个阶段的决策变量和相应的返回值见表 7-11。

表 7-11　　每个阶段的决策变量和相应的返回值

阶段 1		阶段 2		阶段 3	
d_1	$r_1(d_1)$	d_2	$r_2(d_2)$	d_3	$r_3(d_3)$
0	0	100	120	100	175
100	110	300	400	500	700
200	300	500	650		
300	400	600	700		
400	425	800	975		

请用动态规划解决此问题。

4. 某制造公司为一家汽车工厂提供发动机的部件，表 7-12 是 3 个月的生产计划。

表 7-12

		能力限制		单位成本（单位：元）	
月	需求	生产	仓库	生产成本	持有成本
1	20	30	40	2.00	0.3
2	30	20	30	1.50	0.3
3	30	30	20	2.00	0.2

用动态规划为该制造公司找出每个阶段的最佳产量和库存水平。假定 1 月初的初始库存量是 10 单位，并且生产批量是 10 的倍数（例如，10、20 或者 30 单位）。

5. 某物流公司雇用了 8 名新员工，现决定如何把他们分配到 4 项作业上。公司给出了以下每项作业分配不同的作业人员的估计利润，见表 7-13。

表 7-13　　每项作用分配员工数目不同的利润估计

	分配的新员工的数目								
作业	0	1	2	3	4	5	6	7	8
客服	22	30	37	44	49	54	58	60	61
运输	30	40	48	55	59	62	64	66	67
仓储	46	52	56	59	62	65	67	68	69
报关	5	22	36	48	52	55	58	60	61

(1) 用动态规划决定每项作业应该分配的新员工数目。

(2) 如果公司只雇用了 6 名新员工，应该把这些员工分配给哪些作业？

6. 一个锯木厂采购了一批 20m 长的原木，想要把这些原木切成更短的原木，然后把切后的小原木卖给制造公司。制造公司已经订购了一批 4 种尺寸的原木：$l_1=3$m，$l_2=7$m，$l_3=11$m，$l_4=16$m。锯木厂现在有 2000 个长度为 20m 的原木的库存，并希望有选择地裁截原木以最大化利润。假定锯木厂的订单是无限的，唯一的问题就是如何确定现有原木的裁成类型以使得利润最大化。原木的利润见表 7-14。

表 7-14　　原木的利润

长度（m）	3	7	11	16
利润（元）	1	3	5	8

任何裁截类型的长度限制如下：

$$3d_1+7d_2+11d_3\leqslant 20$$

其中，d_i 是长度为 l_i 的类型的裁截数目，$i=1$，2，3，4。

(1) 为这个问题建立动态规划模型，并使用模型解决问题。你需要设立哪些变量？状态变量有哪些？

(2) 简要介绍如果总的长度 l 被截成 l_1，l_2，…，l_N 这样 N 种长度的话，如何扩展现有模型以找到最优解？

7. 一家港口公司建立了良好的管理训练计划，希望每一个员工完成一个 4 阶段的作业。但是在训练计划的每个阶段，员工都会被分配一系列艰难的作业。表 7-15 是训练计划的每个阶段员工可能被分派的作业和任务估计完成时间。

表 7-15　　每阶段作业及完成时间

阶段 1	阶段 2	阶段 3	阶段 4
A—13	E—3	H—12	L—10
B—10	F—6	I—6	M—5
C—20	G—5	J—7	N—13
D—17		K—10	

次级阶段的作业取决于其先前的作业。例如，在阶段 1 接受作业 A 的员工在阶段 2 只能接受作业 F 或者作业 G，即每一项作业都存在优先关系，见表 7-16。

表 7-16　　可行的后续作业

作业	可行的后续作业	作业	可行的后续作业
A	F，G	H	L，M
B	F	I	L，M
C	G	J	M，N
D	E，G	K	N
E	H，I，J，K	L	完成
F	H，K	M	完成
G	J，K	N	完成

（1）公司想要决定各项作业的先后顺序以最小化整个训练计划的总时间。把此问题作为动态规划问题建立方程并解决。（提示：建立作业网络，其中每个节点代表每项任务。）

（2）如果一个员工刚完成作业 F，并想以最短的时间完成剩余的作业，那么他下一项应该完成哪项作业？

第八章　图论与网络分析

图论是应用十分广泛的运筹学分支，现已广泛应用在管理科学、数学、信息论、电子计算机、控制论等各个领域。在实际生活、生产和科学研究中，有很多问题可以用图论的理论和方法来解决。随着科学技术和电子计算机的出现和应用，20 世纪 50 年代，图论的理论得到了进一步的发展。例如，在组织生产中，为完成某项生产任务，各工序之间应如何衔接才能使完成生产任务的效率更高？一个邮递员送信，要走完他所负责投递的全部街道，完成任务后回到邮局，应如何安排自己的行走路线才能使自己所走的路程最短？

欧拉（E. Euler）在 1736 年发表图论方面的第一篇论文，解决了著名的哥尼斯城堡中有哥尼斯堡七桥的问题，被公认为是图论的创始人。18 世纪的哥尼斯城堡中有一条被称为普雷格尔的河流，该河两岸上有七座桥和两个岛屿。当时那里的人们热衷于这样的问题：一个散步者能否走过七座桥，且每座桥只能走一次，最后回到出发点。

1736 年，欧拉将该问题归结为图 8－1 所示的一笔画问题。他用 *ABCD* 四点表示河的两岸和小岛，用两点之间的连线表示桥。七桥问题变为：从任意一点出发，能否通过每条边一次且仅一次，再回到该点？欧拉证明这种情况是不可能的，理由是图中的每个点都只与奇数条线相关联，不可能将该图一笔画成。这就是古典图论中的一个著名问题。

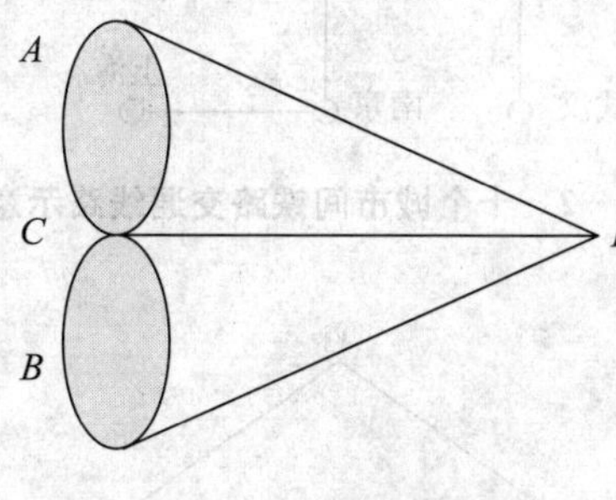

图 8－1　一笔画问题

图论的内容十分丰富，本章重点介绍一下图与树的基本概念以及图与网络中较为重要的几个应用模型——最短路模型、最大流模型及最小费用流模型。

第一节 图的基本概念

在现实生产和生活中，人们为了反映一些对象之间的关系，常常在纸上用点和线画出各种各样的示意图。

比如，图 8-2 是我国北京、郑州等十个城市的铁路交通线路示意，反映了这十个城市间的铁路分布情况。该图用点表示城市，点与点之间的连线代表这两个城市之间的铁路线。

又如，有甲、乙、丙、丁、戊五支球队，他们之间的比赛情况可以用图 8-3 表示出来。已知甲队和其他各队都比赛过一次，乙队和甲、丙队比赛过，丙队和乙、丁队比赛过，丁队和丙、戊队比赛过，戊队和甲、丁队比赛过。为了反映此种情况，图 8-3 用 v_1，v_2，v_3，v_4，v_5，分别表示这五支球队，某两个队之间比赛过，就在这两个队所对应的点之间连一条线，这条线不过其他的点。

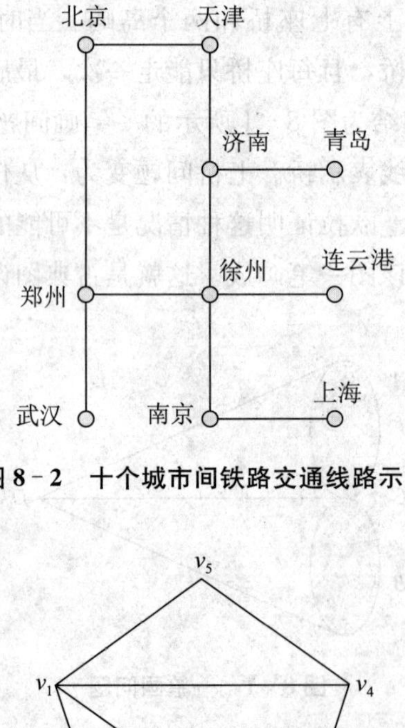

图 8-2 十个城市间铁路交通线路示意

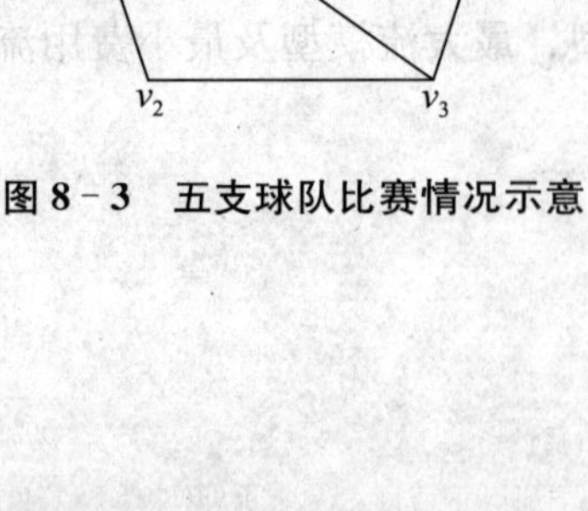

图 8-3 五支球队比赛情况示意

从上述两个例子可见，可以用点及点与点的连线所构成的图，去反映实际生产和生活中某些对象间的某个特定的关系。通常用点代表研究的对象（如城市、球队等），用点与点的连线表示这两个对象之间的特定关系（如两个城市间有铁路线、两个球队间比赛过等）。

综上所述，一个图是由一些点及一些点之间的连线所组成的。两点之间的不带箭头的连线称为边，边的集合用 E 表示，连接点 v_i，$v_j \in V$ 的边记为 $[v_i, v_j]$（或 $[v_j, v_i]$）；带箭头的连线称为弧，弧的集合用 A 表示，一条方向从 v_i 指向 v_j 的弧记为 (v_i, v_j)。

定义 1 如果一个图 G 是由点和边所构成的，则称之为无向图，简称为图，记为 $G=(V, E)$。式中 $V=\{v_i\}$ 和 $E=\{e_j\}$ 分别表示 G 的点集合和边集合，V 中的元素 v_i 叫作顶点，E 中的元素 e_j 叫作边，见图 8-4（a）。

定义 2 如果一个图 D 是由点及弧所构成的，则称为有向图，记为 $D=(V, A)$。式中 $V=\{v_i\}$ 和 $A=\{a_k\}$ 分别表示 D 的点集合和弧集合，V 中的元素 v_i 叫作顶点，A 中的元素 a_k 叫作弧，见图 8-4（b）。

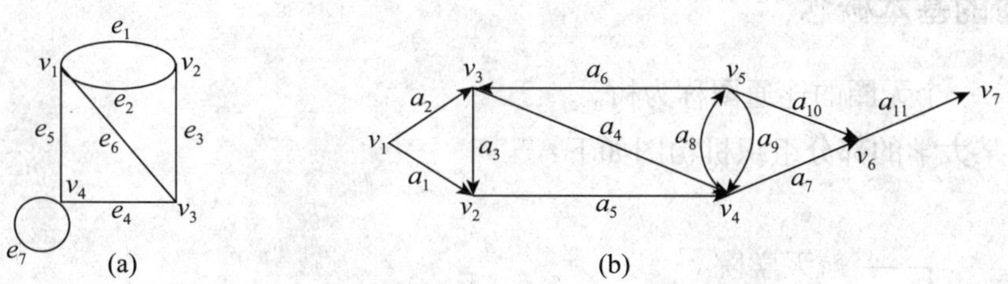

图 8-4 图 G 与图 D 的定义示意

图 8-4（a）和图 8-4（b）分别是一个无向图和有向图。在 $G=(V, E)$ 中，$V=\{v_1, v_2, v_3, v_4\}$，$E=\{e_1, e_2, e_3, e_4, e_5, e_6, e_7\}$。其中，$e_1=[v_1, v_2]$；$e_2=[v_1, v_2]$；$e_3=[v_2, v_3]$；$e_4=[v_3, v_4]$；$e_5=[v_1, v_4]$；$e_6=[v_1, v_3]$；$e_7=[v_4, v_4]$。在 $D=(V, A)$ 中，$V=\{v_1, v_2, v_3, v_4, v_5, v_6, v_7\}$，$A=\{a_1, a_2, a_3, a_4, \cdots, a_{11}\}$。其中，$a_1=(v_1, v_2)$；$a_2=(v_1, v_3)$；$a_3=(v_3, v_2)$；$a_4=(v_3, v_4)$；$a_5=(v_2, v_4)$；$a_6=(v_3, v_5)$；$a_7=(v_4, v_6)$；$a_8=(v_4, v_5)$；$a_9=(v_5, v_4)$；$a_{10}=(v_5, v_6)$；$a_{11}=(v_6, v_7)$

图 G 或图 D 中的点数记为 p（G）或 p（D），边（弧）数记为 q（G）或 q（D）。在一般情况下，分别记为 p 和 q。

本节首先介绍一下常用的名词和记号，先考虑无向图 $G=(V, E)$。

若边 $e=[v, u] \in E$，则称 v，u 是 e 的端点，也称 v，u 是相邻的；称 e 是点 v 及点 u 的关联边。若图 G 中，某条边 e 的两个端点相同，则称 e 是环（如图 8-4（a）中的 e_7）。若两个点之间有多于一条的边，称这些边为多重边（如图 8-4（a）中的 e_1 和 e_2）。

一个无环、无多重边的图称为简单图，一个无环、但允许有多重边的图称为多重图。

定义 3 以点 v 为端点的边的个数称为 v 的次，记 $d_G(v)$ 或 $d(v)$，其中在环上的端点的次为 2。在图 8-4（a）中，$d(v_1)=4$，$d(v_2)=3$，$d(v_3)=3$，$d(v_4)=4$。并且称次为 1 的点为悬挂点，悬挂点的关联边称为悬挂边，次为 0 的点称为孤立点，次为奇数的点称为奇点，次为偶数的点称为偶点。

定义 4 给定一个图 $G=(V, E)$ 一个点、边的交错序列（v_{i1}，e_{i1}，v_{i2}，e_{i2}，…，v_{ir-1}，e_{ir-1}，v_{ir}），如果满足 $e_{it}=[v_{it}, v_{it+1}]$，则称为一条连接 v_{i1} 和 v_{ir} 的链，记为（v_{i1}，v_{i2}，…，v_{ir}）。并且在链（v_{i1}，v_{i2}，…，v_{ir}）中，若 $v_{i1}=v_{ir}$，则称之为一个圈，记为（v_{i1}，v_{i2}，…，v_{ir-1}，v_{i1}）。若链中的点都是不同的，则称之为初等链。若圈中的点都是不同的，则称之为初等圈，若链或圈中含有的边均不相同，则称之为简单链或简单圈。

第二节 树

一、树的基本概念

定义 5 一个无圈的连通图称为树。

比如，某大学的部分组织机构图如下：

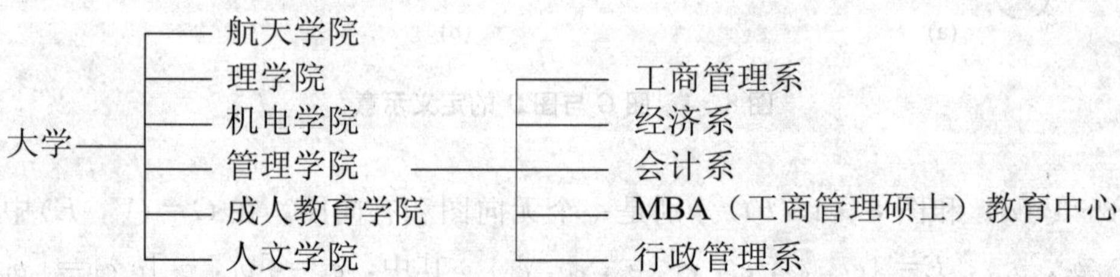

如果用图表示，该大学的组织机构图就是一个树。

定理 1 图 $G=(V, E)$ 作为一个树的充分必要条件是，G 不含图，且有 $p-1$ 条边。

证明： 证明必要性。设 G 是一个树，根据定义，G 不含图，故只要证明 G 恰有 $p-1$ 条边。对点数 p 施行数学归纳法。$p=1$，2 时结论显然成立。

假设对点数 $p\leqslant n$ 时，结论成立。设树 G 含 $n+1$ 个点。G 含悬挂点，设 v_1 是 G 的一个悬挂点，考虑 $G-v_1$ 易见 $p(G-v_1)=n$，$q(G-v_1)=q(G)-1$。因 $G-v_1$ 是 n 个点的树，由归纳假设知 $q(G-v_1)=n-1$，于是

$$q(G)=q(G-v_1)+1=n-1+1=n=p(G)-1 \tag{1}$$

证明充分性。只要证明 G 是连通的。用反证法，设 G 不是连通的，G 含 s 个连通分图 G_1，G_2，…，G_s（$s\geqslant 2$）。因每个 G_1，G_2，…，G_s（$s\geqslant 2$）是连通的，并且不含圈，故每

个 G_i 是树。设 G_i 上有 p_i 个点，则由必要性，G_i 有 p_{i-1}条边，于是

$$q(G)=\sum_{s}^{i=1}q(G_i)=\sum_{s}^{i=1}(p_i-1)=\sum_{s}^{i=1}p_i-s=p(G)-s\leqslant p(G)$$

定理 2 图 $G=(V, E)$ 作为一个树的充分必要条件是，G 是连通图，并且

$$q(G)=p(G)-1 \tag{2}$$

证明： 证明必要性。设 G 是树，根据定义，G 是连通图，由定理 1 知 $q(G)=p(G)-1$。

证明充分性。只要 G 不含圈，对点数实施归纳。$p(G)=1$，2 时，结论显然成立。设 $p(G)=n$（$n\geqslant1$）时结论成立。现设 $p(G)=n+1$，首先证明 G 必有悬挂点。若不然，因 G 是连通的，且 $p(G)\geqslant2$，故对每个点 v_i，有 $d(v_i)\geqslant2$，从而

$$q(G)=\frac{1}{2}\sum_{i=1}^{p(G)}d(v_i)\geqslant p(G) \tag{3}$$

这与 $q(G)=p(G)-1$ 矛盾，故 G 必有悬挂点。设 v_1 是 G 的一个悬挂点，考虑 $G-v_1$ 这个图仍是连通的，$q(G-v_1)=q(G)-1=p(G)-2=P(G-v_1)-1$，由归纳假设知 $G-v_1$ 不含圈，于是 G 也不含圈。

定理 3 图 G 作为树的充分必要条件是，任意两个顶点之间恰有一条链。

证明： 证明必要性。因 G 是连通的，故任意两个点之间至少有一条链。但如果某两个点之间有两条链的话，那么图 G 中含有圈，这与树的定义相矛盾，从而任意两个点之间恰有一条链。

证明充分性。设图 G 中任意两个点之间恰有一条链，那么易见 G 是连通的。若 G 中含有圈，那么这个圈上的两个顶点之间有两条链，这与假设相矛盾。故 G 不含圈，于是 G 是树。

由这个定理，很容易推出如下结论：

• 从一个树中删除任意一条边，则余下的图是不连通的。由此可知，在点集合相同的所有图中，树是含边数最少的连通图。

• 在树中不相邻的两个点间添上一条边，则恰好得到一个圈。进一步地说，如果再从这个圈上任意去掉一条边，可以得到一个树。

二、图的支撑树

定义 6 设图 $T=(V, E')$ 是图 $G=(V, E)$ 的支撑子图，如果图 $T=(V, E')$ 是一个树，则称 T 是 G 的一个支撑树。

若 $T=(V, E')$ 是 $G=(V, E)$ 的一个支撑树，则显然，树 T 中边的个数是 $p(G)-1$，G 中不属于树 T 的边数是 $q(G)-p(G)+1$。

定理 4 图 G 有支撑树的充分必要条件是，图 G 是连通图。

证明： 必要性是显然的。

证明充分性。设图 G 是连通图，若 G 不含圈，那么 G 本身是一个树，从而 G 是它自身的一个支撑树。现设 G 含圈，任取一个圈，从圈中任意地去掉一条边，得到图 G 的一个支撑子图 G_1。如果 G_1 不含圈，那么 G_1 是 G 的一个支撑树（因为易见 G_1 是连通的）；如 G_1 仍含圈，那么从 G_1 中任取一个圈，在圈中再任意去掉一条边，得到图 G 的一个支撑子圈 G_1，如此重复，可以得到 G 的一个支撑子圈 G_r，它不含圈，于是 G_r 是 G 的一个支撑树。

定理 4 中充分性的证明，提供了一个寻求连通图的支撑树的方法，这就是任取一个圈，从圈中去掉一条边，对余下的图重复这个步骤，直到不含圈为止，即得到一个支撑树，称这种方法为“破圈法”。

也可以用另一种方法来求连通图的支撑树。在图中任取一条边 e_1，找到一条与 e_1 不构成圈的边 e_2，再找一条与 $\{e_1, e_2\}$ 不构成圈的边 e_3。一般设已有 $\{e_1, e_2, \cdots, e_r\}$，再找到一条与 $\{e_1, e_2, \cdots, e_r\}$ 中任何一条边不构成圈的边 e_{r+1}。重复这个过程，直到不能进行为止。这时，由所取的边构成的图是一个支撑树，称这种方法为“避圈法”。

实际上，由定理 1 和定理 2 可知，在“破圈法”中去掉的边数必是 $q(G)-p(G)+1$ 条，在“避圈法”中取出的边数必是 $p(G)-1$。

定义 7 给图 $G=(V, E)$，对 G 中的每条边 $[v_i, v_j]$，相应的有一个数 w_{ij}，则称这样的图 G 为赋权图，w_{ij} 称为边 $[v_i, v_j]$ 上的权。这里所说的“权”，是指与边有关的数量指标。根据实际问题的需要，可以赋予它不同的含义，例如表示距离、时间、费用等。

定义 8 设有一个连通图 $G=(V, E)$，每一边 $e=[v_i, v_j]$ 有一个非负权 $w(e)=w_{ij}(w)$。若 $[v_2, v_4]$ 是 G 的一个支撑树，称 E' 中所有边的权之和为支撑树的权，记为 $w(T)$，即：

$$w(T)=\sum_{[v_i, v_j]\in T} w_{ij}$$

如果支撑树 T^* 的权 $w(T^*)$ 是 G 的所有支撑树权的最小值。则称 T^* 是 G 的最小支撑树（简称最小树）。即：

$$w(T^*)=\min_T w(T)$$

式中对 G 所有支撑树 T 取最小。

下面简单介绍一下最小支撑树的算法。

1. 破圈法

任取一个圈，从圈中去掉一个权最大的边（如果有两条或两条以上都是权最大的边，则任意删去其中一条）。在余下的图中重复这个步骤，直到得到一个不含圈的图为止，这时的图便是一个最小支撑树。

2. 避圈法或 Kruskal 法

开始选一条最小权的边，以后每一步中，总从未被选取的边中选一条权最小的边，并使之与选取的边不构成圈（在每一步中，如果有两条或两条以上的边都是权最小的边，则从中任选一条)。

算法的具体步骤如下:

第 1 步:令 $i=1$,$E_0=\varnothing$ ($\varnothing$表示空集)。

第 2 步:选一条边 $e_i \in E \setminus E_i$;使 e_i 是$\{V,E_{i-u} \cup \{e\}\}$不含圈的所有边 e ($e \in E \setminus E_i$) 权最小的边。如果这样的边不存在,则 $T=(V,E_{i-1})$ 是最小树。

第 3 步:把 i 换成 $i+1$,转入第 2 步。

例 8-1:某城市内联结六个市县的道路网如图 8-5 所示,已知每条道路的长,要求沿道路铺设联结六个市县的煤气管道网,使管道线的总长最小。

解:该问题就是要求如图 8-5 所示的赋权图上的最小树。

方法 1:利用破圈法求解。

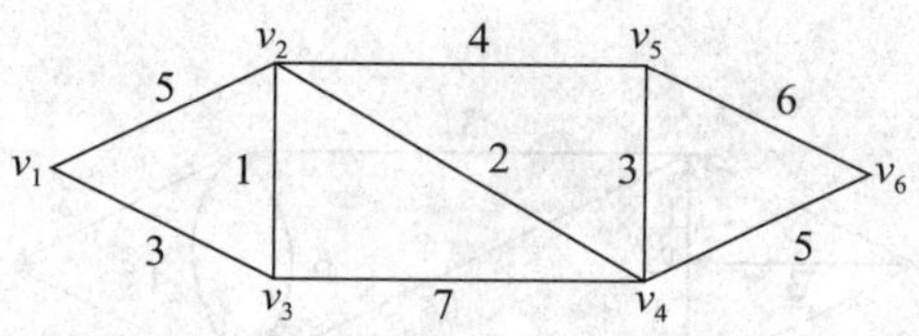

图 8-5 某市六市县道路网

任取一个圈,例如 (v_1,v_2,v_3,v_1),边$[v_1,v_2]$是这个圈中权最大的边,于是去掉$[v_1,v_2]$;再取 (v_2,v_3,v_4,v_2),同理去掉该圈中权最大的边 $[v_3,v_4]$,取圈 (v_2,v_5,v_4,v_2),去掉此圈中最大的边$[v_2,v_5]$;取圈 (v_4,v_5,v_6,v_4),边 $[v_5,v_6]$ 是该圈中权最大的边,于是去掉 $[v_5,v_6]$。这时得到一个不含圈的图,即为最小树。即管道线总长最小的管道铺设方案(如图 8-6 所示),铺设的管道线总长为 14 单位。

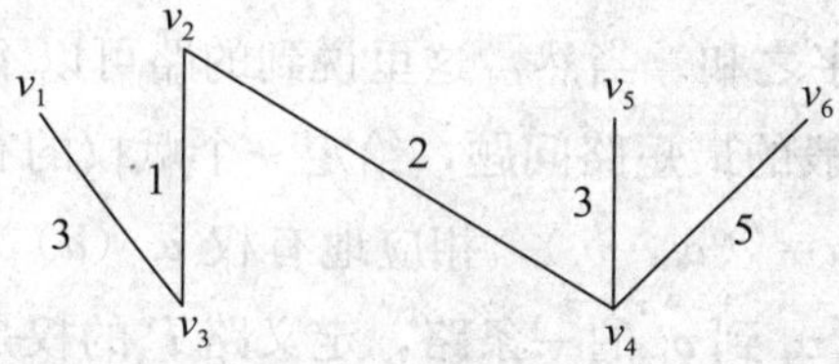

图 8-6 管道线总长最小铺设方案

方法 2:利用避圈法求解。

$i=1$,$E_0=\varnothing$,E 中选最小权边 $[v_2,v_3]$,$E_1=\{[v_2,v_3]\}$;$i=2$,从 $E \setminus E_1$ 中选最小权边 $[v_2,v_4]$($[v_2,v_4]$ 与 $[v_2,v_3]$ 不构成圈),$E_2=\{[v_2,v_3],[v_2,v_4]\}$;$i=3$,从 $E \setminus E_2$ 中选最小权边 $[v_1,v_3]$ (或选 $[v_4,v_5]$)((V,$E_2 \cup \{[v_1,v_3]\}$)不含圈),令 $E_3=\{[v_2,v_3],[v_2,v_4],[v_1,v_3]\}$;$i=4$,从 $E \setminus E_3$ 中选最小权边 $[v_4$,

v_6]（$(V, E_3 \cup \{[v_4, v_6]\})$ 不含圈），令 $E_4=\{[v_2, v_3], [v_2, v_4], [v_1, v_3], [v_4, v_5], [v_4, v_6]\}$；$i=5$，这时任意一条未选的边都与已选的边构成圈，所以算法终止，(V, E_5) 就是要求的最小树，即铺设管道线的最小长度为 14 单位。

第三节 最短路问题

一、问题的提出

例 8－2：已知如图 8－7 所示的单行线交通图，每条弧旁的数字表示通过这条单行线所需要花费的费用。现在某人要从 v_1 出发，通过这个交通网到 v_7 去，求使总费用最小的旅行路线。

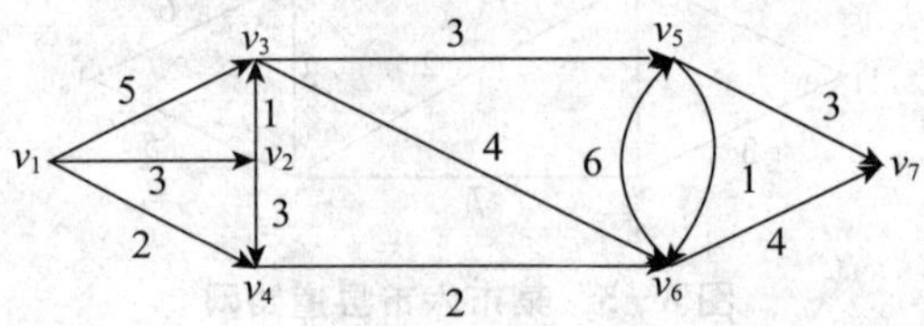

图 8－7 单行线交通图

由图 8－7 可知，从 v_1 到 v_7 的旅行路线是很多的，例如可以从 v_1 出发，依次经过 v_3、v_5，然后到 v_7；也可以从 v_1 出发，依次经过 v_2、v_3、v_6、v_5，然后到 v_7，等等。不同的路线，所需总费用是不同的，例如，按前一路线，总费用是 5＋3＋3＝11 单位，而按后一个路线，总费用是 3＋1＋4＋6＋3＝17 单位。不难看出，用图的语言来描述，从 v_1 到 v_7 的旅行路线与有向图中从 v_1 到 v_7 的路是一一对应的。一条旅行路线的总费用就是相应的从 v_1 到 v_7 的路中所有弧数字之和。当然，这里说到的路可以不是初等路线。

从这个例子可以引出一般的最短路问题，给定一个赋权的有向图，即给了一个有向图 $D=(V, A)$，对每一个弧 $a=(v_i, v_j)$，相应地有权 $w(a)=w_{ij}$，又给定 D 中的两个顶点 v_s，v_t。设 P 是 D 中从 v_s 到 v_t 的一条路，定义路 P 的权是 P 中所有弧的权之和，记为 $w(P)$。

定义 9 最短路问题就是要在所有从 v_s 到 v_t 的路中，求一条权最小的路，即求一条从 v_s 到 v_t 的路 p_0，使

$$w(P_0)=\min_P w(P) \tag{9}$$

式中对 D 中所有从 v_s 到 v_t 的路 P 取最小，称 P_0 是从 v_s 到 v_t 的最短路。路 P_0 的权称为从 v_s 到 v_t 的距离，记为 $d(v_s, v_t)$。显然，$d(v_s, v_t)$ 与 $d(v_t, v_s)$ 不一定相等。

最短路问题是重要的最优化问题之一，它不仅可以直接应用于解决生产实际的许多问

题，如管道铺设、电话线架设、线路安排、厂区布局、设备更新等，而且经常被作为一个基本工具，用于解决其他的优化问题。

二、最短路算法

本节将介绍在一个赋权有向图中寻找最短线的方法，这种方法实际上求出了从给定一个点出发，到任意一点的最短路。

在一个赋权的有向图中，经常要用到如下事实：如果 P 是 D 中从 v_s 到 v_j 的最短路，v_i 是 P 中的一个点，那么，从 v_s 沿 P 到 v_i 的路是从 v_s 到 v_i 的最短路。事实上，如果这个结论不成立，设 Q 是从 v_s 到 v_i 的最短路，令 P' 是从 v_s 沿 Q 到达 v_i，再从 v_i 沿 P 到达 v_j 的路，那么，P' 的权就比 P 的权小，这与 P 是从 v_s 到 v_j 的最短路相矛盾。

在权为非负的有向图中，求最短路目前最好的方法是由 Dijkstra 于 1959 年提出来的。Dijkstra 方法的基本思想是从 v_s 出发，逐步地向外探寻最短路。执行过程中，与每个点对应，记录下一个数（称为这个点的标号），它或者表示从 v_s 到该点的最短路的权（称为 P 标号），或者是从 v_s 到该点的最短路的权的上界（称为 T 标号），方法的每一步是去修改 T 标号，并且把某一个具 T 标号的点改变为具 P 标号的点，从而使具 P 标号的顶点数多一个。这样，至多经过 $p-1$ 步，就可以求出从 v_s 到各点的最短路。

在陈述 Dijkstra 方法的具体步骤之前，本节以例 8 - 2 为例具体说明一下该方法的基本思想。在例 8 - 2 中，$s=1$，因为所有 $w_{ij}\geqslant 0$，故有 $d(v_1, v_1)=0$。这时 v_1 是具 P 标号的点。现在考察从 v_1 发出的三条弧 (v_1, v_2) (v_1, v_3) 和 (v_1, v_4)。如果某人从 v_1 出发沿 (v_1, v_2) 到达 v_2，这时需要 $d(v_1, v_1)+w_{12}=3$ 单位的费用；如果他从 v_1 出发，沿 (v_1, v_3) 到达 v_3，则需要 $d(v_1, v_1)+w_{13}=5$ 单位的费用；类似地，若沿 (v_1, v_4) 到达 v_4，需要 $d(v_1, v_1)+w_{14}=2$ 单位的费用。因 $\min\{d(v_1, v_1)+w_{12}, d(v_1, v_1)+w_{13}, d(v_1, v_1)+w_{14}\}=d(v_1, v_1)+w_{14}=2$，可以肯定，他从 v_1 出发到 v_4 所需要的最小费用必定是 2 单位，即从 v_1 到 v_4 的最短路是 (v_1, v_4)，$d(v_1, v_4)=2$。这是因为从 v_1 到 v_4 的任意一条路 P，如果不是 (v_1, v_4)，则必是先从 v_1 沿 (v_1, v_2) 到达 v_2，或者沿 (v_1, v_3) 到达 v_3。但如上所说，这时候他已需要 3 单位或 5 单位的费用，不管他如何再从 v_2 或从 v_3 到达 v_4，所需要的总费用都不会比 2 少（因为所有的 $w_{ij}\geqslant 0$）。因而推知 $d(v_1, v_4)=2$，这样就可以使 v_4 变成具 P 标点的点。现在考察从 v_1 及 v_4 指向其余点的弧，由上已知，从 v_1 出发，分别沿 (v_1, v_2)、(v_1, v_3) 到达 v_2、v_3、分别需要 5、3 单位的费用，而从 v_4 出发沿 (v_4, v_6) 到达 v_6，所需要的费用是 $d(v_1, v_4)+w_{46}=2+2=4$ 单位。因 $\min\{d(v_1, v_1)+w_{12}, d(v_1, v_1)+w_{13}, d(v_1, v_4)+w_{46}\}=d(v_1, v_1)+w_{13}=3$。这样又可以使点 v_6 变成具 P 标号的点。如此重复这个过程，可以求出从 v_1 到任意一点的最短路。

在下述方法具体步骤中，用 P、T 分别表示某个点的 P 标号、T 标号，S_i 表示第 i 步时，具P标号点的集合。为了在求出从v_s到各点的距离的同时，也求出从s到各点的最短路，给每个点v以一个λ值，算法终止时，如果$\lambda(v)=M$，表示在从v_s到v的最短路上，v的前一个点是v_M；如果$\lambda(v)\neq M$，则表示D中不含从v_s到v的路；$\lambda(v)=0$表示$v=v_s$。

Dijkstra方法的具体步骤如下：

步骤1：开始（$i=0$）令$S_0=\{v_s\}$，$P(v_s)=0$，$\lambda(v_s)=0$，对每一个$v\neq v_s$，令$T(v)=+\infty$，$\lambda(v)=M$，令$r=s$。如果$S_i=v$，算法终止，这时，对每个$v\in S_i$，$d(v_s, v)=P(v)$；否则转入步骤2。

步骤2：考察每个使$(v_r, v_j)\in A$且$v_j\notin s_i$的点v_j。如果$T(v_j)>P(v_r)+w_{rj}$，则把$T(v_j)$修改为$P(v_r)+w_{rj}$，把$\lambda(v_j)$修改为r；否则转入步骤3。

步骤3：令$T(v_{ji})=\min\{T(v_i)\}$，如果$T(v_i)<+\infty$，则把V_{ji}的T标号变为P标号$P(v_{ji})=T(v_{ji})$，令$S_i+1=S_i\cup\{(v_{j_i})\}$，$r=j$，把$i$成$i+1$，转入步骤1；否则终止，这时对每一个$v\in S_i$，$d(v_s, v)=P(v)$，而对每一个$v\notin S_i$，$d(v_s, v)=T(v)$。

现在用Dijkstra方法求例8-2中从v_6到各个顶点的最短路，这时$s=1$。

(1) $i=0$

①$S_0=\{v_1\}$，$P(v_1)=0$，$\lambda(v_1)=0$，$T(v_i)=+\infty$，$\lambda(v_i)=M$（$i=2, 3, \cdots, 7$），以及$r=1$。

因$(v_1, v_2)\in A$，$v_2\notin S_0$，$P(v_1)+w_{12}<T(v_2)$，故把$T(v_2)$修改为$P(v_1)+w_{12}=3$，$\lambda(v_2)$修改为1。

同理，把$T(v_3)$修改为$P(v_1)+w_{13}=5$，$\lambda(v_3)$修改为1；把$T(v_4)$修改为$P(v_1)+w_{14}=2$，$\lambda(v_4)$修改为1。

在所有的T标号中$T(v_4)=2$最小，于是令$P(v_4)=2$，令$S_1=S_0\cup\{v_4\}=\{v_1, v_4\}$，$r=4$。

(2) $i=1$

①把$T(v_6)$修改为$P(v_4)+w_{46}=4$，$\lambda(v_6)$修改为4。

②在所有T标号中，$T(v_2)=3$最小，于是令$P(v_2)=3$，令$S_2=\{v_1, v_4, v_2\}$，$r=2$。

(3) $i=2$

①因$(v_2, v_3)\in A$，$v_3\notin S_2$，$P(v_2)+w_{23}<T(v_3)$，故把$T(v_3)$修改为$P(v_2)+w_{23}=4$，$\lambda(v_3)$修改为2。

②在所有T标号中，$T(v_3)=4$最小，于是令$P(v_3)=4$，令$S_3=\{v_1, v_4, v_2, v_3\}$，$r=3$。

(4) $i=3$

①把 $T(v_5)$ 修改为 $P(v_3)+w_{35}=7$，$\lambda(v_5)$ 修改为 3。

②在所有 T 标号中，$T(v_6)=4$ 最小，于是令 $P(v_6)=4$，令 $S_4=\{v_1, v_4, v_2, v_3\}$，$r=6$。

(5) $i=4$

因 $(v_6, v_5)\in A$，$v_s\notin S_4$，$P(v_6)+w_{65}>T(v_5)$。

在所有 T 标号中，$T(v_5)=7$ 最小，于是令 $P(v_5)=7$，令 $S_5=\{v_1, v_4, v_2, v_3, v_6, v_5\}$，$r=5$。

(6) $i=5$

①无论是从 v_0 还是从 v_6 出发，没有弧指向不属于 S_5 的点，故直接转入②。

②在所有 T 标号中，$T(v_7)=8$ 最小，于是令 $P(v_7)=8$，$S_6=\{v_1, v_4, v_2, v_3, v_6, v_5, v_7\}$，$r=7$。

(7) $i=6$

这时，仅有的 T 标号为 v_7，$T(v_7)=+\infty$ 算法终止。

算法终止时，$P(v_1)=0$，$P(v_4)=2$，$P(v_2)=3$，$P(v_3)=4$，$P(v_6)=4$，$P(v_5)=7$，$P(v_7)=8$，$T(v_7)=+\infty$，而 $\lambda(v_1)=0$，$\lambda(v_4)=1$，$\lambda(v_2)=1$，$\lambda(v_3)=2$，$\lambda(v_6)=4$，$\lambda(v_5)=3$，$\lambda(v_7)=6$，$\lambda(v_7)=M$。根据 λ 值可以求出从 v_1 到各个顶点的最短路（$i=2, 3, \cdots, 7$）。

例如，为了求从 v_1 到 v_7 的最短路，考察 $\lambda(v_7)$，因 $\lambda(v_7)=6$，故最短路包含弧 (v_6, v_7)；再考察 $\lambda(v_6)$，因 $\lambda(v_6)=4$，故最短路包含弧 (v_4, v_6)；再考察 $\lambda(v_4)=1$，于是最短路包含弧 (v_1, v_4)，这样从 v_1 到 v_7 的最短路是 (v_1, v_4, v_6, v_7)。

这种标号法也可以采用图上标注的方法，每个标号点的标号包含两个部分：第一个部分表明它的标号是从哪一个点得到的，第二个部分是从起点 v_1 到任意点 v_i 的距离。标号的过程是将 T 标号点逐步修改为 P 标号点。

上述例子采用图上标注的方法，其结果如图 8-8 所示。

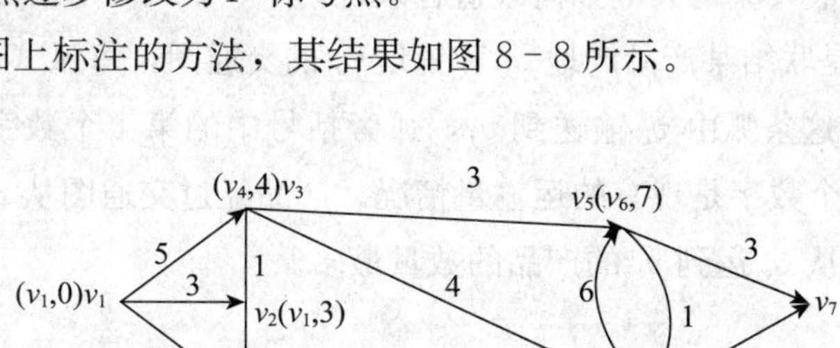

图 8-8　应用图上标注法的结果

例 8-3：设备更新问题。某企业使用一台设备，在每年年初，企业决策者就要决定是购置新的，还是继续使用旧的。购买新设备，就要支付一定的购置费用；若继续使用旧设备，则需支付一定的维修费用。现在的问题是如何确定制订一个五年之内的设备更新计划，使得总的支付费用最少。若已知该种设备在各年年初的价格如表 8-1 所示。

表 8-1　　不同年份设备价格　　单位：万元

年份	第 1 年	第 2 年	第 3 年	第 4 年	第 5 年
价格	10	10	11	12	12

还已知使用不同时间的设备所需要的维修费用如表 8-2 所示。

表 8-2　　不同使用年数维修费用　　单位：万元

使用年数	0～1	1～2	2～3	3～4	4～5
维修费用	4	5	7	10	14

第四节　最大流问题

研究网络能通过的流量是生产和管理工作经常遇到的实际问题。例如，公路系统中研究车辆的最大通过能力，供水系统中通过的水流量，生产流水线上产品的最大加工能力，信息网络中的信息流，金融系统中有现金流，等等。组成这类系统的弧都具有确定的通过能力，称为容量；而实际通过弧的流量则与系统各弧容量配置相关，有些经常达不到各弧的额定容量值。因此，研究实际能通过的最大流量问题，可以充分发挥各系统的设备能力，并且能明确为使最大流增大应如何改造各系统。

如图 8-9 (a) 是联结某产品产地 v_s 和销地 v_t 的交通图，每弧 (v_i，v_j) 代表从 v_i 到 v_j 的运输线，产品经这条弧由 v_i 输送到 v_j，弧旁括号中的第 1 个数字表示这条运输线的最大通过能力，第 2 个数字是现有的运输量情况。产品经过交通图从 v_s 输送到 v_t，现在要制订一个运输方案使从 v_s 运到 v_t 的产品的数量最多。

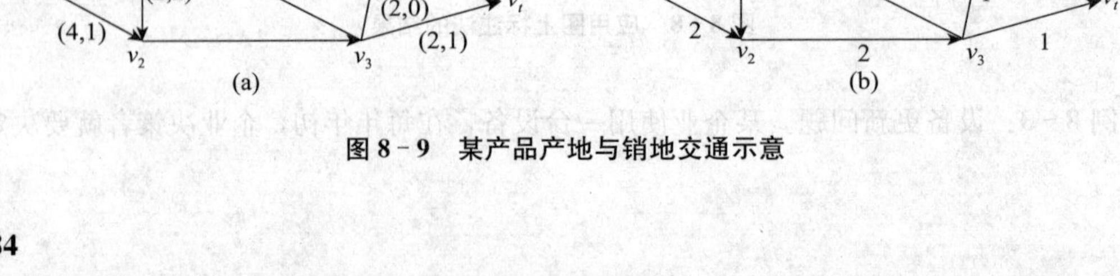

图 8-9　某产品产地与销地交通示意

图 8－9（b）给出了一个运输方案，每条弧旁的数字表示在这个方案中，每条运输线上的运输量。这个方案使 4 个单位的产品从 v_s 运到 v_t。在这个交通图上输送量是否还可以增多，或者说这个运输系统中，从 v_s 到 v_t 的最大输送量是多少？

一、基本概念与基本原理

网络与流的概念和基本原理如下：

定义 10　给一个有向图 $D=(V, A)$，在 V 中指定了一点，称为发点（记为 v_s），并指定另一点，称为收点（记为 v_t），其余的点称为中间点。对于每一个弧 $(v_i, v_j)\in A$，对应有一个 $c(v_i, v_j)\geqslant 0$（或简写为 c_{ij}），称为弧的容量。通常我们就把这样的 D 叫作一个网络，记作 $D=(V, A, C)$。

所谓网络上的流，是指定义在弧集合 A 上的一个函数 $f=\{f(v_i, v_j)\}$，并称 $f(v_i, v_j)$为弧 (v_i, v_j) 上的流量，有时简记作 f_{ij}。

例如图 8－9（a）就是一个网络，指定 v_s 是发点，v_t 是收点，其他的点是中间点。弧旁的数字为 c_{ij}。

在运输网络的实际问题中，我们可以看出，对于流有两个明显的要求：一是每个弧上的流量不能超过该弧的容量；二是中间点的流量为零。因为对于每个点，运出这点的产品总量与运进这点的产品总量之差，是这点的净输出量，我们简称为这一步的流量；由于中间点只起转运作用，所以中间点的流量必为零。易见发点的净输出量和收点的净流入量必相等，也是这个方案的总输出量。因此有：

定义 11　满足下述条件的流 f 称为可行流：

（1）容量限制条件：使每一弧 $(v_i, v_j)\in A$

$$0\leqslant f_{ij}\leqslant c_{ij}$$

（2）平衡条件：

对于中间点，流出量＝流入量，即对每个 i（$i\neq s, t$）有

$$\sum_{(v_{si}, v_j)\in A} f_{ij}-\sum_{(v_j, v_i)\in A} f_{ji}=0$$

对于发点 v_s，记

$$\sum_{(v_{si}, v_j)} f_{sj}-\sum_{(v_j, v_t)\in A} f_{ji}=V(f)$$

于是对于收点 v_t，记

$$\sum_{(v_{si}, v_j)\in A} f_{ij}-\sum_{(v_j, v_i)\in A} f_{jt}=V(f)$$

式中 $v(f)$ 称为这个可行流的流量，即发点的净输出量（或收点的净输入量）。

可行流总是存在的。例如令所有弧的流量 $f_{ij}=0$，就得到一个可行流（称为零流）。其流量 $v(f)=0$。

最大流问题就是求一个流 f_{ij} 使其流量 $v(f)$ 达到最大，并且满足：

$$①0\leqslant f_{ij}\leqslant c_{ij} \quad ②(v_i, v_j)\in A$$

$$\begin{cases} v(f)(i=s) \\ 0(i\neq s, t) \\ -v(f)(i=t) \end{cases}$$

最大流问题是一个特殊的线性规划问题，即求一组 $\{f_{ij}\}$，在满足条件①和②下使流量达到极大。在本节中，我们将会看到利用图的特点，解决这个问题的方法较之线性规划的一般方法要方便、直观得多。

定义 12 若给一个可行流 $f=\{f_{ij}\}$，我们把网络中使 $f_{ij}=C_{ij}$ 的弧称为饱和弧，使 $f_{ij}<c_{ij}$ 的弧称为非饱和弧。把 $f_{ij}=0$ 的弧称为零流弧，$f_{ij}>0$ 的弧称为非零流弧。

如图 8－9（a）所示，(v_s, v_1)相（v_1，v_2）是饱和弧，其他的弧为非饱和弧；除(v_3, v_4)是零流弧外，其他的弧均为非零流弧。

若 μ 是网络中联结发点 v_s 和收点 v_t 的一条链，定义链的方向是从 v_s 到 v_t，则链上的弧被分为两类：一类是弧的方向与链的方向一致，叫作前向弧。前向弧的全体记为 μ^*。另一类弧与链的方向相反，称为后向弧。后向弧的全体记为 μ^-。

定义 15 设 f 是一个可行流，μ 是从 v_s 到 v_t 的一条链 μ，若满足下列条件，称之为（关于可行流 f 的）一条增广链。

在弧$(v_i, v_j)\in\mu^*$上，$0\leqslant f_{ij}<c_{ij}$，即 μ^+ 中每一弧是非饱和弧。

在弧$(v_i, v_j)\in\mu^-$上，$0<f_{ij}\leqslant c_{ij}$，即 μ^- 中每一弧是非零流弧。

在图 8－9（a）中，链 $\mu=(v_s, v_2, v_3, v_1, v_4, v_t)$是一条增广链。因为 μ^+ 和 μ^- 中的弧满足增广链的条件。例如：$(v_s, v_2)\in\mu^+$，$f_{31}=1>0$，等等。

定义 14 截集与截量 设 $(S, T)\in V$，$S\cap T=\varnothing$，我们把始点在 S、终点在 T 中的所有弧构成的集合，记为 (S, T)。

给网络 $D=(V, A, C)$，若点集 V 被剖分为两个非空集合 V_1 和 $\overline{v_1}$，使 $v_s\in v_t$，$v_t\in\overline{v_1}$，则把弧集 (v_1, v_1) 称为（分离 v_s 和 v_t 的）截集。

显然，若把一截集的弧从网络中丢去，则从 v_0 到 v 便不存在路。所以，直观上说，截集是 v_s 到 v_t 的必经之路。

给一截集，把截集 $(v_1, \overline{v_1})$ 中所有弧的容量之和称为这个截集的容量（简称为截量），记为 $c(v_1, \overline{v_1})$，即

$$c(v_1, \overline{v_1})=\sum_{(v_i, v_j)\subset(v_1, \overline{v_1})} c_{ij}$$

不难证明，任何一个可行流的流量 $v(f)$都不会超过任一截集的容量。即

$$v(f)\leqslant c(v_1, \overline{v_1})$$

显然，若对于一个可行流 f^*，网络中有一个截集 $(v_1^*, \overline{v_1^*})$，使 $v(f^*)=c(v_1^*$，

$\overline{v_1^*}$），则 f^* 必是最大流，而（v_1^*，$\overline{v_1^*}$）必定是 D 的所有截集中，容量最小的一个，即最小截集或最小割。

定理 5 可行流 f^* 是最大流，当且仅当不存在关于 f^* 的增广链。

证明： 若 f^* 是最大流，设 D 中存在关于 f^* 的增广链 μ，令

$$\theta=\min\{\min(c_{ij}-f_{ij}^*),\ f_{ij}^*\}$$

由增广链的定义可知，$\theta>0$，令

$$f_{ij}^*=\begin{cases}f_{ij}^*+\theta(v_i,\ v_j)\in\mu^+\\ f_{ij}^*-\theta(v_i,\ v_j)\in\mu^-\\ f_{ij}^*(v_i,\ v_j)\sum\limits_{i=1}^{n}X_i\notin\mu\end{cases}$$

不难验证$\{f^*\}$是一个可行流，且 $v(f^{**})=v(f^*)+\theta>v(f^*)$。这与 f^* 是最大流的假设矛盾。

现在假设 D 中不存在关于 f^* 的增广链，证明 f^* 是最大流。我们利用下面的方法定义 v_1^*。令 $v_s\in v_1^*$，若 $v_t\in v_1^*$，且 $f_{ij}^*<c_{ij}$，则令 $v_j\in v_1^*$。

若 $v_t\in v_1^*$，且 $f_{ij}^*>0$，则令 $v_j\in v_1^*$。因为不存在关于 f^* 的增广链，故 $v_t\ \overline{\in}v_1^*$。

记$\overline{v_1}^*=v\setminus v_1^*$，于是得到一个截集（$v_1^*$，$\overline{v}_1^*$）。显然必有

$$f_{ij}^*=\begin{cases}c_{ij}\ (v_i,\ v_j)\in(v_1^*,\ \overline{v}_1^*)\\ 0\ (v_i,\ v_j)\in(v_1^*,\ \overline{v}_1^*)\end{cases}$$

所以，$v(f^*)=c(v_1^*,\ \overline{v}_1^*)$。于是 f^* 必是最大流。定理得证明。

由上述证明中可见，若 f^* 是最大流，则网络中必存在一个截集（v_1^*，$\overline{v}_1^*$），使

$$v(f^*)=c(v_t^*,\ \overline{v}_t^*)$$

定理 6 最大流量最小载量定理。任一个网络 D 中，从 v_s 到 v_t 的最大流的流量等于分离 v_s、v_t 的最小截集的容量。

定理 5 为我们提供了寻求网络中最大流的一个方法。若给了一个可行流 f，只要判断 D 中有无增广链。如果有增广链，则可以按定理 5 前半部分证明中的办法，改进 f，得到一个流量增大的新的可行流。如果没有增广链，则得到最大流。而利用定理 5 后半部分证明中定义 v_1^* 的办法，可以根据是否属于 v_1^* 来判断 D 中有无增广链。

在实际计算时，用给顶点标号的方法来定义 v_1^*。在标号的过程中，有标号的顶点表示是 v_1^* 中的点，没有标号的点表示不是 v_1^* 中的点。一旦 v_t 有了标号，就表明找到一条增广链；如果标号过程进行不下去了，而 v_t 尚未标号，则说明不存在增广链，于是得到最大流，而且同时也得到了一个最小截集。

二、最大流的标号法（Ford Fulkerson）

从一个可行流出发（若网络中没有给定 f，则可以设 f 是零流），经过标号过程与调

整过程。

1. 标号过程

在这个过程中，网络中的点或是标号点（分为已检查和未检查的两种），或者是未标号的点。每个标号点的标号包含两部分：第一标号表明它的标号是从哪一点得到的，以便找出增广链；第二个标号是为确定增广链的调整量θ用的。

标号过程开始，总先给v_s标上（0，$+\infty$），这时v_s是标号而未检查的点，其余都是未标号点。从一般意义上讲，取一个标号而未检查的点v_i，对一切未标号点v_j：

(1) 若在弧（v_i，v_j）上，$f_{ij}<c_{ij}$，则给v_j标号（v_i，1（v_j））。这里1（v_j）$=\min[1(v_i), c_{ij}-f_{ij}]$。这时点$v_j$成为标号而未检查的点。

(2) 若在弧（v_j，v_i）上，$f_{ji}>0$，则给v_j标号（$-v_i$，1（v_j）），这里1（v_j）$=\min[1(v_i), f_{ji}]$。这时点v_j成为标号而未检查的点。

于是v_i成为标号而已检查过的点。重复上述步骤，一旦v_t被标上号，表明得到一条从v_s到v_t的增广链μ，转入调整过程。

若所有标号都是已检查过，而标号过程进行不下去时，则算法结束，这时的可行流就是最大流。

2. 调整过程

首先按v_t及其他点的第一标号，利用“反向追踪”的方法，找出增广链μ。例如设v_t的第一标号为v_k（或$-v_k$），则弧（v_k，v_0）（或相应地（v_t，v_k））是μ上的弧。接下来检查v_k的第一个标号，若为v_j（或$-v_j$），则找出（v_i，v_k）（或相应地（v_k，v_i））。再检查v_k的第一个标号，依次下去，直到v_s为止。这时被找出的弧就构成了增广链μ。令调整量$\theta=1(v_t)$，即v_t的第二个标号。

$$f_{ij}^{*}=\begin{cases} f_{ij}+\theta & (v_i, v_j)\in\mu^{+} \\ f_{ij}-\theta & (v_i, v_j)\in\mu^{-} \\ f_{ij} & (v_i, v_j)\notin\mu \end{cases}$$

除去所有的标号，对新的可行流$f*=\{f_{ij}^{*}\}$重新进入标号过程。

例8-4：用标号法求如图8-9（a）所示网络的最大流，弧旁的数字是（c_{ij}，f_{ij}）。

解：

（一）第一次标号过程

1. 首先给v_s标上（0，$+\infty$）

2. 检查v_s，在弧（v_i，v_i）上，$f_{s1}=c_{s1}=3$，不满足标号条件。弧（v_s，v_2）上，$f_{s2}=1$，$C_{s2}=4$，$f_{s2}<C_{s2}$，则v_2的标号为（v_s，1(v_2)），其中，1(v_2)$=\min[1(v_s), (c_{s2}-f_{s2})]=\min[+\infty, 4-1]=3$

3. 检查v_2，在弧（v_2，v_3）上，$f_{23}=2$，$C_{23}=5$，$f_{23}<C_{23}$，则v_3的标号为（v_2，1(v_3)），其中，1（v_3）$=\min[1(v_2), (v_{23}-f_{23})]=\min[3, 5-2]=3$

4. 检查 v_3，在弧（v_3，v_4）上，$f_{34}=0$，$c_{34}=2$，$f_{34}<c_{34}$，则 v_4 的标号为（v_3，$1(v_4)$），其中，$1(v_4)\min[1(v_3)，(c_{34}-f_{34})]=\min[3，2-0]=2$。在弧（$v_3$，$v_1$）上，$f_{3t}=1$，$c_{3t}=2$，$f_{3t}<c_{3t}$，则给 v_t 的标号为（v_3，$1(v_t)$），这里，$1(vt)=\min\ [1\ (v_3)，(c_{3t}-f_{3t})]\ =\min[3，2-1]=1$ 因 v_t 有了标号，故转入调整过程。

（二）第一次调整过程

按点的第一个标号找到一条增广链，如图 8－10 中双箭头所示。

易见，$\mu^+=\{(v_s，v_2)，(v_2，v_3)，(v_3，v_4)\}$

按 $\theta=1$ 在 μ 上调整 f。

μ^+ 上：$f_{s2}+\theta=1+1=2$

$f_{23}+\theta=3+1=4$

$f_{3t}+\theta=1+1=2$

其余 f_{ij} 不变。

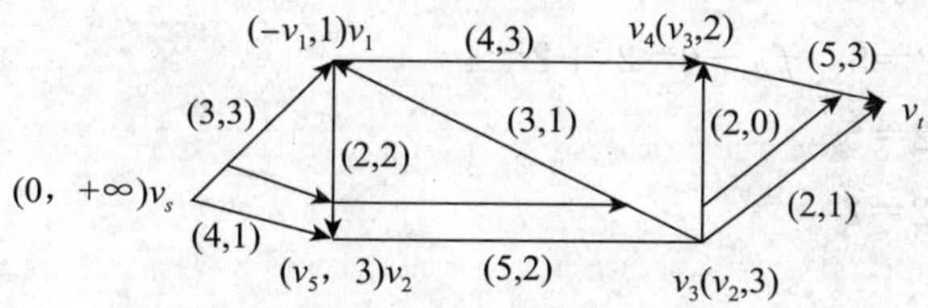

图 8－10　增广链（1）

调整后得如图 8－11 所示的可行流，对这个可行流进入标号过程，寻找增广链。

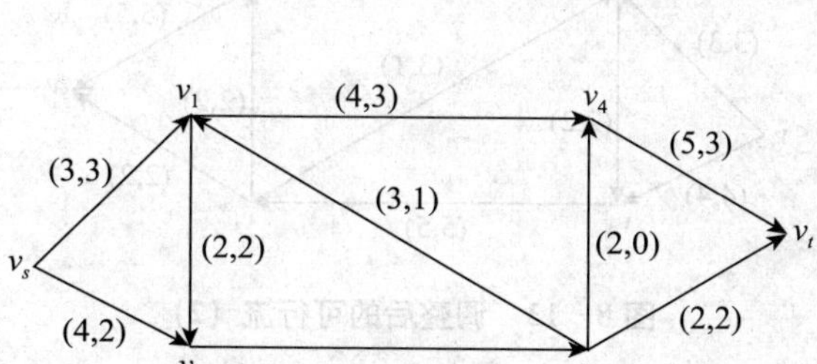

图 8－11　调整后的可行流（1）

（一）第二次标号过程

1. 开始给 v_s 标以（0，$+\infty$），于是检查 v_s，给 v_2 标以（v_s，2）

2. 检查 v_2，弧（v_2，v_3）上，$f_{23}=3$，$c_{23}=5$，$f_{23}=5$，$f_{23}<c_{23}$，则 v_3 的标号为（v_2，$1(v_3)$），其中 $1(v_3)=\min\ [1(v_2)，(c_{23}-f_{23})]\ =\min\ [2，5-3]\ =2$。检查 v_3，在弧（v_3，v_4）上，$f_{34}=0$，$c_{34}=2$，$f_{34}<c_{34}$，则 v_4 的标号为（v_3，$1(v_4)$），其中 $1\ (v_4)\ =\min\ [1(v_3)，(c_{34}-f_{34})]\ =\min\ [2，2-0]\ =2$。

3. 检查 v_4，在弧（v_4，v_t）上，$f_{4t}=0$，$c_{4t}=2$，$f_{4t}<c_{4t}$，则 v_t 的标号为（v_4，$1(v_t)$），其中，$1(v_t)=\min[1(v_4),(c_{4t}-f_{4t})]=\min[2,5-3]=2$。因 v_t 有了标号，故转入调整过程。

（二）第二次调整过程

按点的第一个标号又找到一条增广链，如图 8－12 中双箭头所示。

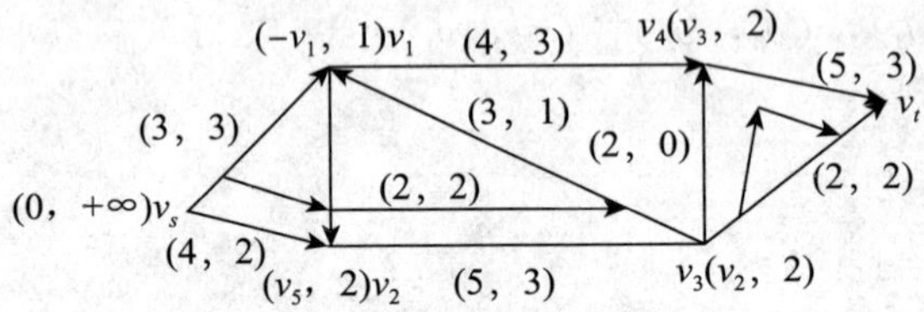

图 8－12　增广链（2）

易见，$\mu^+=\{(Vs,V_2),(V_2,V_3),(V_3,V_4),(V_4,V_t)\}$ 按 $\theta=1$ 在 μ 上调整 f。

μ^+ 上：$f_{4t}+\theta=3+2=5$　$f_{s2}+\theta=2+2=4$

$f_{23}+\theta=3+2=5$

$f_{34}+\theta=0+2=2$

其余 f_{ij} 不变。

调整后得如图 8－13 所示的可行流，对这个可行流进入标号过程，寻找增广链。

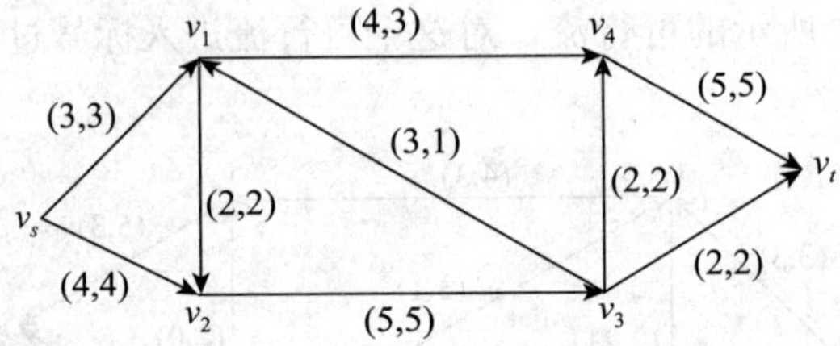

图 8－13　调整后的可行流（2）

再次开始给 v_s 标以（0，$+\infty$），于是检查 v_s，弧（v_s，v_1）上，$f_{s1}=c_{s1}=3$，弧（v_s，v_2）上，$f_{s2}=c_{s2}=4$，均不符合条件，标号过程无法继续下去，算法结束。

这时的可行流（见图 8－14）即为所求的最大流。最大流量为 $v(f)=f_{s1}+f_{s2}=f_{3t}+f_{4t}=7$。

与此同时可找到最小截集（v_1，$\overline{v_1}$），其中 v_1 为标号点集合，$\overline{v_1}$ 为未标号点集合。弧集合（v_1，$\overline{v_1}$）即为最小截集或最小割。

上例中，$v_1=\{v_s\}$，$\overline{v_1}=\{v_1,v_2,v_3,v_4,v_t\}$，于是（$v_1$，$\overline{v_1}$）$=\{(v_s,v_t),(v_s,v_2)\}$ 是最小截集，它的容量必也是 7。

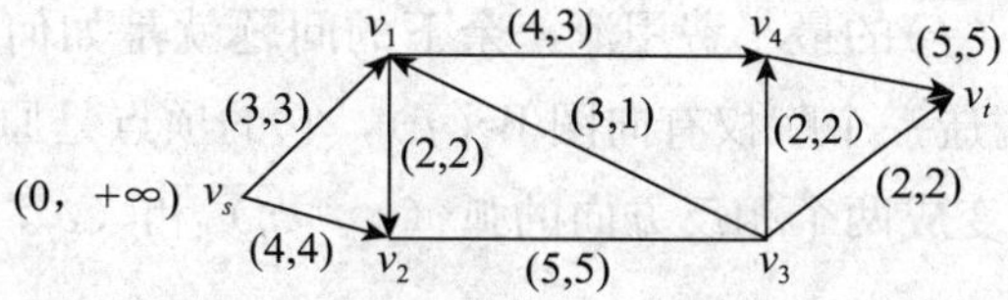

图 8－14　调整后得到最大流

由上述实例分析可知，用标号法找增广链以求最大流的结果，同时得到一个最小截集。最小截集的容量的大小影响总的输送量的提高。因此，为提高总的输送量，必须首先考虑改善最小截集中各弧的输送情况，提高它们的通过能力。另外，一旦最小截集中弧的通过能力降低，就会使总的输送量减少。

三、最小费用最大流问题

上一节讨论了寻求网络最大流的问题。在实际生产和生活中，涉及“流”的问题时，人们考虑的还不只是流量，而且还有“费用”的因素，本节将介绍的是最小费用情况下的最大流问题。

给网络 $D=(V, A, C)$，每一弧 $(v_i, v_j)\in A$，容量为 c_{ij}，单位流量的费用 $b(v_i, v_j)\geqslant 0$（简记为 b_{ij}），所谓最小费用最大流问题就是要求一个最大流 f，使得总输送费用

$$B(f)=\sum_{(vi,\ vj)\in A} b_{ij} f_{ij}$$

取极小值。

从上节可知，寻求最大流的方法是从某个可行流出发，找到关于这个流的一条增广链 μ，沿着 μ 调整 f，对新的可行流试图寻求关于它的增广链，如此反复直至最大流。现在要寻求最小费用最大流，可以首先考虑一下，当沿着一条关于可行流 f 的增广链 μ，以 $\theta=1$ 调整 f 得到新的可行流 f' 时。显然 $V(f')=V(f)+1$，$b(f')$ 比 $b(f)$ 增加多少？不难看出

$$\begin{aligned} b(f')-b(f) &= \left[\sum_{\mu^+} b_{ij}(f'_{ij}, -f_{ij})-\sum_{\mu^-} b_{ij}(f'_{ij}-f_{ij})\right] \\ &= \sum_{\mu^+} b_{ij}-\sum_{\mu^-} b_{ij} \end{aligned}$$

将 $\sum_{\mu^+} b_{ij}-\sum_{\mu^-} b_{ij}$ 称为这条增广链 μ 的“费用”。

可以证明，若 f 是流量为 $v(f)$ 的所有可行流中费用最小的，而 μ 是关于 f 的所有增广链中费用最小的增广链，那么沿 μ 去调整 f，得到的可行流 f'，就是流量为 $v(f')$ 的所有可行流中的最小费用流。这样，当 f' 是最大流时，它也就是我们所要求的最小费用最大流。

由于 $b_{ij}\geqslant 0$，所以 $f=0$ 必是流量为 0 的最小费用流。这样，总可以从 $f=0$ 开始。一般地，设已知 f 是流量 $v(f)$ 的最小费用流，余下的问题就是如何去寻求关于 f 的最小费用增广链。为此，本节构造一个赋权有向图 $W(f)$，它的项点是原网络 D 的顶点，而把 D 中的每一条弧（v_i，v_j）变成两个相反方向的弧（v_i，v_j）和（v_j，v_i）。定义 W（f）中弧的权 w_{ij} 为：

$$W_{ij}=\begin{cases} b_{ij} & 若\ f_{ij}<c_{ij} \\ +\infty & f_{ij}=c_{ij} \end{cases}$$

$$W_{ij}=\begin{cases} -b_{ij} & 若\ f_{ij}>0 \\ -\infty & f_{ij}=0 \end{cases}$$

（长度为$+\infty$的弧可以从 $W(f)$ 中略去）

于是在网络 D 中寻求关于 f 的最小费用增广链就等价于在赋权有向图 $W(f)$中，寻求从 v_s到 v_t 的最短路。因此有如下算法：

开始取 $f^{(0)}=0$，一般若在第 $k-1$ 步得到最小费用流 $f^{(k-1)}$，则构造赋权有向图 W（$f^{(k-1)}$），在 W（$f^{(k-1)}$）中寻求从 v_s 到 v_t 的最短路。若不存在最短路（即最短路权是$+\infty$），则 $f^{(k-1)}$ 就是最小费用最大流；若存在最短路，则在原网络 D 中得到相应的增广链 μ，在增广链 $\mu f^{(k-1)}$ 进行调整。调整量为：

$$\theta=\min\{(c_{ij}-f_{ij}(k-1)),\ f_{ij}(k-1)\}$$

令

$$f_{ij}^{(k)}=\begin{cases} f_{ij}^{(k-1)}+\theta & (v_i,\ v_j)\in\mu^+ \\ f_{ij}^{(k-1)}-\theta & (v_i,\ v_j)\in\mu^- \\ f_{ij}^{(k-1)} & (v_i,\ v_j)\notin\mu \end{cases}$$

得到新的可行流 $f(k)$，再对 $f(k)$重复上述步骤。

例 8－5：以图 8－15 为例，求最小费用最大流。弧旁的数字为（b_{ij}，c_{ij}）。

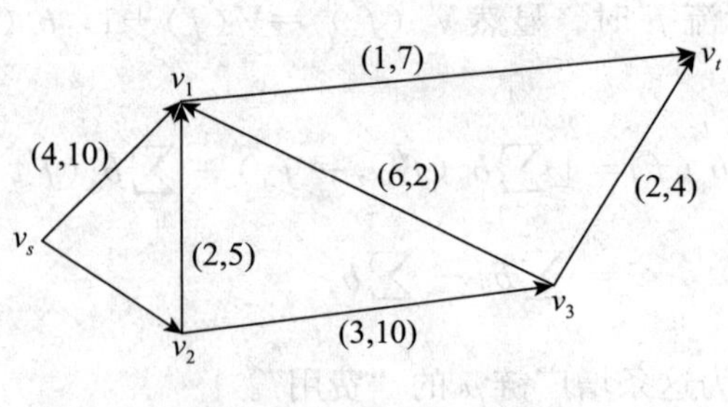

图 8－15　例 8－5 题目

解：(1) 取 $f^{(0)}=0$ 为初始可行流。

(2) 构造赋权有向图 W（$f^{(0)}$），并求出从 v_s 到 v_t 的最短路（v_s，v_2，v_1，v_t），如图 8－16（a）（双箭头即为最短路）所示。

（3）在原网络 D 中，与这条最短路相应的增广链为 $\mu=$（v_s，v_2，v_1，v_t）。

（4）在 μ 上进行调整，$\theta=5$，得 $f^{(1)}$。按照上述算法依次得 $f^{(1)}$、$f^{(2)}$、$f^{(3)}$、$f^{(4)}$，流量依次为 5、7、10、11；构造相应的赋权有向图为 W（$f^{(1)}$）、W（$f^{(2)}$）、W（$f^{(3)}$）、W（$f^{(4)}$），见图 8－16。

注意到 W（$f^{(4)}$）中已经不存在从 v_s 到 v_t 的最短路，所以 $f^{(4)}$ 为最小费用最大流。

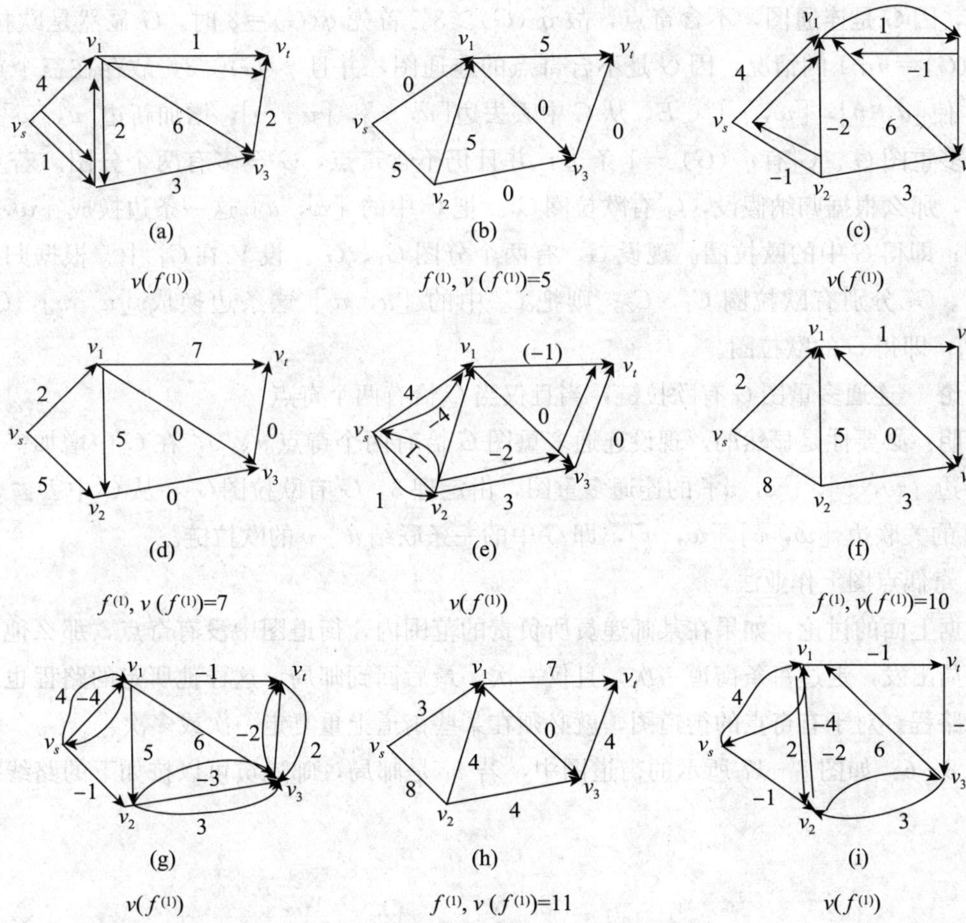

图 8－16

四、中国邮递员问题

在本章开始提到的邮递员问题，若把它抽象为图的语言，就是给定一个连通图，在每边上赋予一个非负的权，要求一个圈（未必是简单的），过每边至少一次，并使图的总权最小。这个问题是我国山东大学管梅谷教授在 1962 年首先提出的，因此在国际上称为中国邮递员问题。

1. 一笔画问题

给定一个连通多重图G，若存在一条链，过每边一次，且仅一次，则称这条链为欧拉链。若存在一个简单圈，过每边一次，称这个圈为欧拉圈。一个图若有欧拉圈，则称为欧拉图。显然，一个图若能一笔画出，这个图必是欧拉圈或含有欧拉链。

定理7 连通多重图G是欧拉图，当且仅当G中无奇点。

证明：必要性是显然的，只证明充分性。不妨设G至少有三个点，对边数$q(G)$进行G归纳，因G是连通图，不含奇点，故$q(G)\geqslant 3$。首先$q(G)=3$时，G显然是欧拉图。考虑$q(G)=n+1$的情况，因G是不含奇点的连通图，并且$p(G)\geqslant 3$，故存在三个点u、v、w，使$[u, v]$，$[w, v]\in E$。从G中丢去边$[u, v]$，$[w, v]$，增加新边$[u, w]$，得到新的多重图G'。G'有$q(G)-1$条边，并且仍不含奇点，G'至多有两个分图。若G'是连通的，那么根据归纳假设，G'有欧拉圈C'。把C'中的$[w, u]$这一条边换成$[w, v]$，$[v, u]$；即得G中的欧拉圈。现设G，有两个分图G_1、G_2。设V在G_1中。根据归纳假设，G_1、G_2分别有欧拉圈C_1，C_2；则把C_2中的$[u, w]$这条边换成$[u, v]$，C_1及$[v, w]$；即得G的欧拉圈。

推论 连通多重图G有欧拉链，当且仅当G恰有两个奇点。

证明：必要性是显然的。现设连通多重图G恰有两个奇点u、v，在G中增加一个新w及新边$[w, v]$、$[w, u]$的连通多重图，由定理3，G'有欧拉图G'，从C'中丢去w点及点w的关联边$[w, v]$ $[w, u]$，即G中的一条联结u、v的欧拉链。

2. 奇偶点图上作业法

根据上面的讨论，如果在某邮递员所负责的范围内，街道图中没有奇点，那么他就可以从邮局出发，走过每条街道一次，且仅一次，最后回到邮局，这样他所走的路程也就是最短的路程。对于有奇点的街道图，就必须在某些街道上重复走一次或多次。

例8-6：如图8-17所示的街道图中，若v_1是邮局，邮递员可以按如下的路线投放信件：

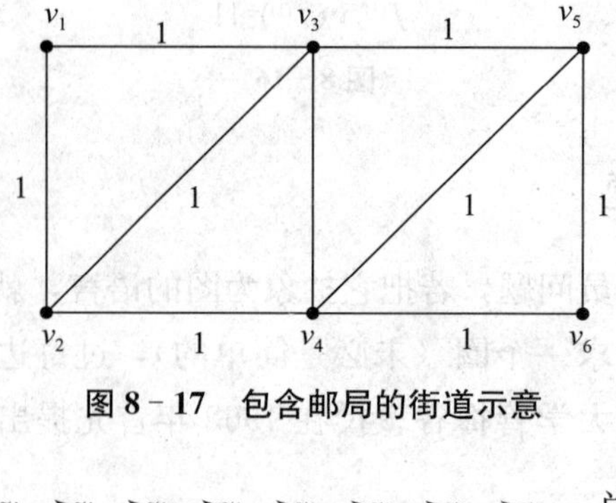

图8-17 包含邮局的街道示意

$v_1 \to v_2 \to v_4 \to v_3 \to v_2 \to v_4 \to v_6 \to v_5 \to v_4 \to v_6 \to v_5 \to v_3 \to v_1$，总权为12；

也可按另一条路线走：

$v_1 \to v_2 \to v_3 \to v_2 \to v_4 \to v_5 \to v_6 \to v_4 \to v_3 \to v_5 \to v_3 \to v_1$，总权为 11。

可见，按第一条路线走，在边$[v_2, v_4]$，$[v_4, v_6]$，$[v_6, v_5]$上各重复走一次。而按第二条路线走，在边$[v_3, v_2]$，$[v_3, v_5]$上各重复走了一次。

如果在某条路线中，边$[v_i, v_j]$是重复走了几次，我们在图中之间增加几条边，令每条边的权和原来的权相等，并把新增加的边，称为重复边。于是这条路线就是相应的新图中的欧拉图。例如在图 8－17 中，上边两条路线分别是图 8－18 和图 8－19 中的欧拉圈。

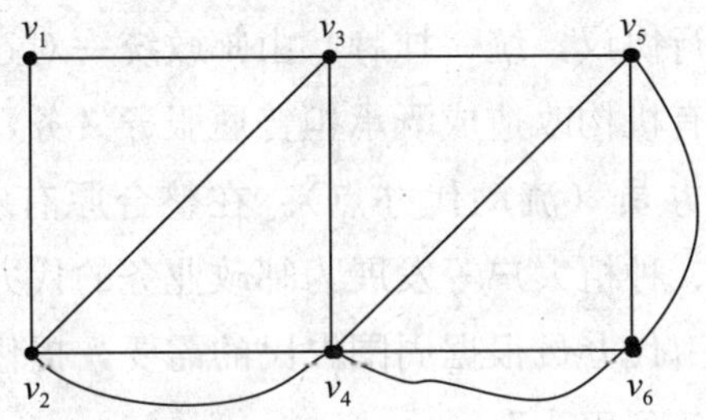

图 8－18

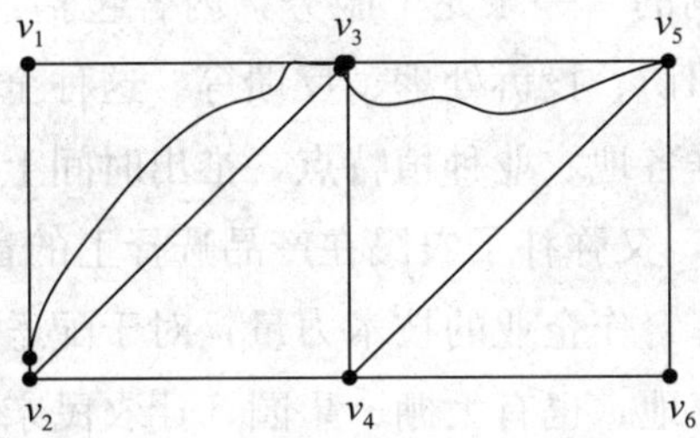

图 8－19

显然，两条邮递员路线的总路程的差必等于相应的重复边总权的差。因而，原来的问题可以叙述为在一个奇点的图中，要求增加一些重复边，使新图不含奇点，并且重复边的总权为最小。

我们把使新图不含奇点而增加的重复边，简称为可行（重复边）方案。使总权最小的可行方案称为最优方案。

现在的问题是第一个可行方案如何确定，在确定一个可行方案后，怎么判断这个方案是否为最优方案？若不是最优方案，如何调整这个方案？

第五节　案例分析（中邮物流利用网络优势破解农村物流难）

近年来，中邮物流公司创新体制和运行机制，把触角延伸到田间地头，建立起“直通车配送”模式农村物流网络，破解农村物流难题，为社会新农村建设注入活力。中邮物流有限责任公司总经理李凯介绍，这种“直通车配送”模式就是发挥邮政遍布城乡的网络优势，将现代物流理念引入农村，按照“配送＋分销”的运作模式，为广大农民提供种子、化肥、农药等农资类产品和日化、酒水等消费品以及农产品的分销代理和配送服务。

中邮物流依托资源完善布局，解决偏远地区农牧民物流难题。邮政以农村支局所为节点，将县局培育成为提供产品配送、技术服务和网点的配送中心，通过改造、新增和加盟等方式，在乡镇和大的行政村建立邮政服务“三农”的代办点，主要采取固定和流动两种灵活方式。一是固定代办点。利用邮政自有机构和各类社会店面，发展有固定经营场所和柜台的代办网点，对网点进行协议，统一挂牌，由邮政统一对这些店面进行配货，店面进行送货上门服务。将邮政自有机构改造成既承担普通服务义务，又为农民提供生产生活资料配送的网点。二是发展代办员（流动代办点）。在整合原有农村邮政代办员的基础上，将科技带头人、致富带头人、种植大户等发展为邮政业务的代办员，邮政将农民需要的产品统一配送到代办员家中，由代办员根据周围农民的需要，提供随时上门服务，做到“收订到农户、投递到家门、服务到田头”。

中邮物流立足服务创新，建立了一套集宣传、培训、试验、示范、技术推广的服务模式，为农民提供从耕种到收割的“一条龙”服务，内容包括：产品技术服务、收订上门、投递到户、技术指导、定期回访、投诉处理、反馈等。这种全新的服务方式，使农民足不出户就实现购物。他们还根据各地农业种植特点，推出时间上跟进、产品上叠加的“套餐服务”。既节约了农民的支出，又弥补了农民在产品选择上的盲目和系统考虑的不足。

中邮物流充分整合和发挥合作企业的技术力量，对于配送的每一种产品都联合合作企业建立示范田，既有稻田、菜地，也有大棚、果园，让农民亲眼看到邮政代理产品的使用效果，并配合技术服务人员实地培训、指导，确保产品的科学使用。

他们还将城市消费市场常用的营销方式引入农村，引导农民转变消费观念。邮政为加大所配送产品的营销力度，采取了多种有效的营销方式，如产品组合促销、买赠促销、现场抽奖、演出现场促销等。江西、山东和河南等省还将比较流行的会员服务概念引入农村，将享受邮政服务的农户发展为邮政的会员客户，为其提供包括储蓄、报刊、包裹、产品配送在内的一揽子邮政服务，既方便了农户用邮，又提高了农村邮政网络的利用率。

2006 年以来，中邮物流发挥邮政深入农村田间地头和城市“进社区、进商厦、进机关企业”两方面优势，积极策划并推出送农副产品进城服务，不仅更好地服务了“三农”，也得到了城镇居民的欢迎。按照“订单农业”的发展思路，积极与农村种植大户建立产供销合作关系，积极发展“农民经纪人”，推动了地方产品的外销；邮政还与农副产品深加工企业合作，协助他们将各地的名、优、特产品分销配送到全国，促进了中小企业、农副产品加工企业的发展。他们还为农民提供进城务工服务，帮助农民在城里就业。这些业务的开展使中邮配送网络真正成为连接城市和农村的“绿双向快车道”。

中邮物流发挥配送技术优势，帮助农民实现科学种田。邮政配送产品下乡，坚持做到

“乡乡有试验田、村村有示范点”，积极采取“示范＋配送”“科技推广＋配送”“售后服务＋配送”等运作模式，通过开展产品技术培训、“送科技下乡”和技术咨询、指导等活动和措施，使农民逐步走上了科技种田的道路。如山东省建立了一支158人的邮政服务“三农”的专职农业技术队伍；河北邮政部门与省农技推广中心合作组建16人的“服务‘三农’专家顾问团”，与合作厂商配合，根据不同地区业务发展情况，分别在当地聘请农艺师、农技师等技术人员，保证邮政产品配送到哪里，技术服务到哪里；河南省已建立起一支154人的农业技术队伍，并要求各县（市）局要聘请1～2名农业专家或技术人员，支局要聘请1名懂农资经营的业务推广员。

这种“直通车农村连锁配送服务模式”，有效地杜绝了假冒伪劣产品的坑农害农现象，促进了农村科技进步，提高了农村生产、生活质量。

思考题

1. 设$S=\{v_1, v_2, \cdots, v_n\}$是平面上的点集，若点集中任意两点之间的距离$d_{ij}\geqslant 1$，试证至多有$3n$对点的距离恰好为1。

2. 求图8-20中的点v_1到各点的最短路和最短距离。

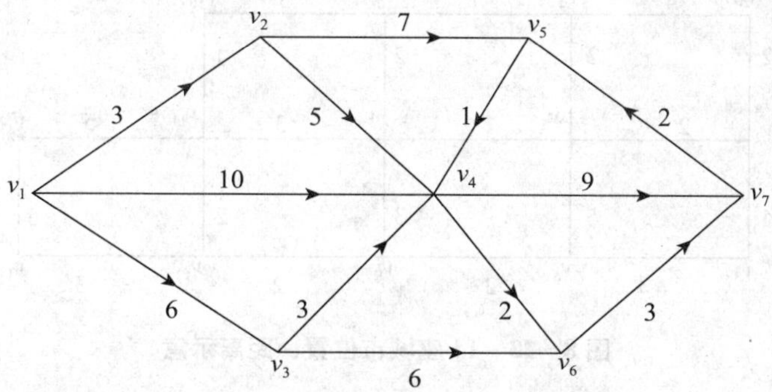

图8-20

3. 求赋权图8-21中的点v_1到点v_{11}的最短路及其长度。

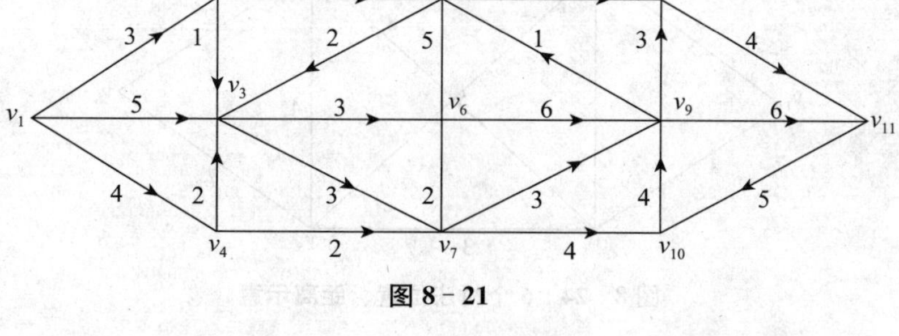

图8-21

4. 已知某设备今后五年内的价格依次为 100 万元、110 万元、115 万元、120 万元、130 万元，购得该设备后第 1、2、3、4、5 年内的维修费用分别为 10 万元、15 万元、30 万元、60 万元、70 万元，现要求制订一个五年内的设备更新计划，使得总的费用最小。

5. 求图 8-22 的最小树。

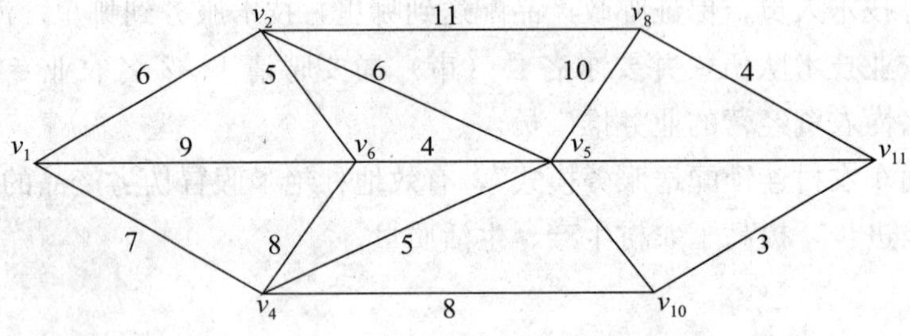

图 8-22

6. 现有 14 座城市，它们的位置和互相之间的距离如图 8-23 所示，试给出在这 14 座城市间修筑铁路的最佳选线。

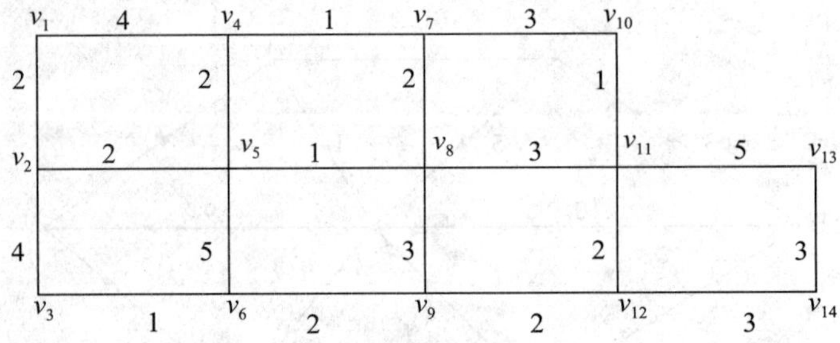

图 8-23　14 座城市位置、距离示意

7. 有六个村庄，各村的距离如图 8-24 所示。现要开办一所小学，问应建在哪个村庄，使得学生上学所走的总路程最短？

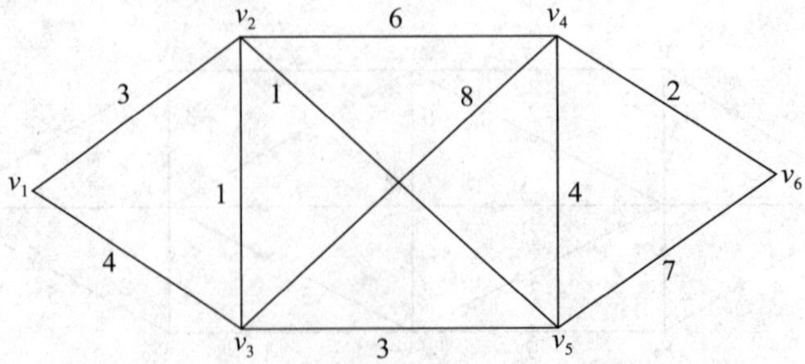

图 8-24　6 个村庄位置、距离示意

8. 某单位招收英语、法语、德语、俄语、日语的翻译各1人。现有五人去应聘，已知这5人中甲懂英语、德语，乙懂法语、德语，丙懂法语、俄语，丁懂俄语，戊懂德语、日语。问这五人最多有几人得到招聘，招聘后各从事哪一方面的翻译工作？

9. 有四台机床加工四种零件，各机床加工相应的零件所需的费用如表8-3所示。表中“∞”表示机床 A_i 不能加工零件 B_j，现要求制订一个加工方案，使得总的加工费用最小。

表8-3　　机床加工零件所需费用

	B_1	B_2	B_3	B_4	B_5
A_1	10	7	5	6	4
A_2	6	8	∞	6	7
A_3	11	5	6	3	∞
A_4	∞	9	4	∞	∞
A_5	9	4	3	4	5

10. 求如图8-25所示网络中的 v_s 到 v_t 的最大流。

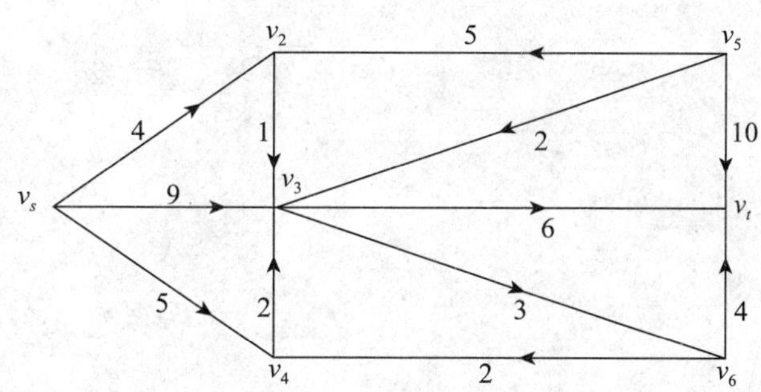

图8-25

11. 某产品从仓库 A_i（$i=1, 2, 3$）运往市场 B_j（$j=1, 2, 3, 4$）销售。已知各仓库的可供量、各市场的需求量及从仓库 A_i 至市场 B_j 最大运输量如表8-4所示。表中“0”表示从仓库 A_i 至市场 B_j 没有直接通路。要求制订一个调运方案，使从各仓库调运产品总量最多。

表 8-4　　仓库可供量、市场需求量及从仓库 A_i 至市场 B_j 最大运输量

	最大运输量				
	B_1	B_2	B_3	B_4	可供量
A_1	30	20	0	40	20
A_2	0	0	10	50	20
A_3	20	10	40	10	100
需求量	20	20	60	20	

第九章　实用排队论

排队论又称随机服务系统，它应用于一切服务系统，包括生产管理系统、通信系统、交通系统、计算机存储系统。它是通过建立一些数学模型，以对随机发生的需求提供服务的系统预测。在现实生活中，如排队买票、病人排队就诊、轮船进港、高速路上汽车通过收费站、机器等待修理，等等。

第一节　排队论的概念

一、排队论的基本构成

1. 输入过程

输入过程是描述顾客是按照怎样的规律到达排队系统的。包括①顾客总体：顾客的来源是有限的还是无限的。②到达的类型：顾客到达是单个到达还是成批到达。③相继顾客到达的时间间隔：通常假定是相互独立同分布，有的是等间隔到达，有的是服从负指数分布，有的是服从 k 阶 Erlang（厄兰）分布。

2. 排队规则

排队规则指顾客按怎样的规定的秩序接受服务。常见的有等待制、损失制、混合制、闭合制。当一个顾客到达时所有服务台都不空闲，则此顾客排队等待直到得到服务后离开，称为等待制。在等待制中，可以采用先到先服务，如排队买票；也可以后到先服务，如天气预报；还可以随机服务，如电话服务；也有有优先权的服务，如危重病人可优先看病。当一个顾客到来时，所有服务台都不空闲，则该顾客立即离开不等待，称为损失制。顾客排队等候的人数是有限长的，称为混合制度。当顾客对象和服务对象相同且固定时是闭合制，如几名维修工人固定维修某个工厂的机器就属于闭合制。

3. 服务机构

服务机构研究的内容主要包括：服务台的数量；服务时间服从的分布，常见的有定长分布、负指数分布、几何分布等。

二、排队系统的数量指标

1. 队长与等待队长

队长（通常记为 L_s）指系统中的平均顾客数（包括正在接受服务的顾客）。等待队长（通常记为 L_q）指系统中处于等待的顾客的数量。显然，队长等于等待队长加上正在服务的顾客数。

2. 等待时间

等待时间包括顾客的平均逗留时间（通常记为 W_s）和平均等待时间（通常记为 W_q）。顾客的平均逗留时间指顾客进入系统到离开系统这段时间，包括等待时间和接受服务的时间。顾客的平均等待时间指顾客进入系统到接受服务这段时间。

3. 忙期

从顾客到达空闲的系统，服务立即开始，直到再次变为空闲，这段时间是系统连续繁忙的时期，称之为系统的忙期。它反映了系统中服务机构工作强度，是衡量服务系统利用效率的指标，即：

服务强度＝忙期/服务总时间＝1－闲期/服务总时间

闲期与忙期对应的系统的空闲时间，也就是系统连续保持空闲的时间长度。

三、排队论中的符号表示

排队论中的记号是 20 世纪 50 年代初由 D. G. Kendall（肯德尔）引入的，通常由 3～5 个字母组成，形式为：$A/B/C/n$，其中 A 表示输入过程，B 代表服务时间，C 代表服务台数量，n 表示系统空间数。例如：

（1）$M/M/S/\infty$ 表示输入过程是 Poisson（泊松）流，服务时间服从负指数分布，系统有 S 个服务台平行服务，系统容量为无穷大的等待制排队系统。

（2）$M/G/S/\infty$ 表示输入过程是 Poisson 流，服务时间服从一般概率分布，系统有 S 个服务台平行服务，系统容量为无穷大的等待制排队系统。

（3）$D/M/S/K$ 表示顾客相继到达时间间隔独立、服从定长分布，服务时间服从负指数分布，系统有 S 个服务台平行服务，系统容量为 K 个的混合制系统。

（4）$M/M/S/S$ 表示输入过程是 Poisson 流，服务时间服从负指数分布，系统有 S 个服务台平行服务，顾客到达后不等待的损失制系统。

（5）$M/M/S/K/K$ 表示输入过程是 Poisson 流，服务时间服从负指数分布，系统有 S 个服务台平行服务，系统容量和顾客容量都为 K 个的闭合制系统。

第二节　排队论中四种重要的模型

一、等待制模型 *M/M/S/∞*

该模型中顾客到达规律服从参数为 λ 的 Poisson 过程，在 $[0,t]$ 时间内到达的顾客数 $X(t)$ 服从的分布为：

$$p\{X(t)=k\}=\frac{(\lambda t)^k \cdot e^{-\lambda t}}{k!}$$

其单位时间到达的顾客平均数为 λ，$[0,t]$ 时间内到达的顾客平均数为 λt。

顾客接受服务的时间服从负指数分布，单位时间服务的顾客平均数为 μ，服务时间的分布为：

$$f(t)=\begin{cases}\mu e^{-\mu t} & t>0\\ 0\end{cases}$$

每个顾客接受服务的平均时间为 $\frac{1}{\mu}$。

下面分别给出 $S=1$ 和 $S>1$ 的一些主要结果。

1. 只有一个服务台的情形（即 $S=1$）

可以计算出稳定状态下系统有 n 个顾客的概率：

$$p_n=(1-\rho)\rho^n \quad n=0,1,2,3,\cdots$$

其中 $\rho=\frac{\lambda}{\mu}$ 称为系统的服务强度。

则系统没有顾客的概率为：

$$p_0=1-p=1-\frac{\lambda}{\mu}$$

系统中顾客的平均队长为：

$$L_s=\sum_{n=0}^{\infty}n\cdot p_n=(1-\rho)\sum_{n=0}^{\infty}n\cdot p_n=\frac{\rho}{1-\rho}=\frac{\lambda}{\mu-\lambda}$$

系统中顾客的平均等待队长为：

$$L_q=\sum_{n=1}^{\infty}(n-1)\cdot p_n=(1-\rho)\sum_{n=1}^{\infty}(n-1)\cdot p_n=\frac{\rho^2}{1-\rho}=\frac{\lambda^2}{\mu(\mu-\lambda)}$$

系统中顾客的平均逗留时间为：

$$w_s=\frac{1}{\mu-\lambda}$$

系统中顾客的平均等待时间为：

$$w_q=\frac{1}{\mu-\lambda}-\frac{1}{\mu}=\frac{\lambda}{\mu(\mu-\lambda)}$$

从此可以看出：

$$L_s=\lambda W_s，L_q=\lambda W_q$$

或
$$W_s=\frac{L_s}{\lambda}，W_q=\frac{L_q}{\lambda}$$

该公式称为 Little（利特尔）公式。在其他排队论模型中依然适用。

Little 公式的直观意义：

$L_s=\lambda W_s$表明排队系统的队长等于一个顾客平均逗留时间内到达的顾客数。

$L_q=\lambda W_q$表明排队系统的等待队长等于一个顾客平均等待时间内到达的顾客数。

2. 系统有多个服务台情形（即 $S>1$）

当系统中有 S 个服务台，系统服务能力为 $s\mu$，服务强度为 $\rho=\frac{\lambda}{s\mu}$。

系统中顾客的平均队长为：

$$L_s=s\rho+\frac{(s\rho)^s\rho}{s!\,(1-\rho)^2}\cdot p_0$$

其中 $p_0=\left[\sum_{k=0}^{s-1}\frac{(s\rho)^k}{k!}+\frac{(s\rho)^s}{s!(1-\rho)^2}\right]^{-1}$，表示所有服务台都空闲的概率。

系统中顾客的逗留时间为：

$$W_s=\frac{L_s}{\lambda}$$

系统中顾客的平均等待时间为：

$$W_q=W_s-\frac{1}{\mu}$$

系统中顾客的平均等待队长为：

$$L_q=\lambda W_q$$

3. LINGO 中的相关函数及相关参数计算公式

（1）顾客等待概率的公式：

$$P_{\text{wait}}=@\text{peb}(\text{load}，\text{S})$$

其中 S 为服务台个数，load 为系统到达的载荷，即 load$=\frac{\lambda}{\mu}$。

（2）顾客的平均等待时间公式：

$$W_q=p_{\text{wait}}\frac{T}{S-\text{load}}$$

其中 T 为顾客接受服务的平均时间，有 $T=\frac{1}{\mu}$。

当 load$>s$ 时无意义，表示当系统负荷超过服务台个数时，排队系统达到不稳定状态，队伍将越排越长。

（3）系统中顾客的平均逗留时间 $W_s=W_q+\frac{1}{\mu}$。

（4）系统中顾客的平均队长 $L_s=\lambda W_s$。

（5）系统中顾客的平均等待队长 $L_q=\lambda W_q$。

例 9-1：某机关接待室只有 1 名对外接待人员，每天工作 10 小时，来访人员和接待时间都是随机的。设来访人员按照 Poisson 流到达，到达速率为 $\lambda=8$ 人/小时，接待人员的服务速率为 $\mu=9$ 人/小时，接待时间服从负指数分布。

（1）计算来访人员的平均等待时间，等候的平均人数。

（2）若到达速率增大为 $\lambda=20$ 人/小时，每个接待人员的服务速率不变，为使来访人员平均等待时间不超过半小时，最少应该配置几名接待人员。

解答：

（1）该问题属于 $M/M/1/\infty$ 排队模型。

$S=1$，$\lambda=8$，$\mu=9$ 需要计算来访人员的平均等待时间 W_q，等候的平均人数 L_q。

LINGO 程序为：

```
model:
lp=8;
u=9;
T=1/u;
load=lp/u;
S=1;
Pwait=@PEB (load, S);! 等待概率;
W_q=Pwait * T/ (S-load);! 平均等待时间;
L_q=lp * W_q;! 顾客的平均等待队长;
end
```

计算结果：

来访人员的平均等待时间 $W_q=0.89$ 小时=53 分钟，等候的平均人数 $L_q=7.1$ 人。

（2）该问题属于 M/M/S/∞排队模型。

求最小的 S，使来访人员的平均等待时间 $W_q\leqslant 0.5$。

LINGO 程序为：

```
model:
min=S;
lp=20;
u=9;! 服务率;
T=1/u;
load=lp/u;
Pwait=@PEB (load, S);! 接待人员的等待概率;
```

```
W_q=Pwait*T/(S-load);! 平均等待时间;
W_q<=0.5;
L_q=lp*W_q;! 顾客的平均等待队长;
TT=W_q*60;
@gin(S);
end
```

计算结果为：最少需要接待人员 $S=3$ 人。

来访人员等待概率为 0.55，排队等待平均时间为 4.7 分钟，队长平均长度为 1.58 人。

二、损失制模型 *M/M/S/S*

M/M/S/S 模型表示顾客到达人数服从 Poisson 分布，单位时间到达率为 λ，服务台服务时间服从负指数分布，单位时间服务平均人数为 μ。当 S 个服务台被占用后，顾客自动离开，不再等待。

这里我们给出 LINGO 中的有关函数及相关参数的计算公式。

(1) 系统损失概率。

$$P_{\text{lost}}=@\text{pel}(\text{load},\ S)$$

其中 S 为服务台个数，load 为系统到达的载荷，即 $\text{load}=\dfrac{\lambda}{\mu}$。

损失概率表示损失的顾客所占的比率。

(2) 单位时间内进入系统的平均顾客数。

$$\lambda_e=\lambda(1-P_{\text{lost}})$$

(3) 系统中顾客的平均队长（系统在单位时间内占用服务台的均值）。

$$L_s=\frac{\lambda_e}{\mu}$$

(4) 系统中顾客的平均逗留时间（服务时间）。

$$W_s=\frac{1}{\mu}=T$$

(5) 系统服务台的效率。

$$\eta=\frac{L_s}{s}$$

在损失制排队模型中，顾客平均等待时间 $w_q=0$，平均等待队长 $L_q=0$，因为没有顾客等待。

例 9-2：某单位电话交换台有一部 300 门内线电话的总机，已知上班时间有 30%的内线分机平均每 30 分钟要一次外线电话，70%的分机每隔 70 分钟时要一次外线电话。又知从外单位打来的电话的呼唤率平均 30 秒一次，设与外线的平均通话时间为 3 分钟，以上时间都服从负指数分布。如果要求外线电话接通率为95%以上，问电话交换台应设置多少外线？

解：该问题属于损失制排队模型。

电话交换台的服务分为两部分：一类是内线打外线，一类是外线打内线。

内线打外线的服务强度（每小时通话平均次数）

$$\lambda_1=\left(\frac{60}{30}\times30\%+\frac{60}{70}\times70\%\right)\times300=1.2\times300=360$$

外线打内线的服务强度：

$$\lambda_2=\frac{60}{0.5}=120$$

总强度为 $\lambda=\lambda_1+\lambda_2=360+120=480$

电话平均服务时间为 $T=\frac{3}{60}=0.05$ 小时，服务数量 $\mu=\frac{60}{3}=20$ 个

对该问题，目标是求最小的电话交换台数 S，使顾客（外线电话）损失率不超过5%，即：

$$p_{\text{lost}}\leqslant5\%$$

LINGO程序为：

```
model:
min=S;
lp=480;! 每小时平均到达电话数;
u=20;! 服务率;
load=lp/u;
Plost=@PEL (load, S);! 损失率;
Plost<=0.05;
lpe=lp * (1-Plost);
L_s=lpe/u;! 顾客的平均队长;
eta=L_s/S;! 系统服务台的效率;
@gin (S);
end
```

计算结果为：

最小的电话交换台数为 $S=30$。

电话损失率为 $p_{\text{lost}}=0.04$，实际进入系统的电话平均为 $\lambda_e=460.7$，平均队长 $L_s=23$，系统服务台的效率 $\eta=0.768$。

三、混合制模型 *M/M/S/K*

混合制模型 $M/M/S/K$，表示顾客到达人数服从Poisson分布，单位时间到达率为 λ，

服务台服务时间服从负指数分布，单位时间服务平均人数为μ，系统有S个服务台，系统对顾客的容量为K。当K个位置被顾客占用时，新到的顾客自动离去。当系统中有空位置时，新到的顾客进入系统排队等候。对混合制模型，LINGO没有相关函数计算参数。需要自己编程计算。

(1) 混合制模型基本公式。设稳定状态下系统有$i(i=0, 1, 2, \cdots, K)$个顾客的概率为$p_i(i=0, 1, 2, \cdots, K)$。$p_0$表示系统空闲的概率。因此：

$$\sum_{i=0}^{K} p_i = 1 \quad p_i \geqslant 0, \ i=1, 2, \cdots, K$$

设λ_i $(i=0, 1, 2, \cdots, K)$表示系统中有i个顾客时的输入强度，μ_i $(i=0, 1, 2, \cdots, K)$表示系统中有i个顾客时的服务强度。在稳定状态下，可建立平衡方程：

$$\begin{cases} \mu_1 p_1 = \lambda_0 p_0 \\ \lambda_0 p_0 + \mu_2 p_2 = (\lambda_1 + \mu_1) p_1 \\ \lambda_{i-1} p_{i-1} + \mu_{i+1} p_{i+1} = (\lambda_i + \mu_i) p_i \quad (i=1, 2, \cdots, K-1) \\ \lambda_{K-1} p_{K-1} = \mu_K \cdot p_K \end{cases}$$

对于混合制系统M/M/S/K，有：

$$\lambda_i = \lambda \qquad (i=0, 1, 2, \cdots, K)$$

$$\mu_i = \begin{cases} iu & i \leqslant s \\ s\mu & i > s \end{cases} \qquad (i=0, 1, 2, \cdots, K)$$

(2) 混合制模型基本参数计算。

由于当系统有K个人时，到达的顾客就会流失，因此有系统损失概率：

$$p_{\text{lost}} = p_{\text{k}}$$

单位时间内进入系统的平均顾客数：

$$\lambda_e = \lambda(1 - p_{lost}) = \lambda(1 - p_k)$$

系统中顾客的平均队长：

$$L_S = \sum_{i=0}^{K} i p_i$$

系统中顾客的平均等待队长：

$$L_q = \sum_{i=s}^{K} (i - S) p_i = L_S - \frac{\lambda_e}{\mu}$$

系统中顾客的平均逗留时间：

$$W_s = \frac{L_S}{\lambda_e}$$

系统中顾客的平均等待时间：

$$W_q = W_s - \frac{1}{\mu} = W_s - T$$

例9-3：某理发店有4名理发师，因场地所限，店里最多容纳12名顾客，假设来理发的顾客按 Poisson 分布到达，平均到达率为 18 人/小时，理发时间服从负指数分布，平均每人 12 分钟。求该系统的各项指标。

解：该模型是 $M/M/4/12$ 混合制模型。$S=4$，$K=12$，$\lambda=18$，$\mu=60/12=5$。各项指标的计算采用上面的公式。

该程序的编制可采用 LINGO 实现。程序为：

```
！混合制排队论模型；
model：
sets：
state/1..12/：P；
endsets
lp=18;！顾客到达率；
u=5；！服务率；
S=4;！服务员人数；
K=12;！系统容量；
P0+@sum（state（i）：P（i））=1；！概率和；
u*P（1）=lp*P0;！平衡点 0；
lp*P0+2*u*P（2）=（lp+u）*P（1）;！平衡点 1；
@for（state（i）|i#GT#1#and#i#LT#S：lp*P（i-1）+（i+1）*u*
P（i+1）=（lp+i*u）*P（i））；！平衡点 i［2，S-1］；
@for（state（i）|i#GE#S#and#i#LT#K：lp*P（i-1）+S*u*P（i+1）=
（lp+S*u）*P（i））；！平衡点 i［S，K-1］；
lp*P（K-1）=S*u*P（K）；！平衡点 K；
Plost=P（K）;！损失率；
lpe=lp*（1-P（K））;！实际到达率；
L_s=@sum（state（i）：i*P（i））;！平均队长；
L_q=L_s-lpe/u;！平均等待队长；
W_s=L_s/lpe;！平均逗留时间；
W_q=L_q/lpe;！平均等待时间；
end
```

计算结果为：

理发师空闲率为 $p_0=0.16$，损失顾客率 0.049，每小时实际进入理发店人数为 $\lambda_e=17.12$ 人，平均队长 $L_s=5.72$ 人，平均等待队长 $L_q=2.3$ 人，平均逗留时间 $W_s=0.334$ 小时，平均等待时间 $W_q=0.134$ 小时。

四、闭合制模型 M/M/S/K/K

$M/M/S/K$ 模型表示系统有 S 个服务台，顾客到达人数服从 Poisson 分布，单位时间到达率为 λ，服务台服务时间服从负指数分布，单位时间服务平均人数为 μ。系统容量和潜在的顾客数都为 K。

基本参数计算如下：

(1) 平均队长（LINGO 计算公式）：

$$L_s = @\text{pfs}(\text{load},\ S,\ K)$$

其中 S 为服务台服务台个数，load 为系统到达的载荷，这里 load$=K\dfrac{\mu}{\lambda}$。

(2) 单位时间平均进入系统的顾客数：

$$\lambda_e = \lambda(K - L_s)$$

(3) 顾客处于正常情况的概率：

$$p = \frac{K - L_s}{K}$$

(4) 系统中顾客的平均等待队长 L_q，平均逗留时间 W_s，平均等待时间 W_q 为：

$$L_q = L_s - \frac{\lambda_e}{\mu} W_s = \frac{L_s}{\lambda_e} W_q = \frac{L_q}{\lambda_e}$$

(5) 每个服务台的工作强度：

$$p_{\text{work}} = \frac{\lambda_e}{S\mu}$$

例 9-4：某工厂现有 30 台自动车床，由 4 名工人负责维修管理。当机床需要加料、发生故障或刀具磨损时就自动停车，等待工人照管。设平均每台机床两次停车时间间隔为 1 小时，停车时需要工人照管的平均时间为 5 分钟，并服从负指数分布。求该排队系统的各项指标。

解：该排队系统是闭合制排队模型 $M/M/4/30/30$。参数 $S=4$，$K=30$，$\lambda=1$，$T=\dfrac{5}{60}=\dfrac{1}{12}$，$\mu=12$。根据上面公式可计算出各项指标。

LINGO 程序为：

```
model:
lp=1;! 每小时故障到达数;
u=12;! 服务率;
K=30;! 机器数;
S=4;! 维修工人数;
load=K*lp/u;
L_s=@pfs(load, S, K);! 等待队长;
```

```
lpe=lp *（K-L _ s）;! 进入维修的平均机器数;
Prob=（K-L _ s）/K;! 机器工作概率;
L _ q=L _ s-lpe/u;! 平均等待队长;
W _ q=L _ q/lpe;! 平均等待时间;
W _ s=L _ s/lpe;! 平均逗留时间;
Pwork=lpe/（S * u）;! 维修工人的工作强度;
end
```

计算结果为：

实际进入系统的机器平均为$\lambda_e=27.5$，平均队长$L_s=2.5$，平均等待队长$L_q=0.24$，平均逗留时间$W_s=0.09$，平均等待时间$W_q=0.087$，机器工作概率Prob=0.92，维修工人的工作强度$p_{\text{work}}=0.57$。

例9-5：一个大型露天矿山，正在考虑修建矿石卸位的个数。估计运矿石的车将按Poisson流到达，平均每小时25辆，卸矿石的时间服从负指数分布，平均3分钟卸一辆。每辆运送矿石的卡车价格为10万元，修建一个卸位的投资金额为15万元。问修建几个卸位最好？

解：该排队系统为$M/M/S/\infty$系统。系统参数中$\lambda=25$，$u=\frac{60}{3}=20$。

费用包括修建矿石卸位的费用和卡车的费用。目标函数为：

$$\min Z=15S+10L_S$$

其中S为矿石卸位个数，L_s为等待的对长。等待的车辆相当于没有发挥作用，因此将其考虑为成本。

实现的LINGO程序为：

```
model:
min=15 * S+10 * L _ s;
lp=25;! 每小时到达车辆数;
u=20;! 服务率;
T=1.0/u;
load=lp/u;
Pwait=@PEB（load，S）;! 接待人员的服务速率;
W _ q=Pwait * T/（S-load）;! 平均等待时间;
L _ q=lp * W _ q;! 顾客的平均等待队长;
L _ s=L _ q+lp/u;! 平均队长;
@gin（S）;
end
```

计算结果为：矿石卸位个数最佳为 $S=2$，最少费用为 $Z=50.5$ 万元，等待的对长 $L_s=2.05$ 辆卡车。

第三节　案例分析（泊车位数量计算）

为了体现物流中心规划对道路流量的影响，选用泊车位数量来表示其规模大小。泊车位是在物流中心内建造的供货运车辆装卸货物的场所，相对于其他设施来说，它对城市的交通影响最大。这个问题与求码头最优泊车位数问题类似，可以将码头最优泊位问题的求解方法作为解决物流中心车位问题的参考。

和码头最优泊位问题类似，在确定物流中心的最佳泊车位数量时，可根据物流中心和运输方总费用最小的原则来建立模型。其数学模型如下：

$$\min C = C_b yT + C_t n_y(q) T$$

式中：C——车辆在物流内发生的总费用（元）；

C_b——单位停车位费用（元/小时），可将对物流中心的投资费用（如建设费，土地使用费等）和经营管理费用总额分摊到各泊车位得到；

C_t——单位时间内的运费（元/小时），车辆发生的费用包括变动费用（如燃料费、车辆折旧费、车辆修理费、养路费等）和固定费用（如职工月工资、行政办公费、房屋维修费、牌照费等）；

T——周期（小时）；

y——泊车位数量；

q——周期 T 使用该物流中心的货车的总数（车）；

n_y（q）——在具有 y 个泊位数的物流中心处 T 周期内的平均车辆数（车）；

$C_b yT$——T 期间内发生的泊车总费用；

$C_t n_y$（q）T——T 期间火车在中心发生的总费用。

两边同除以 $C_t T$ 得：

$$\min r = \frac{C}{C_t T} = \frac{C_b}{C_t} y + n_y(q) = r_{bt} y + n_y(q)$$

式中：r——周期 T 内在有 y 个泊位的物流中心总费用与每辆货车发生的费用之比；

r_{bt}——泊位停泊费用与货车运输费用之比。

可通过费用分析得到 r_{bt}，当目标泊位数已知时，式中 r 就由 n_y（q）决定，即物流中心的平均车辆数。假设货车的到达服从泊松分布，服务时间服从指数分布，系统中的服务台 c 个，则 n_y（q）就成为求解 $M/M/C$ 排队模型中的平均顾客数，于是物流中心的平均车辆数等于等待服务的车辆数与正在接受服务的车辆数之和，即：

$$n = n_w + a$$

$$a=\frac{\lambda}{\mu}$$

式中：a——运输强度；

n_w——等待服务的车数；

λ——货车到达率（车/小时）；

n——每个服务台（泊车位）的服务速率（车/小时）。

每个 Little 公式有：

$$n=\frac{\left(\frac{\lambda}{\mu}\right)^{c+1}}{(c-1)!\left(c-\frac{\lambda}{\mu}\right)^{2}}\left[\sum_{m=0}^{c-1}\frac{\left(\frac{\lambda}{\mu}\right)^{m}}{m!}+\frac{\left(\frac{\lambda}{\mu}\right)^{c}}{c!}+\frac{\left(\frac{\lambda}{\mu}\right)^{c-1}}{c!}\right]^{-1}+\frac{\lambda}{\mu}$$

令 $C=y$，则上式可转化为：

$$r=r_{bt}+\frac{(a)^{y+1}}{(y-t)!(y\quad a)^{2}}\left[\sum_{m=0}^{y-1}\frac{a^{m}}{m!}+\frac{a^{y}}{y!}-\frac{a^{y-1}}{(y-1)!}\right]^{-1}+a$$

则当 r 最小时，y 的取值即为物流中心的最佳泊车位数量。

例 9-6：有一个物流中心，从 6：00～21：00 这段时间，经观察，到达的货运车辆平均为 18.18 辆/小时，服从泊松分布，该物流中心的服务能力为 1.86 辆/小时，服从负指数分布，且一直 $C_b/C_t=0.3$，确定该物流中心的最佳泊车位数量。

解：这是一个 $M/M/C$ 系统，经计算得：

$$T=15\ (h)$$

$$a=\frac{\lambda}{\mu}=\frac{18.18}{1.86}=9.72$$

得：

$$r=0.3y+\frac{(9.72)^{y+1}}{(y-1)!(y-9.72)^{2}}\left[\sum_{m=0}^{y-1}\frac{9.72^{m}}{m!}+\frac{9.72^{y}}{y!}+\frac{9.72^{y-1}}{(y-1)!}\right]^{-1}+9.72$$

当 y 取 13 时，r 有最小值，因此该物流中心的最佳泊车位数量为 13。

思考题

1. 在 $M/M/1$ 模型中：

（1）若服务台有 $K\%$ 的时间空闲，试用 K 来表示系统中顾客的平均数 L_s 及平均等待的顾客数 L_q；

（2）设服务率为 μ，试求 λ 使 L_q 等于 1；

（3）若 $p_0=0.2$，$W_s=0.5$，试求 L_q；

（4）若到达率为 λ，服务率为 2λ，试求 L_q、W_q、W_s、L_s、p_0。

2. 在$M/M/2$模型中；

(1) 若到达率为λ，服务率为μ，并设$\rho=\lambda/(2\mu)$，试证

$$W_q=\frac{\rho^2}{\mu(1-\rho^2)},\ W_s=\frac{1}{\mu(1-\rho^2)}$$

$$L_q=\frac{2\rho^3}{1-\rho^2},\ L_s=\frac{2\rho}{1-\rho^2}$$

(2) 在上述$M/M/2$模型中设$\lambda=\mu$，试证

$$W_q=\frac{1}{3\lambda},\ W_s=\frac{4}{3\lambda},\ L_q=\frac{1}{3},\ L_s=\frac{4}{3\lambda}$$

3. 设一个服务系统有2个服务台，顾客相继到达的间隔时间服从均匀值为2小时的负指数分布，单台服务时间亦服从均值为2小时的负指数分布，进一步设一个顾客恰在上午8：00到达。求：

(1) 下一个顾客在上午9：00前到达的概率；在上午9：00～10：00到达的概率；在上午10：00到达的概率。

(2) 设在上午10：00前无其他顾客到达，问在上午10：00～11：00中有一个顾客到达的概率。

(3) 在上午9：00～10：00中到达0个、1个、2个或更多顾客（$\geqslant 2$）的概率有多大？

4. 考虑$M/M/C$模型。

(1) 设$c=1$，$\mu=1$。试对$\lambda=0.5$、0.8、0.9、0.99计算L_q、W_q、W_s、L_s、p_0。

(2) 现设$c=2$，$\mu=0.5$。求（1）中列出的诸值，并进行比较。

(3) 设$C=2$，$\mu=1$。试求$\lambda=1$、1.6、1.8，求（1）中列出的诸值，并进行比较。

5. 设银行有4个窗口对顾客提供服务。顾客的到达率为$\lambda=18$（人/小时）。

当所有窗口都忙时顾客排成一队等待服务。假定对一个顾客服务时间从均值为10分钟的负指数分布。

(1) 画出这个排队系统的状态转移图。

(2) 求L_q、W_q、W_s、L_s。

6. 某车间的工具仓库只有一个管理员，平均每小时有4个工人来借工具，平时服务时间为6分钟，到达为泊松流，服务时间服从负指数分布。由于场地等条件限制，仓库内能借工具的人最多不能超过3个，求：

(1) 仓库内没有人借工具的概率；

(2) 系统中借工具的平均人数；

(3) 排队等待借工具的平均人数；

(4) 工人在系统中平均花费的时间；

(5) 工人平均等待的时间。

7. 设某航空公司的飞机以 $\lambda=1$ 架/天的到达率送维修中心检修一台发动机（假定是四台发动机的客机）。平均维修时间为 0.5 天/架。管理人员提出另一种检修发动机的方式：对送修的飞机的四台发动机都进行检修，此时平均维修时间为一天/架，其后果是送修到达率减为 $\lambda=0.25$ 架/天。试在平均意义上比较这两种检修方式。

8. 某铁路局为油漆车厢考虑了两个方案：方案一是设置一个手工油漆工厂年总开支费用为 20 万元，每节车厢油漆的时间服从均值为 6 小时的负指数分布；方案二是建一个喷漆车间，年总开支为 45 万元，每节车厢油漆的时间服从均值为 3 小时的负指数分布。设要油漆的车间按泊松流到达平均每小时一节车厢，油漆工厂昼夜常年开工（即每年工作时间为 365×24=8760 小时），又每节车厢闲置时间的损失为每小时 15 元，该铁路局应采取哪一个方案比较经济？

9. 一个小型的评价自选市场只有一个收款出口，假设到达收款出口的顾客流为泊松流，平均每小时为 30 人，收款员的服务时间服从负指数分布，平均每小时可服务 40 人。

(1) 计算这个排队系统的数量指标 p_0、L_q、L_s、W_q、W_s。

(2) 顾客对这个排队系统抱怨花费的时间太多，商店为了改进服务准备对以下两个方案进行选择。

方案一：在收款出口，除了收款员外还专顾 1 名装包员，这样可使每小时的服务率从 40 人提高到 60 人。

方案二：增加 1 个收款出口，是排队系统变成 $M/M/2$ 系统，每个收款出口的服务率仍为 40 人，请对这两个排队系统进行评价，并作出选择。

10. 对于 $M/M/1$ 排队系统，已知在单位时间内 μ 增加一个单位的成本是 10 元，而顾客的等待时间成本是 1 元，到达率是每单位 20。求最优服务率 μ^*。

第十章　存储管理与库存控制

存储与库存是每个企业必须面对的问题。库存成本占用了大量的企业成本，同时也影响着企业大多的管理问题。因此，库存的管理与控制是企业物流领域的一个关键问题，对企业物流整体功能的发挥起着非常重要的作用。

随着企业对物流管理越来越重视，人们开始着重研究库存控制和仓储管理对于企业总体经营战略的影响。库存过多或者过少都不利于企业的经营：过多，将占用大量的资金，使得企业资金断链；过少，不能及时满足市场供应的需求，有可能失去客户。本章阐述了库存的含义及管理的目的和方法，并从运筹学的角度来探讨存储与库存的问题。

第一节　基本概念

一、存储系统

在工业生产、商业销售、军事训练及各行各业的大大小小的系统的运行过程中，存储都是一个不可或缺的重要环节。工厂若无原材料储备则会造成停产损失；商店若无商品储备则会脱销，这不仅仅影响商店的经济效益，还会直接影响居民的正常生活；军队若无军备，则不仅影响平时军训，而且战时将蒙受重大的损失。但储备物品过多，不仅会影响资金周转率，从而降低经济效益，而且存储活动本身也需要消耗人、财、物力，因而会提高存储费用。因此，如何保持合理的存储水平，使总的损失费用达到最小，便是存储论需要解决的主要问题。

存储论的对象，是一个由补充、存储、需求三个环节紧密构成的现实运行系统，并且以存储为中心环节，故成为存储系统。由于生产或销售等需求，从存储点（仓库）取出一定数量的库存货物，这就是存储的输入。

存储的某种货物简称为存储，它随时间的推移所发生的盘点数量的变化，称为存储状态。存储状态随需求过程而减小，随所补充过程而增大。需求可以有不同的形式：①简短的或连续的：如商业存储系统中，顾客对时令商品的需求是间断的，对日用品的需求是连续的；②均匀的（线性的）或不均匀的（非线性的）：如工厂自动生产流水线对原材料的需求是均匀的，而一个城市对电力的需求则是不均匀的；③确定性的或随机的：如生产活动中对原材料的需求一般是确定性的，而销售活动中对商品的需求则往往是随机的。对于随机需求，通过大量观察实验，其统计规律性也是可以认识的。因而无论需求形势如何，存储系统的输出特性还是可以明确的。

补充有内部生产和外部订购（采购）两种方式。在有些情况下，从订货到交货之间有一段滞后时间，简称时滞，它也可能是确定的或随机的。因此，为使存储在某一时刻获得补充，就必须提前一段时间订货。这段时间称为订货提前期。若时滞为确定常数，则提前期就可称作时滞；若时滞随机，则提前期往往称作时滞的期望值。

二、存储策略

对一个存储系统而言，需求是其服务对象，因而即使需求是确定性的，也不作为控制对象，更何况随机需求是不可控的。所以，需求控制的只不过是存储的输入过程。而这里有两个基本问题需要作出决策：

• 何时补充？称为“期”的问题；

• 补充多少？称为“量”的问题。

所谓存储策略，是指决断在什么情况下对存储进行补充以及补充数量的多少。通过对库存的分析，我们可以发现，影响实际库存量的因素基本上来自两个方面：其一是消耗的数量和时间；其二是订购（采购）的数量和时间。对于需求量而言，库存的工作是必须满足的，所以对物资库存量可以从物资订购的数量、时间两方面来制定策略。

下面讨论 4 种比较常见的存储策略。在各种策略中，Q 表示订货量，R 表示订货点，S 表示最大库存量，t 表示时间。

1.（Q，R）策略

该策略的基本思想是：对库存进行连续性检查，当库存降低到订货点水平 R 时，即发出一个订货，每次的订货量保持不变，都为固定值 Q。一般对库存结构管理部分的 A 类物资应运用此控制策略，并将 Q 值设定为经济批量。通过对库存的连续检查保证不会缺货，通过经济批量采购使库存总成本最小。

2.（R，S）策略

该策略和（Q，R）策略一样，要随时检查库存状态，当发现库存降低到订货点水平 R 时，开始订货，订货后使最大库存保持不变，即为常量 S。若发出订单时库存量为 I，则其订货量即为 $S-I$。该策略和（Q，R）策略的不同之处在于：其订货量是按实际库存而订，因而订货量是可变的。一般对库存结构管理部分的 B 类物资可运用此控制策略，通过连续检查库存保证不缺货，而每次补充至最大库存量，使物资的平均库存比（Q，R）策略下的最大，但订货次数较少，减少了管理的难度。

3.（t，S）策略

该策略是每隔一定周期检查一次库存，并发出一次订货，把现有库存补充到最大库存水平 S，如果检查时库存量为 I，则订货量为 $S-I$。经过一定的时间 LT（LT 为订货提前期，可以为随机变量)，库存补充$S-I_1$，在经过一个固定的检查时期t，此时库存为I_2，又发出一次订货，订货量为$S-I_2$，经过一定的时间LT，库存又达到新的水平。如此周期性检查库存，不断补给。一般对库存结构管理部分的C类物资可运用此控制策略，每隔一定的时间检查库存，比连续检查库存状态可减少库存管理的工作量、降低管理的难度。但每次补充至最大库存，使物资的平均库存量增大。此策略适用于最大而价值低的物品的库存管理。

4.（t，R，S）策略

该策略是（t，S）策略和（R，S）策略的综合。这种补给策略有一个固定的检查周期t、最大库存量S和固定订货点水平R。当经过一定的检查周期t后，若库存低于订货订货点，则发出订货，否则，不订货。订货量的大小等于最大库存量减去检查时的库存量。一般对库存结构管理部分的B类和C类物资可运用此控制策略。每隔一定的时间检查库存，可降低管理的难度，适用于最大而价值低的物品库存管理，而设置订货点R，又有利于适当减少平均库存量，克服（t，S）策略的不足。

三、运营费用

衡量一个存储策略优劣的常用数量指标就是存储系统的运营费用（op-erating costs）。它包括进货费用、保管费用、缺货费用这三项费用，分述如下。

1. 进货费用（inputting costs）

补充存储而发生的费用，记为c_i，其一般形式为：

$$c_i\left\{\begin{array}{l}C_0+cQ,\ Q\geqslant 0\\0,\ Q=0\end{array}\right\}$$

式中，C_0——每次进货的固定费用，与进货批量Q的大小关系；

c——单位变动费用；而cQ则是变动费用，与进货量Q有关。

由于进货分为内部生产与外部订购两种方式，故分别解释如下：

（1）订购费用：订货与购货而发生的费用。这时称：

C_0——每次订货费用（ordering costs），如手续费、电信费、外出采购的差旅费、最低起运费、检查验收费等，与进货批量Q无关。

c——单位货物的购置费用，如货物本身的定价、单位运费等，cQ为一批货物的购置费用，与订货量Q有关。

（2）生产费用：生产货物所发生的费用。这时称：

C_0——每批次的装配费用（或准备、结束费用），如更换生产线上的器械，添置专用设备的等的费用，与生产批量Q无关。

c——单位产品的生产费用，即单位产品所消耗的原材料、能源、人工、包装等费用之和，cQ为一批产品的变动生产费用，与生产批量Q有关。

2. 保管费用（hoiding or carrying costs）

又称为持货费用、存储费用，即因持有这些货物而发生的费用。它包括仓库使用费、管理费、货物维修费、保险费、税费、积压资金所造成的损失（利息、占用资金费等）、存货陈旧、变质、损耗、降价所造成的损失等。

C_H——保管费用，与单位时间存储量有关。

h——单位时间内单位货物的保管费用。

3. 缺货费用（shortage loss costs，或 stock out costs）

它是指因缺货所造成的损失费，如停工待料所造成的生产损失，因货物脱销而造成的机会损失（少得的收益），延期付货所交付的罚金，以及商誉降低所造成的无形损失等。

C_S——缺货费用，与单位时间的缺货量有关。

l——单位时间内缺少单位货物所造成的损失费。

运营费用即为上述三项费用之和，故又称为总费用，记为 C_T，则

$$C_T = C_I + C_H + C_S$$

又记 f——单位时间的平均（或期望）运营费用。

能使运营费用 f 达到极小的进货批量称为经济批量（economic lot size），记为 Q^*。对几种确定性存储系统，人们已经导出了经济批量 Q^* 的数学表达式，通成为经济批量公式。这些共识也是存储模型的一种形式，称为经济批量模型。

第二节　确定性存储模型

本节介绍具有连续确定性的需求，采用 T 循环策略的存储系统的五种基本模型。它们都是在一些假设条件下建立的，因此实际应用时首先必须检查真实系统是否与这些假设相符或相近。

一、模型 1——经济订货批量模型

经济订货批量模型（economic order quantity，EOQ）模型最早是由 F. W. Harris（哈墨斯）于 1915 年提出的。该模型有如下假设条件：

- 需求连续均匀，需求速率为一常数 R；
- 不允许缺货，因此在存储告急时应立即补充；
- 在每一个周期 T 的初始时刻进行补充，每期进货量相同，均为 Q。

根据上述条件可知：$I(t) = Q - Rt$，$t \in [0, T]$；于是可以画出该系统的存储状态图（见图 10-1）。图中 L 是订货提前期，当每个运营周期 T 内存储状态 $I(t) = LR$ 时就立即订货，这样可以保证在 $I(t) = 0$ 时将存储立即补充到 Q 水平，易知 $Q = RT$。

由图 10-1 可知，在 $[0, T]$ 时段内的存储量为：

$$\int_0^T I(t)\mathrm{d}t = \int_0^T (Q - Rt)\mathrm{d}t = QT - \frac{1}{2}RT^2 = \frac{1}{2}QT$$

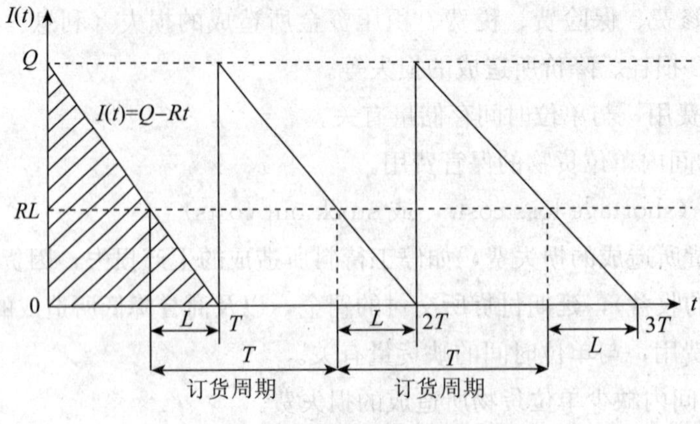

图 10－1　经济订货批量模型

另外，根据定积分的几何意义，上述定积分等于图 10－1 中阴影部分的面积，这样立即可得上述结果，因此，在一个运营周期 T 内的保管费为：

$$C_H=\frac{1}{2}hQT$$

而订购费为：

$$C_I=C_0+cQ$$

由于不允许缺货，无缺货现象，也无缺货费用，故一个周期 T 内的运营费用 C_T 只包括上述两项，为：

$$C_T=C_H+C_I=\frac{1}{2}hQT+C_0+cQ$$

而单位时间的平均运营费用为：

$$f=\frac{C_T}{T}=\frac{1}{2}hQ+\frac{C_0}{T}+\frac{cQ}{T}$$

式中有 Q，T 两个决策变量。因 $Q=RT$，故 $T=\frac{Q}{R}$，代入上式得：

$$f(Q)=\frac{1}{2}hQ+\frac{C_0R}{Q}+cR$$

为了求得 $f(Q)$ 的极小点，由一阶条件

$$f'(Q)=\frac{1}{2}h-\frac{C_0R}{Q^2}=0$$

解得驻点：

$$Q^*=\sqrt{\frac{2C_0R}{h}}\text{（根号前取正号是因为 }Q>0\text{）}$$

又由二阶条件：

$$f''(Q)=\frac{2C_0R}{Q^3}>0\quad(Q>0)$$

可知：Q^* 为 f 在 $Q\in(0,\infty)$ 上的全局唯一最小点。而最佳运营周期为：

$$T^*=\frac{Q^*}{R}=\sqrt{\frac{2C_0}{hR}}$$

最优值（最小平均运营费）为：

$$f^*=\sqrt{2C_0Rh}+cR$$

由于 Q^* 与参数 C_0，h，R 是平方根的关系，所以 Q^* 对参数不甚敏感，即当参数有较小的估计误差时，Q^* 的相应误差更小。故 Q^* 的稳定性较好，从而适应性较强，再加上其表达形式简单，概念浅显易懂，因而在工业系统中应用很广。

例 10－1：某仪表厂今年拟生产某种仪表 30000 个，该仪表中有某个元件需向仪表元件厂订购，每次订货费用为 50 元，该元件订购价为每只 0.5 元，全年保管费为购价的 20%。

（1）试求仪表厂今年对该元件的最佳存储策略及费用；

（2）若明年拟将这种仪表产量提高一倍，则所需原件的订购批量应比今年增加多少？订购次数又为多少？

解：（1）依题意取一年为时间单位，且知：

$$C_0=50\text{ 元/件},\ c=0.5\text{ 元/只}\quad R=30000\text{ 只/年},$$
$$h=0.2c=0.2\times0.5=0.1\ [\text{元/（只·年）}]$$

得

$$Q^*=\sqrt{\frac{2\times50\times30000}{0.1}}\approx5477\text{（只）}$$

$$T^*=\frac{5477}{30000}\approx0.183\text{（年）}$$

$$f^*=\sqrt{2\times50\times0.1\times30000}+0.5\times30000\approx15548\text{（元/年）}$$

而全年订购次数为：

$$n^*=\frac{1}{T^*}=\frac{1}{0.183}\approx5.46\text{（次）}$$

由于 n^* 须为正整数，故还应该比较 $n=5$ 与 $n=6$ 时的全年费用。

若 $n=5$，则

$$T=\frac{1}{n}=\frac{1}{5},\ Q=\frac{30000}{5}=6000$$

得

$$f=\frac{1}{2}\times0.1\times6000+50\times5+0.5\times30000=15550\text{（元/年）}$$

类似可得 $n=6$ 时的全年费用：

$$f=\frac{1}{2}\times0.1\times5000+50\times6+0.5\times30000=15550\text{（元/年）}$$

由于两者费用相等，故 $n=5$ 或 $n=6$ 均可。但为实用方便，可取 $n=6$，这样每两个月订货一次，每次订购批量为 5000 只，全年费用为 15550 元，比最优值 f^* 略多 2 元。

(2) 若没学过经典经济订货批量模型，很可能会认为明年订购批量为今年的 2 倍。明年订购批量应为今年的$\sqrt{2}$倍，订购次数也为今年的$\sqrt{2}$倍，从而有

$$Q^*=\sqrt{2}\times 5477\approx 7746\text{（只）}$$

$$n^*=\sqrt{2}\times 5.46\approx 7.72\text{（次）}$$

为实用方便，也需比较 $n=7$ 与 $n=8$ 时的费用，结果为 $n=8$，$Q=7500$（只）。

二、模型 2——经济生产批量模型

模型 1 有个前提条件，即每次进货能在瞬间全部入库，也即及时补充。许多实际存储系统并非及时补充，例如订购的货物很多，不能一次运到，需要一段时间陆续入库；又如工业企业通过内部生产来实现补充时也往往需要一段时间陆续生产出所需批量的零部件。在这种情况下，除了进货时间大于零外，模型 1 的其余假设条件均成立。设

T——进货周期，即每次进货的时间（$0<T_P<T$）；

P——进货速率，即单位时间内入库的货物数量（$p>R$）。

又设在每一运营周期 T 的初始时刻开始进货，且每期开始与结束时刻存储状态均为 0。

根据上述假设条件，可以画出该系统的存储状态图（见图 10－2）。由图可见，一个周期 $[0, T]$ 被分为两段：在 $[0, T_p]$ 内，存储状态从 0 开始以 $p-R$ 的速率增加，到 T 时刻到达最高水平 $(p-R)T_p$，这时停止进货，而 pT_p 就是一个周期 T 内的总进货量 $Q=Pt_P$；即有在 $[T_p, T]$ 内，存储状态从最高水平 $(p-R)T_P$ 以速率 R 减少，到时刻 T 降为 0。

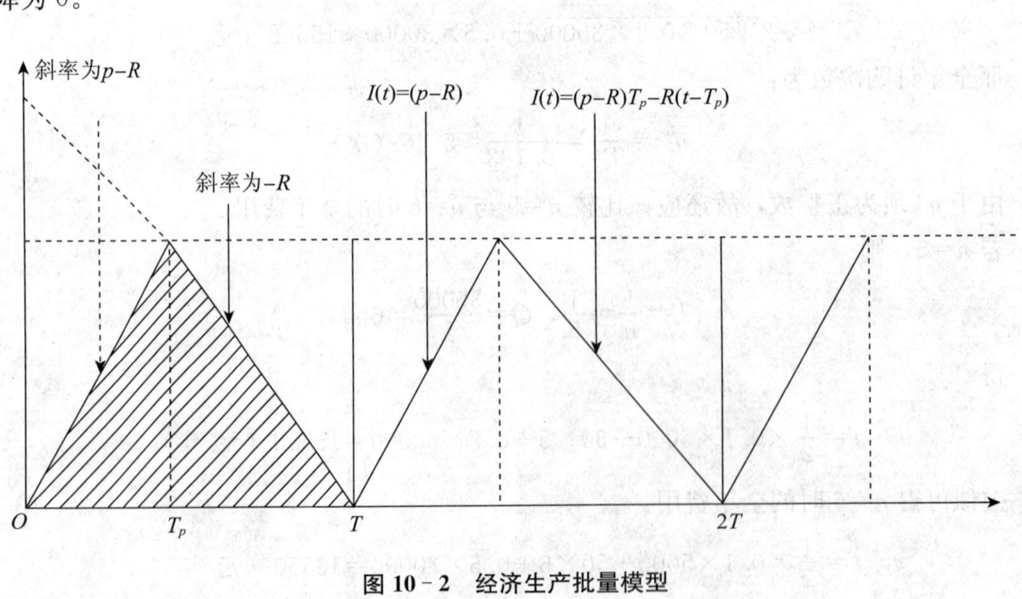

图 10－2　经济生产批量模型

综上可知，在 $[0, T]$ 内的存储状态为：

$$I(t)=\begin{cases}(P-R)t & t\in[0, T_P]\\(p-R)T_p-R(t-T_P) & t\in[T_P, T]\end{cases}$$

故每一运营周期 T 内存的存储量为：

$$\int_0^T I(t)\mathrm{d}t=\int_0^{T_P}(p-R)t\mathrm{d}t+\int_{T_P}^T[(p-R)T_P-R(t-T_P)]\mathrm{d}t$$

根据定积分的几何意义，它等于图 10－2 中阴影部分的面积，即为：

$$\int_0^T I(t)\mathrm{d}t=\frac{1}{2}(p-R)T_PT$$

故每一周期 T 的保管费为：

$$C_H=\frac{1}{2}h(p-R)T_PT$$

而订购费为：

$$C_I=C_0+cQ$$

故每一周期 T 的运营费为：

$$C_T=C_H+C_I=\frac{1}{2}h(p-R)T_PT+C_0+cQ$$

而单位时间内的平均运营费为：

$$f=\frac{C_T}{T}\frac{1}{2}h(p-R)T_P+\frac{C_0}{T}+cQ$$

式中有三个决策变量 Q，T，T_P，易知它们之间有下述关系：

$$Q=pT_P=RT$$

故

$$T_P=\frac{Q}{p},\ T=\frac{Q}{R}$$

得

$$f(Q)=\frac{1}{2}h\left(1-\frac{R}{p}\right)Q+\frac{C_0R}{Q}+cR$$

由一阶条件

$$f'(Q)=\frac{1}{2}h\left(1-\frac{R}{}\right)-\frac{C_0R}{Q^2}=0$$

解得驻点

$$Q^*=\sqrt{\frac{2C_0R}{h\left(1-\frac{R}{p}\right)}}$$

由二阶条件易知 Q^* 为 f 在 $Q\in(0, \infty)$ 上的全局唯一最小点。于是有

$$T^*=\frac{Q^*}{R}=\sqrt{\frac{2C_0}{hR\left(1-\frac{R}{p}\right)}}$$

$$T^*=\frac{Q^*}{p}=\sqrt{\frac{2C_0R}{hp(p-R)}}$$

$$f^*=\sqrt{2C_0hR\left(1-\frac{R}{p}\right)}+cR$$

当 $p\to\infty$时，由上述公式易知：$T_p{}^*\to 0$，而 Q^*，T^*，f^* 与模型 1 完全一致。

例 10－2：承例 10－1，假设仪表元件厂每天只能供给仪表厂 1000 只元件，试求仪表厂今年对该元件的最优存储策略及费用。

解：由题意知

$$P=1000\text{ 只/天}=365000\text{ 只/年}$$

其他数据同例 10－1 一样，则

$$1-\frac{R}{P}=1-\frac{30000}{365000}\approx 0.9178$$

可得

$$Q^*=\sqrt{\frac{2\times 50\times 30000}{0.1\times 0.9178}}\approx 5717\text{（只）}$$

$$T^*=\frac{5717}{30000}\approx 0.19\text{（年）}$$

$$T_P{}^*=\frac{5717}{365000}\approx 0.016\text{（年）}$$

$$f^*=\sqrt{2\times 50\times 0.1\times 30000\times 0.9178}+0.5\times 30000\approx 15524.73\text{（元/年）}$$

由于

$$n^*=\frac{1}{T^*}=\frac{1}{0.19}\approx 5.26\text{（次）}$$

非整数，故为实用方便，也必须比较 $n=5$ 与 $n=6$ 式的运营费用（请读者自行完成），结果为 $n=5$，这时有

$$T=\frac{1}{n}\times 365=\frac{1}{5}\times 365=73\text{ 天}$$

$$Q=6000\text{ 只（或 }T_P=6\text{ 天）}$$

$$f=15525.34\text{ 元/年}$$

故今年订货 5 次（每隔 73 天订购一次），每次订购 6000 只元件。

比较例 1、例 2 可知，非即时补充优于即时补充，可降低存储量及运营费用。

三、模型 3——允许缺货的经济订货批量模型

模型 1 的假设条件之一为不允许缺货，现在考虑放宽这一条件而允许缺货的存储模

型，除此之外，其余假设同模型 1 一致。

由于允许缺货，所以当储存告罄时不急于补充，而是过一段时间再补充。这样虽须支付一些缺货费，但可少付一些订货费和报关费，因而运营费用或许能够减少。假设在时段 $[0, T]$ 内，开始存储状态为最高水平 S，它可以供应长度为 $T_1 \in [0, T]$ 的时段内的需求；在 $[T_1, T]$ 内则存储状态持续为 0，并发生缺货，假设这时本系统采用“缺货后补”的办法，即先对需求者进行预售登记，待订货一到立即全部付清。于是有

$$I(t)=\begin{cases}S-Rt, & t\in[0, T_1]\\0, & t\in[T_1, T]\end{cases}$$

还可以画出存储状态图，如图 10－3 所示。图中 W 为最大缺货量，$W=R(T-T_1)$。

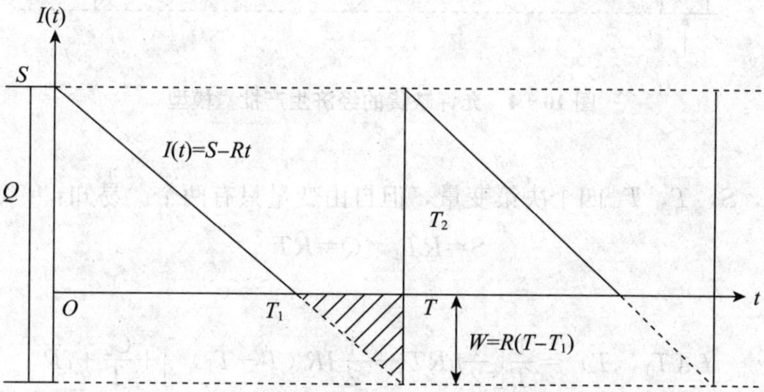

图 10－3　允许缺货的经济订货批量模型

由图 10－3 可知，$[0, T]$ 内的存储量为 $\frac{1}{2}ST$，故保管费为：

$$C_H=\frac{1}{2}hST_1$$

而 $[T_1, T]$ 内的缺货量为 $\frac{1}{2}W(T-T_1)=\frac{1}{2}R(T-T_1)^2$，即图 10－3 中阴影三角形部分的面积；因 $[0, T_1]$ 内不缺货，而只是在 $[T_1, T]$ 内缺货，故 $[0, T]$ 内的缺货费用为：

$$C_S=\frac{1}{2}IW(T-T_1)=\frac{1}{2}IR(T-T_1)^2$$

又知订购费为：

$$C_I=C_0+cQ$$

则 $[0, T]$ 内的运营费用为：

$$C_T=C_H+C_S+C_I=\frac{1}{2}hST_1+\frac{1}{2}IR(T-T_1)^2+C_0+cQ$$

而单位时间内的平均运营费用为：

$$f=\frac{1}{T}\left[\frac{1}{2}hST_1+\frac{1}{2}IR(T-T_1)^2\right]+\frac{C_0}{T}+\frac{cQ}{T}$$

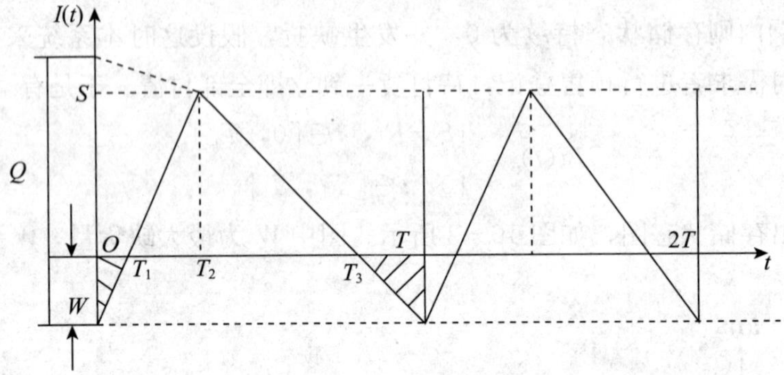

图 10-4　允许缺货的经济生产批量模型

式中有 Q，S，T，T_1 四个决策变量，但自由变量只有两个。易知：

$$S=RT_1,\quad Q=RT$$

可得：

$$f(T_1,T)=\frac{1}{T}\left[\frac{1}{2}hRT_1^2+\frac{1}{2}IR(T-T_1)^2\right]+\frac{C_0}{T}+cR$$

其极小点的一阶条件为：

$$\begin{cases}\dfrac{\partial f}{\partial T_1}=\dfrac{1}{T}[hRT_1-IR(T-T_1)]=0\\[2ex]\dfrac{\partial f}{\partial T}=\dfrac{1}{T^2}[hRT_1{}^2-IR(T-T_1)^2]+\dfrac{1}{T}IR(T-T_1)-\dfrac{C_0}{T^2}=0\end{cases}$$

得：

$$T_1=\frac{I}{h+I}T$$

$$\frac{\partial f}{\partial T}=-\frac{1}{2}hR-\frac{1}{2T^2}(h+1)RT^2-\frac{C_0}{T^2}=0$$

$$\frac{hIR}{2(h+I)}-\frac{C_0}{T^2}=0$$

由此可得：

$$T^*=\sqrt{\frac{2C_0(h+I)}{hIR}}$$

$$T_1{}^*=\frac{I}{h+I}T^*=\sqrt{\frac{2C_0I}{hR(h+I)}}$$

$$Q^{*}=RT^{*}=\sqrt{\frac{2C_0R\ (h+I)}{hI}}$$

$$S^{*}=RT_1^{*}=\sqrt{\frac{2C_0IR}{h\ (h+I)}}$$

$$W^{*}=Q^{*}-S^{*}=\frac{h}{h+I}Q^{*}=\sqrt{\frac{2C_0kh}{I\ (h+I)}}$$

$$f^{*}=\sqrt{\frac{2C_0hIR}{h+I}}+cR$$

可得：

$$f\ (T)\ =\frac{hIR}{2\ (h+I)}T+\frac{C_0}{T}+cR$$

$$f\ (Q)\ =\frac{1}{2}hQ\frac{I}{h+I}+\frac{C_0R}{Q}+cR$$

若不允许缺货，则 $I\to\infty$，$\frac{I}{h+I}\to\infty$，易见这时模型 3 就成为模型 1 了。

讨论：模型 1 的存储系统在 $[0,\ T^{*}]$ 内的存储量为 $\frac{1}{2}Q^{*}T^{*}$，故单位时间的平均存储量为：

$$\frac{1}{2}Q^{*}=\frac{1}{2}\sqrt{\frac{2C_0R}{h}}$$

而模型 3 的存储系统在 $[0,\ T^{*}]$ 内的存储量为 $\frac{1}{2}S^{*}T_1{}^{*}$，故单位时间的平均存储量为：

$$\frac{S^{*}T_1{}^{*}}{2T^{*}}=\frac{1}{2}\sqrt{\frac{2C_0R}{h}}(\frac{I}{h+I})^{\frac{3}{2}}<\frac{1}{2}\sqrt{\frac{2C_0R}{h}}=\frac{1}{2}Q^{*}$$

因此考虑缺货后，系统的平均存储量降低，从而报关费也得以减少。

而模型 3 的订购次数 $n_3{}^{*}$ 也比模型 1 的订购次数 $n_1{}^{*}$ 要少：

$$n_3{}^{*}=\frac{1}{T_3{}^{*}}=\sqrt{\frac{hIR}{2C_0\ (h+I)}}=\sqrt{\frac{hR}{2C_0}}\sqrt{(\frac{I}{h+I})}<\sqrt{\frac{hR}{2C_0}}=n_1{}^{*}$$

从而订货费用也得减少。

例 10-3：承例 10-1，若允许元件缺货，且每只元件全年缺货费为购价的 10%，试求最优策略、最大缺货量和最小费用。

解：由题意知

$$I=0.1c=0.1\times0.5=0.05\ [元/（只·年）]$$

得

$$T^{*}=\sqrt{\frac{2\times50\times\ (0.1+0.05)}{0.1\times0.05\times30000}}\approx0.3162\ (年)$$

$$T_1^* = \frac{0.05}{0.1+0.05} \times 0.3162 \approx 0.1054 \text{（年）}$$

$$S^* = 30000 \times 0.1054 = 3162 \text{（只）}$$

$$Q^* = 30000 \times 0.3162 = 9486 \text{（只）}$$

$$W^* = 9486 - 3162 = 6324 \text{（只）}$$

$$f^* = \sqrt{\frac{2 \times 50 \times 0.1 \times 0.05 \times 30000}{0.1+0.05}} + 0.5 \times 30000 \approx 15316.23 \text{（只/年）}$$

因全年订购次数为：

$$n^* = \frac{1}{T^*} = \frac{1}{0.3162} \approx 3.16 \text{（次）}$$

非整数，故为实用方便，比较 $n=3$ 和 $n=4$ 时的 f 值；

当 $n=3$ 时，$T=\frac{1}{3}$，得

$$f\left(\frac{1}{3}\right) = \frac{0.1 \times 0.05 \times 30000}{2 \times (0.1+0.05)} \times \frac{1}{3} + 3 \times 50 + 0.5 \times 30000 \approx 15316.67 \text{（元/年）}$$

当 $n=4$ 时，$T=\frac{1}{4}$，得

$$f\left(\frac{1}{4}\right) = \frac{0.1 \times 0.05 \times 30000}{2 \times (0.1+0.05)} \times \frac{1}{4} + 4 \times 50 + 0.5 \times 30000 \approx 15325 \text{（元/年）}$$

故取 $n=3$，即全年订货 3 次，每隔四个月订货一次，每次订货批量为：

$$Q = 30000 \times \frac{1}{3} = 10000 \text{（只）}$$

最高储存水平为：

$$S = RT_1 = 30000 \times \frac{0.05}{0.1+0.05} \times \frac{1}{3} \approx 3333 \text{（只）}$$

最大缺货量为：

$$W = 10000 - 3333 = 6667 \text{（只）}$$

全年运营费用为 15316.67 元。

注意：本例 $W=6667$ 只，为每期元件缺货量，按模型 3 的假设条件，这些缺货量待订货运到须一次付清。本例而言，这意味着仪表厂有充分的生产能力，可以在极短的时间（近似为 0）内迅速生产出 6667 台仪表，立即把这 6667 只元件用光。这样，批量为 10000 只得一批订货就只剩下 3333 只，恰为最高存储水平。这便是本例允许缺货的深层含义。若仪表厂没有这样大的生产能力，不能在极短的时间内耗尽这 6667 只元件缺货，则最高存储将远远超过 $S=3333$ 水平，因而元件的保管费不仅不会减少，反而会增加。这时“允许缺货”毫无实际意义，也就是说，真实系统与此假设不符，故不能应用模型 3。

四、模型 4——允许缺货的经济生产批量模型

本模型为模型 2、3 的综合。其存储状态如图 10－4 所示。

在每一周期$[0, T]$内，从$t=0$时刻开始以速率P进货，但此刻有累计缺货量W，因此在开始一段时间$[0, T_1]$内无存储，进货除满足该段内的需求外，还要清偿预售的缺货。从T_1时刻起，存储$p-R$的速率由0递增，到T_2时刻达到最高水平S并停止进货。$[T_2, T_3]$为纯消耗期，存储以速率R由S递减，到T_3时刻降为0。$[T_3, T]$为缺货期，不进货但预售，直到T时刻才开始进货，从而又开始新一周期的运行。从图10-4中任取一个周期T，得到图10-5。

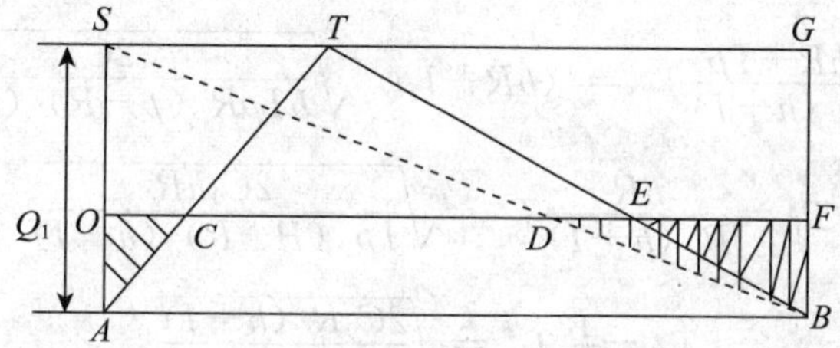

图10-5 允许缺货的经济生产批量模型的一个周期

链接SB做一条辅助线。由三角形相似

$$\triangle BDE \sim \triangle BST，\triangle ACO \sim \triangle ATS，\triangle BEF \sim \triangle BTG，\triangle TAB \sim \triangle TCE$$

易得

$$\frac{DE}{ST}=\frac{BD}{BS}=\frac{BF}{BG}=\frac{OC}{ST}$$

则

$$DE=OC$$
$$CE=OD$$

于是，$\triangle AOC$与$\triangle BDE$面积相等（等底等高），进而

$$\triangle BDE\text{的面积}=\triangle AOC\text{与}\Delta BEF\text{的面积}=\text{存储量}$$

类似还有

$$\triangle ODS\text{的面积}=\triangle CET\text{的面积}=\text{存储量}$$

这样，图10-4中的每一周期T都对应于图10-3（模型3）中的一个周期T，相应的需求率是SD的斜率的绝对值，记做R_1，则有

$$Q_1=R_1 T$$

又由图10-4及假设条件可知

$$S=R(T_3-T_2)，W=R(T-T_3)，Q=pT_2=p\frac{R}{p}T=RT$$

则有

$$Q_1=S+W=R(T-T_2)=R\left(T-\frac{R}{p}T\right)=R\left(1-\frac{R}{p}\right)T$$

故

$$R_1=R\left(1-\frac{R}{p}\right)$$

得

$$T^*=\sqrt{\frac{2C_0p(h+I)}{hIR(p-R)}}=\sqrt{\frac{2C_0(h+I)}{hIR\left(1-\frac{R}{p}\right)}}$$

类似可得其他公式

$$T_3^*=\frac{hR+Ip}{p(h+I)}T^*=(hR+Ip)\sqrt{\frac{2C_0}{hIpR(p-R)(h+I)}}$$

$$T_1^*=\frac{hR}{P(h+I)}T^*=\sqrt{\frac{2C_0hR}{Ip(P-R)(h+I)}}$$

$$T_2^*=\frac{R}{P}T^*=\sqrt{\frac{2C_0R(h+I)}{hIp(P-R)}}$$

$$Q^*=RT^*=\sqrt{\frac{2C_0R(h+I)}{hI\left(1-\frac{R}{P}\right)}}$$

$$W^*=\frac{hR}{(h+I)}\left(1-\frac{R}{P}\right)T^*=\sqrt{\frac{2C_0hR}{I(h+I)}\left(1-\frac{R}{P}\right)}$$

$$S^*=\sqrt{\frac{2C_0IR}{h(h+I)}\left(1-\frac{R}{P}\right)}$$

$$f^*=\sqrt{\frac{2C_0hIR}{h+I}\left(1-\frac{R}{P}\right)}+cR$$

$$f(T)=\frac{hIR}{2(h+I)}\left(1-\frac{R}{P}\right)T+\frac{C_0}{T}+cR$$

$$f(Q)=\frac{1}{2}hQ\frac{1}{h+I}\left(1-\frac{R}{P}\right)+\frac{C_0R}{Q}+cR$$

易见：当 $P\to\infty$时，模型 4 就成为模型 3；当 $I\to\infty$时，模型 4 就成为模型 2；而当 $P\to\infty$且 $I\to\infty$时，则模型 4 就成为模型 1。

例 10-4： 试就例 10-2、例 10-3 的条件求最优策略、最大缺货量及最小费用。

解： 由题意可知

$C_0=50$ 元/次，$c=0.5$ 元/只，

$R=30000$ 只/年，$p=365000$ 只/年

$h=0.1$ 元/（只·年），$I=0.05$ 元/（只·年），

$$1-\frac{R}{P}\approx 0.9178$$

得

$$T^*=\sqrt{\frac{2\times50\times(0.1+0.05)}{0.1\times0.05\times30000\times0.9178}}\approx0.33\text{（年）}$$

$$Q^*=30000\times0.33=9900\text{（只）}$$

$$W^*=\sqrt{\frac{2\times50\times0.1\times30000}{0.05\times(0.1+0.05)}}\times0.9178\approx6059\text{（只）}$$

$$f^*=\sqrt{\frac{2\times50\times0.1\times0.05\times30000}{0.1+0.05}}\times0.9178+0.5\times30000\approx15302.95\text{（元/年）}$$

可见本例的 f^* 比例 10-2、例 10-3 的 f^* 都小。由于订货次数为：

$$n^*=\frac{1}{T^*}=\frac{1}{0.33}\approx3.03\text{（次）}$$

故为实用方便，取 $n=3$，则 $t=\frac{1}{3}$年，这时：

$$Q=30000\times\frac{1}{3}=10000\text{（只）}$$

$$W=\frac{0.1\times30000}{0.1+0.05}\times0.9178\times\frac{1}{3}\approx6119\text{（只）}$$

故每当缺货量达到 W 水平就开始进货，而运营费用为：

$$f\left(\frac{1}{3}\right)=\frac{0.1\times0.5\times30000}{2\times(0.1+0.5)}\times0.9178\times\frac{1}{3}+3\times50+0.05\times30000\approx15302.97\text{（元/年）}$$

与最优值 f^* 几乎相等。

五、模型 5——订价有折扣的存储模型

所谓“订价有折扣”，是指供方采取的一种鼓励用户订货的优惠政策，即根据订货量的大小规定不同的购价，订购越多则购价越低。换言之，购价为关于订货量 Q 的分段函数 $c(Q)$。通常 $c(Q)$ 是一个阶梯函数，其一般形式为：

$$c(Q)=\begin{cases}c_1, & Q\in(Q_0, Q_1)\\ c_2, & Q\in(Q_1, Q_2)\\ & \cdots\\ c_m, & Q\in(Q_{m-1}, Q_m)\end{cases}$$

其中 $c_1>c_2>\cdots>c_m$，$0=Q_0<Q_1<Q_2<\cdots<Q_{m-1}<Q_m=\infty$，且 c_i，Q_i（$i=1, 2, \cdots, m$）均为常数。上式也可简写成：

$$c(Q)=c_i\quad Q\in[Q_{i-1}, Q_i],\ i=1, 2, \cdots, m$$

下面仅以模型 1 为例加以分析，其方法也适用于模型 2、3、4。按式（2），令：

$$f_i=\frac{1}{2}hQ+\frac{C_0R}{Q}+c_iR,\ i=1, 2, \cdots, m$$

则目标函数为：

$$f(Q)=f_i \quad Q\in[Q_{i-1},Q_i] \quad i=1,2,\cdots,m$$

如图 10-6 所示，$f(Q)$ 由以 Q_1，Q_2，…，Q_m 为分界点的几条不连续的曲线段（实线）所构成，因而也是一个分段函数。

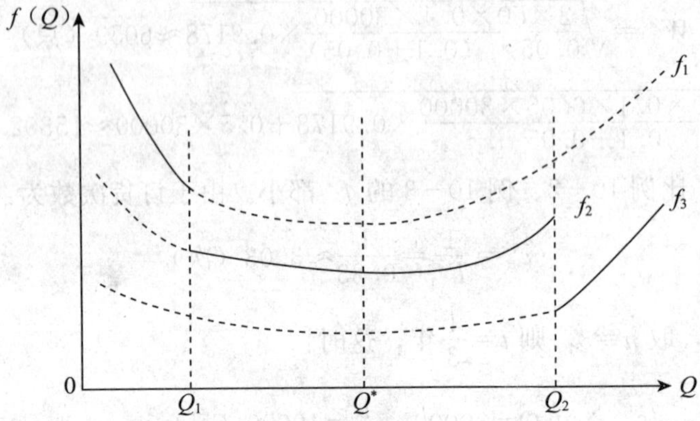

图 10-6

由于 c_iR 为常数，所以每一 f_i 的极小点都是：

$$Q^*=\sqrt{\frac{2C_0R}{h}}$$

$$f(Q^*)=\sqrt{2C_0hR}+c_2R$$

对于一切 $Q^*\in[0,Q_2]$，都有

$$f(Q^*)\leqslant f(Q)$$

即 Q^* 为 $f(Q)$ 在$[0,Q_2]$上的极小点。但当 $Q=Q_2$ 时，由于购价由 c_2 降为 c_3，所以可能有 $f(Q_2)<f(Q^*)$。类似地，对 Q^* 右侧的每一分界点 Q_i（$>Q^*$），都可能有 $f(Q_i)<f(Q^*)$。

所以应该依次计算 Q^* 右侧各分界点 Q_i 的目标函数值

$$f(Q_i)=\frac{1}{2}hQ_i+\frac{C_0R}{Q}+c_iR,\ (Q_i>Q^*)$$

并与 $f(Q_i)$ 一起加以比较，从中选出最小值

$$f(\overline{Q})=\min\{f(Q^*),\ f(Q_i)\mid Q_i>Q^*\}$$

而它所对应的$\overline{Q}$即为最优订购量。

例 10-5：承例 10-1，假设仪表元件厂规定该元件的购价为

$$c(Q)=\begin{cases}0.50, & Q<15000\\ 0.48, & 15000\leqslant Q\leqslant 30000\\ 0.46, & Q\geqslant 30000\end{cases}$$

试求仪表厂对该元件的最优存储策略及最小费用。

解：由例 10－1 已知 $Q^*=5477$ 只，以及

$$f(Q^*)=15548 \text{（元/年）}$$

又按 $f(Q_i)=\frac{1}{2}hQ_i+\frac{C_0R}{Q}+c_iR$，$(Q_i>Q^*)$ 得

$$f(15000)=\frac{1}{2}\times0.1\times15000+50\times2+0.48\times30000=15250 \text{（元/年）}$$

$$f(30000)=\frac{1}{2}\times0.1\times30000+50\times2+0.46\times30000=15400 \text{（元/年）}$$

故

$$\overline{Q}=15000 \qquad \overline{n}=\frac{R}{\overline{Q}}=2 \qquad \overline{f}=15250$$

第三节　随机性存储模型

在前面的讨论中，需求率和订货提前期都被视为确定的，这只是一种理想情况。在现实生活中，需求率和订货提前期都是随机变量。需求率和订货提前期中有一个为随机变量的存储问题，就是随机性存储问题。

一、单周期存储模型

单周期随机存储问题也称报童问题，此问题的特点是，将单位时间看作一个时期，在这个时期内只订货一次以满足整个时期的需求量，这种模型我们称之为单周期随机存储模型，是研究变质产品的存储问题。在实践中大量存在，如报纸、书刊、食品等。

报童问题：报童每天售报数量是一个随机变量，报童每售出一份报纸赚 k 元。如报纸未能售出，每份赔 h 元。每日售出报纸份数 R 的概率为 $p(R)$，根据以往的经验 $p(R)$ 是已知的或可求的，问报童每日最好准备多少份报纸？此类问题可以引申为存储问题，根据随机需求变量的类型，可以分为离散的和连续的两种。

1. 需求是离散的随机变量

（1）期望损失最小法。顾名思义，期望损失最小法就是比较不同订货量下的期望损失，取期望损失最小的订货量作为最佳订货量。已知库存物品的单位成本为 C，单位售价为 P。若在预订的时间卖不出去，则单价只能降为 S（$S<C$）卖出，单位超储损失为 $C_H=C-S$；若需求量超过库存，则单位缺货损失（机会损失）$C_S=P-C$。设订货量为 Q 时的期望损失为 $E_L(Q)$，则取使 $E_L(Q)$ 最小的 Q 作为最佳订货量。$E_L(Q)$ 可通过下式计算：

$$E_L(Q)=\sum_{R>Q}C_S(R-Q)P(R)+\sum_{R<Q}C_H(Q-R)P(R)$$

式中，$P(R)$ ——需求量为 R 时的概率。

例 10-6：按过去的记录，新年期间对某商店挂历的需求分布率如表 10-1 所示。

表 10-1　　某商店挂历的需求分布率

需求 R（份）	10	20	30	40	50
概率 p（R）	0.15	0.20	0.25	0.20	0.15

已知，每份挂历的进价为 $C=50$ 元，售价 $p=80$ 元。若在 1 个月内卖不出去，每份挂历只能按 $S=30$ 元卖出。求该商店应该进多少挂历为好？

解：设该商店买进 Q 份挂历。

当实际需求 $R<Q$ 时，将有一部分挂历卖不出去，每份超储损失为 $C_H=C-S=50-30=20$（元）

当实际需求 $R>Q$ 时，将有机会损失，每份欠储损失为 $C_S=P-C=80-50=30$（元）

当 $Q=30$ 时

$$E_L(Q)=[30\times(40-30)\times0.20+30\times(50-30)\times0.15]+[20\times(30-0)\times0.05+20\times(30-10)\times0.15+20\times(30-20)\times0.20]=280\text{（元）}$$

当 Q 取其他值时，可按同样方法算出 E_L（Q），结果如表 10-2 所示。由表 10-2 可以得出最佳的订货量为 30 份。

表 10-2　　期望损失计算表

订货量 Q	实际需求 R						期望损失 E_L（Q）（元）
	0	10	20	30	40	50	
	P（$D=R$）						
	0.05	0.15	0.20	0.25	0.20	0.15	
0	0	300	600	900	1200	1500	855
10	200	0	300	600	900	1200	580
20	400	200	0	300	600	900	380
30	600	400	200	0	300	600	280
40	800	600	400	200	0	300	305
50	1000	800	600	400	200	0	430

（2）期望利润最大法。期望利润最大法就是比较不同订货量下的期望利润，取期望利润最大的订货量作为最佳订货量。设订货量为 Q 时的期望利润为 E_P（Q），则：

$$E_P(Q)=\sum_{R<Q}[C_SR-C_H(Q-R)]p(R)+\sum_{R>Q}C_SQp(R)$$

例 10-7：承例 10-6，用期望利润最大法求最佳订货量。

解：当 $Q=30$ 时

E_P（30）$=[30\times20-20\times(30-20)]\times0.2+[30\times10-20\times(30-10)]\times0.15+[-20\times(30-0)]\times0.05+30\times30\times0.25+30\times30\times0.2+30\times30\times0.15=575$

当 Q 取其他值时，可按同样方法算出 E_P（Q），结果如表 10-3 所示。

可以得出最佳订货量为 30，与期望损失最小法得出的结果相同。

表 10-3

订货量 Q	实际需求 R						期望损失 E_L（Q）（元）
	0	10	20	30	40	50	
	P（$D=R$）						
	0.05	0.15	0.20	0.25	0.20	0.15	
0	0	0	0	0	0	0	0
10	−200	300	300	300	300	300	275
20	−400	100	600	600	600	600	475
30	−600	100	400	900	900	900	575
40	−800	−300	200	700	1200	1200	550
50	−1000	−500	0	500	1000	1500	425

（3）边际分析法。假定原计划订货量为 Q。考虑追加一个单位订货的情况，由于追加了 1 个单位的订货，使得期望损失的变化为：

$$\begin{aligned}\Delta E_L(Q)&=E_L(Q+1)-E_L(Q)\\&=\left[C_S\sum_{R>Q}(R-Q-1)p(R)+C_s\sum_{R<Q}(Q+1-R)\right]-\left[C_H\sum_{R<Q}(Q-R)p(R)\right]\\&=(C_S+C_H)\sum_{R=0}^{0}P(R)-C_S\\&=0\end{aligned}$$

$$\sum_{R=0}^{Q^*}P(R)=1-p(D^*)=\frac{C_s}{C_S+C_H}\text{，则}$$

$$p(D^*)=\frac{C_s}{C_S+C_H}$$

式中，$p(D^*)$——概率分布函数。

确定了 $p(D^*)$，然后再根据经验分布就可以找出最佳的订货量。

例 10-8：某批发商准备订购一批圣诞树供圣诞节期间销售。该批发商对包括订货费在内的每棵圣诞树要支付 2 美元，树的售价为 6 美元。未售出的树只能按 1 美元售出。节日期间圣诞树需求量的概率分布如表 10－4 所示（批发商的订货量必须是 10 的倍数）。试求该批发商的最佳订货量。

表 10－4　圣诞树需求量的概率分布

需求量	10	20	30	40	50	60
概率	0.10	0.10	0.20	0.35	0.15	0.10
$P(D)$	1.00	0.90	0.80	0.60	0.25	0.10

解：由题意可知

在这里，$C_H=2-1=1$

$C_S=6-2=4$

所以，根据 $p(D^*)=\frac{C_s}{C_S+C_H}$，则

$$p(D^*)=\frac{C_s}{C_S+C_H}=\frac{1}{1+4}=0.20$$

查表 10－4 可知，实际需求大于 50 棵的概率为 0.25，再结合求 D^* 的条件可以求出最佳订货量为 50 棵。

2. 需求是连续的随机变量

已知库存物品的单位成本为 C，单位售价为 P。若在预期的时间卖不出去，则单价只能降为 $S(S<C)$ 卖出，单位超储损失为 $C_H=C-S$；若需求量超过存货，则单位缺货损失（机会损失）$C_S=P-C$，根据以往的统计，需求量为 R 的概率密度函数为 $f(R)$。运用期望利润最大法，设订货量为 Q 时的期望利润为 $E_P(Q)$，则：

令

$$\frac{\mathrm{d}E_P(Q)}{\mathrm{d}Q}=0$$

并注意到 $\int_0^{\infty}f(R)\mathrm{d}R=1$，$\frac{\mathrm{d}\int_0^Q f(R)\mathrm{d}R}{\mathrm{d}Q}=f(Q)$，$\frac{\mathrm{d}\int_Q^{\infty} f(R)\mathrm{d}R}{\mathrm{d}Q}=0$

经整理可得 $[C_H-(P+C_S)]=\int_0^Q f(R)\mathrm{d}R=C-(P+C_S)$

最终得到分布函数

$$F(Q)=\int_0^Q f(R)\mathrm{d}R=\frac{P+C_S-C}{P+C_S-C_H}$$

式中，P、C_H、C、C_S、$f(R)$ 均为已知，可以从中解出 q 值，即为最佳的订货批量。

例 10－9：某产品的需求量呈正态分布，已知数学期望值 $\mu=150$，标准差 $\delta=8$。又已

知每单位产品进价 $C=8$ 元，卖价 $P=15$ 元，如销售不完，每单位产品按 $S=8$ 元处理，不考虑缺货损失费。问最佳的订货批量应为多少？

解：缺货损失费 $C_S=0$，$C_H=C-S=5$，可得

$$F(Q)=\frac{15-8}{15-5}=0.7$$

化为标准型正态分布函数，查正态分布可知，使 $N(0,1)$ 成立的 Z 值为 0.52。由 $Z=\frac{R-\mu}{\delta}$ 式可得最佳的订货批量：

$$Q^*=\mu+Z\delta=150+0.52\times25=163$$

二、多周期存储模型

1. 假设条件

(1) 需求率 R 和提前期 L 为已知分布的随机变量，且在不同的补充周期，这种分布不变。

(2) 补充率无限大，全部订货一次同时交付。

(3) 允许晚交货，即供应过程中允许缺货，但一旦到货，所欠货必须补上。

(4) 年平均需求量为 D。

(5) 已知一次订货费为 C_0，单位维持库存费为 h，单位缺货损失费为 I。

(6) 无价格折扣。

按照以上假设条件，库存量的变化见图 10－7。

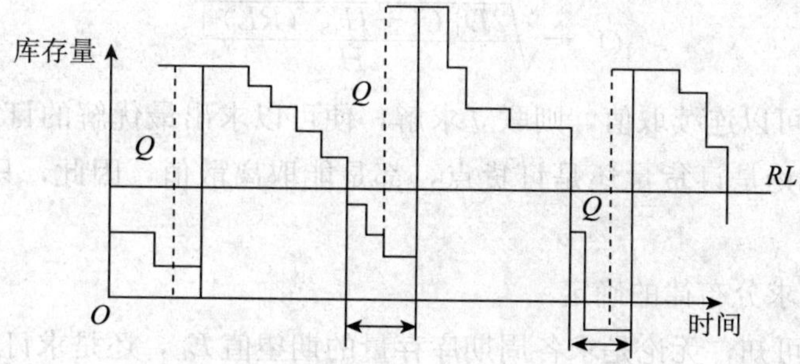

图 10－7

2. 模型求解的基本原理

确定固定量系统下订货量和订货点的目标仍然是使库存运营总费用最少。

$$C_T=C_I+C_H+C_S=C_0(D/Q)+HE_L+IE_S(RL)(D/Q)+PD$$

式中，C_T——库存运营总费用；

E_L——各周期库存量的期望值；

$E_S(RL)$——订货点为 RL 下各周期缺货量的期望值；

I——单位缺货费；

H——年单位维持库存费；

P——单价（由于没有价格折扣，因此 PD 是常量，在这里可不考虑）。

其余符号意义同前。

由于库存量降为订货点就发出订货，缺货只是在提前期内发生。因此，

$$E_S(RL)=\sum_{x>RL}(x-RL)p(x)$$

式中，x——提前期的需求量；

$P(x)$——提前期内需求的分布率；

D_E——提前期内需求的期望值。

$$E_L=(Q/2)+RL-D_E$$

于是，

$$C_T=C_0(D/Q)+H[(Q/2)+RL-D_E]+I(D/Q)\sum_{x>RL}(x-RL)p(x)$$

欲求最佳的订货量 Q^* 和最佳订货点 RL^*，可通过对 Q 和 RL 求一阶偏导数，并令其等于零。通过对订货点 RL 求偏导数，得出：

$$\sum_{x>RL}p(x)=p(D_E>RL^*)=1-p(D_E\leqslant RL^*)=\frac{HQ}{ID}$$

式中，$\frac{HQ}{ID}$——缺货概率。

通过对订货量 Q 求偏导数，得出

$$Q^*=\sqrt{\frac{2D[C_0+IE_S(RL)]}{H}}$$

如果 Q 和 RL 可以连续取值，则联立求解，便可以求出最优解的订货量 Q^* 和最优的订货点 RL^*。但无论是订货量还是订货点，都是能取离散值，因此，只能用逐步逼近的方法求满意解。

3. 提前期内需求分布律的确定

从前面的讨论可知，无论是求各周期库存量的期望值 E_L，还是求订货点为 RL 下各周期缺货量的期望值 $E_S(RL)$，都需要确定提前期内需求分布律 $p(x)$。

(1) 计算法。当已知单位时间内（比如每周）需求的分布律和提前期的分布律时，可以通过计算的方法求出提前期内需求分布律。现举例说明。

例 10-10：已知对某物资的周需求分布律。见表 10-5，其提前期的分布律见表 10-6，求提前期内需求的分布律 $p(x)$。

表 10－5　　某种物资的周需求分布律

Y（件）	0	1	2
分布律 $p(x)$	0.40	0.30	0.30

表 10－6　　提前期的分布律

L（周）	1	2
分布律 $p(l)$	0.4	0.6

解： 提前期最长 2 周，需求量可能为 0、1、2、3、4 个单位。根据过去统计，过去 1 周的概率为 0.4，过去 2 周的概率为 0.6。对提前期为 1 周的情况，需求量为 0 的概率为 0.4，需求量为 1 的概率为 0.3，需求量为 2 个单位的概率也为 0.3。在第 1 周需求量为 0 的情况下，第 2 周的需求也可能为 0、1、2 三种情况。在第 1 周需求量为 1 个单位的情况下，第 2 周的需求也可能为 0、1、2 三种情况。在第 1 周需求量为 2 个单位的情况下，第 2 周的需求可能为 0、1、2、3、4 五种情况，计算其概率，从而得出提前期内需求的分布律。结果见表 10－7。

$$P(0)=0.4\times0.4+0.6\times0.4\times0.4=0.256$$

$$P(1)=0.4\times0.3+0.6\times0.4\times0.3+0.6\times0.3\times0.4=0.264$$

$$P(2)=0.4\times0.3+0.6\times0.4\times0.3+0.6\times0.3\times0.3+0.6\times0.3\times0.4=0.318$$

$$P(3)=0.6\times0.3\times0.3+0.6\times0.3\times0.3=0.108$$

$$P(4)=0.6\times0.3\times0.3=0.054$$

表 10－7　　提前期内需求的分布律

x	0	1	2	3	4
$P(x)$	0.256	0.264	0.318	0.108	0.054

（2）模拟法。

模拟过程为：

（1）有计算机产生一个均匀分布的随机数，按提前期的分布律确定提前期的一个值 L；

（2）产生 L 个均匀分布的随机数，按单位时间需求的分布律确定 L 个需求量 y_1，y_2，…，L_L；

（3）求 L 内的需求 $x=y_1+y_2+\cdots+y_L$；

（4）将 x 的频数加 1；

(5) 模拟次数加 1，检查达到模拟次数否，若未达到，转步骤 1，否则转步骤 6；

(6) 求 x 发生的频率；

(7) 停止。

4. 求订货量和订货点的近似方法

前述求最佳订货量和订货点的方法十分复杂，难以在生产实际中应用。加之实际数据并不一定准确，用精确的方法处理不精确的数据，其结果还是不精确。因此，有必要研究简单易行并足够准确的求订货点的近似方法。

对于订货量，可以直接用 *EOQ* 公式计算。对于订货点，可以采用经验方法确定，也可以通过确定安全库存或服务水平的方法来计算。经验方法比较粗糙。比如，手头库存是提前期内需求的 2 倍（1.5 倍，1.2 倍）时，就提出订货。通过安全库存或服务水平来计算比较精确。

(1) 安全库存。安全存库（Safety Stock，SS）如已确定，即可以按下述过程来计算订货点，式中，*SS* 为安全库存，D_E 为提前期内需求的期望值。

在随机型库存系统中，需求和订货前提的随机变化都被预设的安全订货所吸收。安全库存是一种额外持有的库存，它作为一种缓冲器用来补偿订货提前期内实际需求量或实际提前期超过期望值提前所产生的需求。图 10－8 表示提前期内需求近似服从正态分布的情况。图中左边阴影部分面积表示发生缺货的概率。从图 10－8 可以看出，如果没有安全库存，缺货的概率可以达到 50%。安全库存对公司的成本有双重的影响，降低缺货损失费，提高了服务水平（Service Level，SL），却又增加维持库存费用。但是，即使有安全库存存在，仍不能保持顾客的每一天需求都能得到满足，因此缺货是不可避免的。

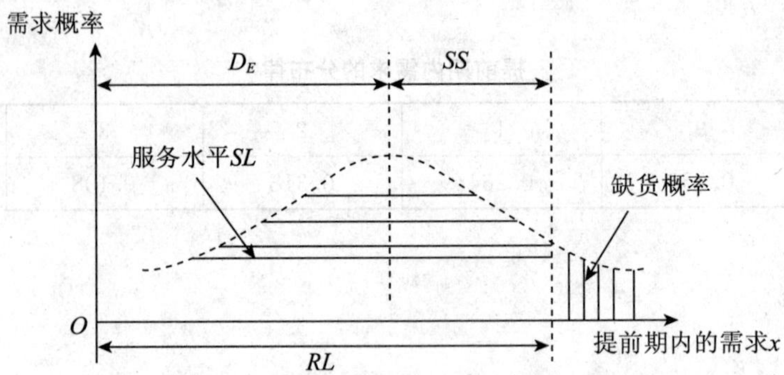

图 10－8

(2) 服务水平。服务水平是衡量随机型库存系统的一个重要指标，它关系到库存系统的竞争能力。衡量服务水平的方法有很多种。

①整个周期内供货的数量/整个周期的需求量；

②提前期内供货的数量/提前期的需求量；

③顾客期货得到完全满足的次数/订货发生的总次数；

④不发生缺货的补充周期数/总补充周期数；

⑤手头有货可供的时间/总服务时间。

我们取提前期内需求 x 不超过订货点 RL 的概率作为服务水平。

$$SL=p(x\leqslant RL)$$

（3）安全库存与服务水平的关系。很明显，服务水平越高，安全库存量越大，所花的代价也越大，但服务水平过低又将失去顾客，减少利润。因而确定适当的服务水平是十分重要的。图 10－10 中的曲线描述订货点和服务水平的关系。在服务水平比较低时，将服务水平提高同样比例，订货点增加幅度（安全库存增加幅度）小（L_1）；在服务水平比较高时，将服务水平提高同样比例，订货点增加幅度（安全库存增加幅度）大（L_2）。这就是说，在服务水平较低时，稍稍增加一点安全库存，服务水平提高的效果就很明显。但是，当服务水平增加到比较高的水平（如 90％），再提高服务水平就需大幅度增加安全库存。

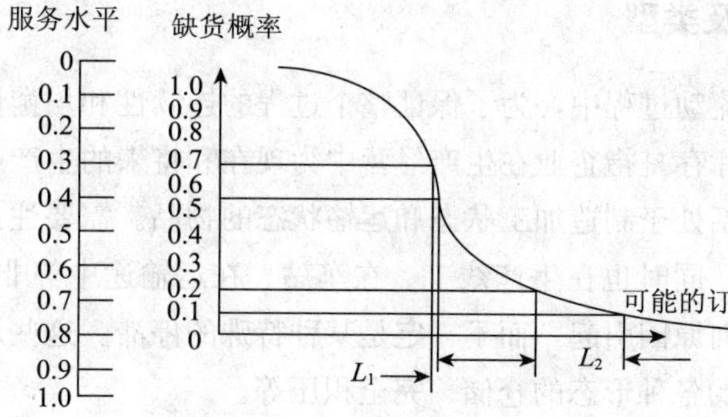

图 10－9

对于提前期内需求符合正态分布的情形，可以改写成：

$$RL=D_E+Z\delta_L$$

式中，Z——标准正态分布的上百分位点；

δ_L——提前期内需求量的标准差。

对于提前期内各单位时间内需求分部相互独立的情况，有

$$\delta_L=\sqrt{L\delta_P{}^2}$$

式中，L——提前期所含时间单位数；

δ_P——提前期内各单位时间需求量的标准差。

例 10－11：根据历年资料，可知 C 公司在提前期内需求呈正态分布，提前期平均销售 A 产品 320 台，其标准差为 40 台。订货提前期为 1 周，单位订货费是 14 元，单位维持库

存费用是每台每年1.68元，缺货成本是每台2元。试确定该公司的库存策略。

解：利用有关公式可得

$$Q^{*}=\sqrt{\frac{2C_0R}{h}}=\sqrt{\frac{2\times320\times14}{1.68/52}}=\sqrt{277333.33}=526.62$$

公司订货批量为527台。最优服务水平下的缺货概率为

$$P(x)^{*}=\frac{hQ^{*}}{ID}=\frac{1.68\times527}{2\times320\times52}=0.0266$$

查正态分布表可求得 $Z=1.93$

计算订货点，$RL=320+1.93\times40\approx397$（台）

安全库存 $SS=RL-D_E=397-320=77$（台）

服务水平 $SL=1-0.0266=0.9734=97.34$（%）

第四节 案例分析（库存管理的重要性）

一、库存的含义及类型

库存是指社会物质流动过程中，为了保证整个过程的连续性和均衡性，而在不同领域储备的物资。或者说，库存是指企业在生产经营中为现在和将来的生产或者销售而储备的资源。广义的库存还包括处于制造加工状态和运输状态的物品。需要注意的是：物品所停滞的位置不仅在仓库中，同时也在生产线上、在车站、在运输途中等非仓库的任何位置；物流停滞状态可能由任何原因引起，而不一定是某种特殊的停滞。这些原因主要是能动的各种形态的储备、被动的各种形态的仓储、完全积压等。

二、库存的必要性分析

很多原因可以解释为什么供应渠道必须要有库存，但近年来，也有很多人对库存的必要性提出了质疑，认为库存是一种资源的浪费。下面我们将从库存的功用和弊端两方面论述库存的必要性。

1. 库存的功用

（1）库存产生于生产管理的过程，其主要的功能就是维持企业生产和销售的正常进行。对于生产企业来说，企业生产常常以市场预测为基础，并根据销售订单制订生产计划，安排采购。然而由于市场变化存在许多不确定性因素，致使采购计划存在一定的风险，供应商有可能拖后或者延迟交货，最终影响企业的正常生产，造成生产不稳定。为了保证生产的高速有效运转，企业必然会增加材料的库存量。而对于销售型企业来说，企业并不知道市场真正的需求是什么，只能对市场需求进行预测，从而保有一定量的库存，以应付市场的销售和变化。但是随着供应链管理的形成，这种库存在逐渐地减少和消失。

现代市场变幻莫测，物品涨价、正常变更的情况时有发生。另外，由于季节、人为等原因也容易造成物品短缺或积压、合理的库存战略能够保障供需来源，避免由于紧急情况而出现的停产，从而使得企业的生产和销售保持连续性和高效性。现代企业，特别是能源工业、化工工业以及半导体集成电路工业，为了保证高生产效率，往往要 24 小时不间断生产，而客户的需求却是间断的。因此，保持一定量的库存是十分必要的。

（2）库存能够平衡企业物流和降低企业成本。在现代企业生产中，从原材料的采集，到产品生产、在制品、制成品及产品销售的一系列物流环节中，为了满足供应链高效率的要求，平衡库存材料、在制品及成品所占用的企业流通资金，库存起到了重要的平衡作用。例如，减少订货量会增加企业的订货费用；保持一定量的在制品库存与材料，会减少生产交换次数，提高工作效率。但这两方面都需要寻找库存平衡和资金平衡的最近控制点。

2. 库存的弊端

库存的弊端主要表现在以下几个方面。

（1）库存占用企业大量的资金，通常情况下会占到企业总资产的 20%～40%。因此，当库存管理稍有不当，很容易造成大量资金的沉淀，并且库存本身并不能对企业产品的直接价值做出贡献。

（2）库存增加了企业的产品成本与管理成本。库存材料的成本增加直接导致了产品的成本增加，相关库存设备、管理人员的增加也加大了企业的管理成本，而这些增加的成本费用可以有更好的用途，比如可以用来提高企业生产率和竞争力。

（3）库存掩盖了企业众多管理问题，如计划不周、采购不力、生产不均衡、产品质量不稳定及市场销售不力等。例如，当质量出现问题时，人们倾向于清理保有的库存，以保护所投入的资本，而纠正质量问题的努力可能会延缓下来。

总之，我们应该尽量克服库存的不良影响，使之更有利于企业的生产和经营。目前，零库存已经是一种潮流。所谓的零库存，就是指以仓库储存形式的某种或某些物品的储存数量很低的一个概念，甚至可以为“零”，即不保有仓库。但是，值得注意的是，零库存只能针对某个具体企业而言，是在有充分社会储备保障前提下的一种特殊形式，它是一个微观概念而不是一个宏观概念。在整个社会再生产的全过程中，零库存只能是一种理想，而不能成为现实。

三、库存管理的意义

库存管理的目的在于用最低的费用，在适宜的时间和适宜的地点获得适当数量的原材料、消耗品、半成品和最终产品。即保持库存量与订货次数的均衡，使企业资金得到合理的利用，从而实现赢利的目标。

企业经营过程的各个环节间都存在库存，也就是说，在采购、生产、销售的不断循环的过程中，库存使各个环节相对独立的经济活动成为可能；同时库存可以调节各个环节之间由于供求品种及数量的不一致而发生的变化，把采购、生产和销售等各个环节连接起来；对于库存在企业中的角色，不同部门存在不同的看法。例如，库存管理部门力图保持最低的库存水平以减少资金占用，节约成本。销售部门愿意维持较高的库存水平和尽可能齐备的商品类别来避免发生缺货现象，以提高顾客的满意度。制造部门愿意对同一产品进行长时间的大批量生产，这样可以降低单位产品的固定费用，然而这样又往往会增加库存水平。运输部门倾向于大批量的运送，利用批量折扣来降低单位运输成本，这样会提高每次运输过程中的库存水平。总之，库存管理部门和其他部门的目标存在冲突，为了实现最佳库存管理，需要协调和整合各个部门的活动，使每个部门不仅是以有效地实现本部门的功能为目标，更要以实现企业的整个效益为目标。

库存管理中最常出现的是不能及时出货和积压产品过多两个问题。当企业不能及时出货就意味着客户不能及时获得所需服务，从而导致企业利润的下滑，甚至客户的流失。如果产品存在配送商，它也会对企业与配送商的合作产生不良影响；而当企业的积压产品过多时，就会导致企业库存成本的上升，破坏正常的资金流动。通常，产品积压的原因是市场预测不准、生产和物流控制不当。

企业的库存管理能力直接决定能否实现按预期的服务水准要求控制库存水平。对于许多企业来说，库存是很大的一部分资金负担，所以，能否改善库存管理、控制绩效，直接关系到企业的市场竞争能力与生存发展。

四、库存管理结构方法

1. ABC 分类法

ABC 分类法，又称为重点管理法或 ABC 分析法，体现的是“关键的少数和次要的多数”的关系。主要将货物分为 A、B、C 三类，A 类是年度货币量最高的库存，这些品种可能只占库存总数的 15%，但用于它们的库存成本却占到总数的 70%～80%；B 类是年度货币量中等的库存，这些品种占用全部库存的 30%左右，占总价值的 15%～20%；C 类库存品种，它们只占全部年度货币量的 5%左右，但却占库存总数的 55%左右，占总价值的 15%～25%，见表 10－8。除货币量指标外，企业还可以按照销售量、订货提前期、缺货成本等指标将库存进行分类管理。

建立在 ABC 分类基础上的库存管理策略如表 10－9 所示。

（1）花费在购买 A 类库存的资金应大大多于花费在 C 类库存上；

（2）A 类库存的现场管理应更加严格，它们应存放在更安全的地方，而且为了保证它们的记录准确性，更应对其频繁地进行检验；

（3）预测 A 类库存应比预测其他库存更为仔细精心。

表 10-8　　库存物资 ABC 分级比重

级别	年消耗金额（%）	品种数（%）
A	60～80	10～20
B	15～40	20～30
C	5～15	50～70

表 10-9　　不同类型库存的管理策略

库存	特点（按货币量占用）	管理方法
A	品种数越占库存总数的 15%，成本占 70%～80%	进行重点管理。现场管理要更加严格，应放在更安全的地方；为了保证库存记录的准确，要经常进行检查和盘点；预测时要更加仔细
B	品种数越占库存总数的 30%，成本占 15%～20%	进行次重点管理。现场管理不必投入比 A 类更多的精力；库存检查和盘点的周期可以比 A 类要长一点
C	品种数量或许是库存总数的 55%，成本却只占成本的 5%	只进行一般管理。现场管理可以更粗放些；但是由于品种多，差错出现的可能性也比较大，因此也必须定期进行库存检查和盘点，周期可以比 B 类长一些

2. 关键因素分析分类法

关键因素分析法又称为 CVA 分类法。主要由于 ABC 分类法中 C 类物资得不到足够的重视，往往导致生产停工，因此引进 CVA 分类法来对 ABC 分类法进行有益的补充。它是将货物分为最高优先级、较高优先级、中等优先级、较低优先级 4 个等级，对不同等级的物流，允许缺货的程度是不同的，见表 10-10。

表 10-10　　CVA 法库存种类及管理策略

库存类型	特点	管理措施
最高优先级	经营管理中的关键物品，或 A 类重点客户的存款	不允许缺货
较高优先级	生产经营中的基础性物品，或 B 类客户的存货	允许偶尔缺货
中等优先级	生产经营中比较重要的物品，或 C 类客户的存货	允许合理范围内缺货
较低优先级	生产经营中需要，但可替代的物品	允许缺货

思考题

1. 某建筑工地每月需求水泥量为1200吨，每吨定价为1500元，不允许缺货。设每吨每月的存储费为价格的2%，每次订货费为1800元，需要提前7天订货。试求经济订货批量、每月总费用和再订货点。

2. 某工厂生产某种零件，每年该零件的需求量为18000个，该厂每月可生产该种零件300个，每次生产的设备准备费为500元，每个零件每月的存储费为0.15元。求每次生产的最佳批量、每年生产与存储的总费用和每年生产次数。

3. 某公司经营某种商品，该商品的需求量为每月250箱，每箱成本为150元，每次订货费为100元，每箱每年存储费为10元。由于该公司有许多固定客户，因此允许缺货，缺货费为每箱每月3元。求最佳经济订货批量、每年总费用、最大库存量和最大缺货量。

4. 在第3题中，若公司自己生产该种商品，公司的生产能力为每月400箱，一次生产准备费为120元，其他数据相同。求最佳经济订货批量、每年总费用、最大库存量和最大缺货量。

5. 某制造厂在装配作业中需要一种外购件，不允许缺货，试确定最佳订货批量。有关数据如下：

全年需求量为300万件，需求率为一常数；安排一次订货费用为100元；每件存储费为0.1元；卖主的价格见表10-11。

表10-11　卖主价格

批量（万件）	$0<Q<1$	$1\leqslant Q<3$	$3\leqslant Q<5$	$Q\geqslant 5$
单价（元）	1	0.98	0.96	0.94

6. 某食杂店年销售味精总额为200000元。已知每次订购费为800元，年库存保存费为价格的20%。供货者提议：一次购货不少于100000元，可给予3%的折扣。问该食杂店是否接受折扣优惠？

7. 某厂对某种材料每月需求量的概率如表10-12所示。

表10-12　某厂对某种材料每月需求量的概率

需求量（吨）	50	60	70	80	90	100	110	120
概率	0.05	0.10	0.15	0.25	0.20	0.10	0.10	0.05

每次订货费为500元，购置费为每吨1000元；每吨材料每月保管费为50元，缺货费

为 1500 元。

(1) 试求最优存储策略。

(2) 若该厂上月末库存这种材料 50 吨，则本月运营费用为多少？又若上月末存储量为 70 吨呢？这两种情况各应该用什么存储策略？

8. 某店经销一种家用电器，每次订货费 500 元，每台进货价格为 1000 元；每台每月的保管费为 50 元。据以往统计，这种电器每月的需求量（台）服从 [50，120] 内的均匀分布。

(1) 试求最优策略。

(2) 若商店上月末库存这种电器 12 台，则本月应采取什么策略？其运营费用为多少？

9. 某文具店每半月（15 天）对商品进行一次清货盘点，然后根据库存的数量向供应商订货。据了解，某品牌的笔记本要在订货后两天才能送到店里。根据以往的数据进行统计分析得知，这种笔记本在 17 天里的需求服从 $\mu=280$ 本，均方差 $\delta-40$ 本的正态分布。公司规定其服务水平为允许由于存储量不足造成的缺货情况为 10%，请确定其存储补充水平 M。

参考文献

［1］胡运权．运筹学基础及应用［M］．3 版．哈尔滨：哈尔滨工业大学出版社，2003.

［2］翟忠和．运筹学［M］．哈尔滨：黑龙江教育出版社，1995.

［3］运筹学教材编写组．运筹学（修订版）［M］．北京：清华大学出版社，1990.

［4］韩大卫．管理运筹学［M］．大连：大连理工大学出版社，2001.

［5］韩伯棠．管理运筹学［M］．北京：高等教育出版社，2003.

［6］杨超，熊伟，白亚根．运筹学［M］．北京：科学出版社，2004.

［7］熊伟．运筹学［M］．北京：机械工业出版社，2005.

［8］薛声家，左小德．管理运筹学［M］．2 版．广州：暨南大学出版社，2004.

［9］胡运权，等．运筹学基础及应用［M］．4 版．北京：高等教育出版社，2004.

［10］胡运权．运筹学习题集［M］．3 版．北京：清华大学出版社，2002.

［11］李皓白，藤春贤．单目标和多目标线性规划［M］．哈尔滨：黑龙江教育出版社，1993.

［12］徐渝，胡奇英．运筹学［M］．西安：陕西人民出版社，2002.

［13］林莉，易树平，等．影子利润在物流公司报价中的应用［M］．重庆大学学报，2002（10）．

［14］朱荣荣，胡大伟，等．冷链物流配送中心选址的多目标优化模型［M］．物流技术，2012（1）．